SAISON 1
A1+

MÉTHODE DE FRANÇAIS

Marie-Noëlle Cocton
Coordination pédagogique

Élodie Heu
Catherine Houssa
Émilie Kasazian

Dorothée Dupleix (DELF)
Delphine Ripaud (phonétique)

Une démarche pour construire

1 JE DÉCOUVRE

4 pages de découverte

- Une entrée en matière en vidéo.
- Des activités et des stratégies de compréhension.
- Un travail sur le lexique, la communication et la grammaire.
- L'éveil à la phonétique.
- Des micro-productions orales et écrites.

> **Le lexique**
> Je complète le tableau *Mots et expressions*.

> **La phonétique**
> Je repère les sons à l'oral.

> **La grammaire**
> J'observe la construction de la langue.

2 JE COMPRENDS LE FONCTIONNEMENT

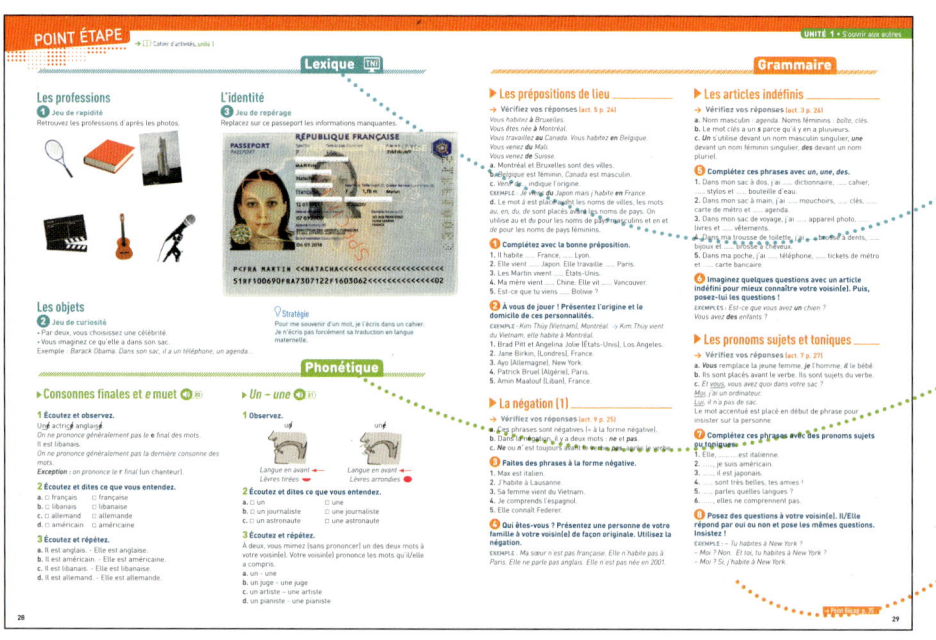

1 double page d'acquisition

S'approprier les compétences lexicales, phonétiques et linguistiques.

> **Le lexique**
> - Je réemploie le lexique dans des activités ludiques collectives.
> - J'apprends des stratégies pour mémoriser.

> **La phonétique**
> - J'observe le fonctionnement à l'aide de schémas.
> - J'écoute et je répète pour m'entraîner.

> **La grammaire**
> - Je vérifie les réponses à mes hypothèses.
> - Je systématise avec deux activités pour chaque point de langue.

APPRENDRE AVEC SAISON
du sens étape par étape

3 JE PRODUIS
S'EXPRIMER — ATELIER D'ÉCRITURE

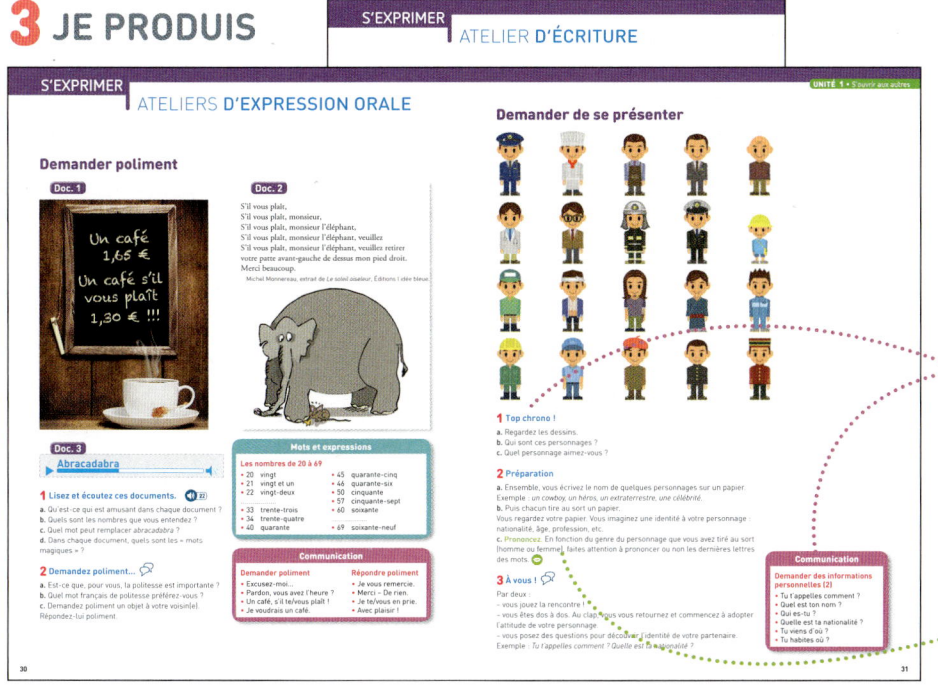

4 pages pour s'exprimer à l'oral et à l'écrit
- Des productions orales et écrites.
- Des aides à la communication et des stratégies de production.
- La publication de l'*Atelier 2.0*.

▶ **La communication orale et écrite**
- Je produis à l'oral en trois temps.
- Je produis à l'écrit en trois temps.
- Je trouve de l'aide dans le tableau *Communication*.

▶ **La phonétique**
- Je m'échauffe avec un virelangue.
- Je prononce en contexte.

4 JE RETROUVE L'ESSENTIEL

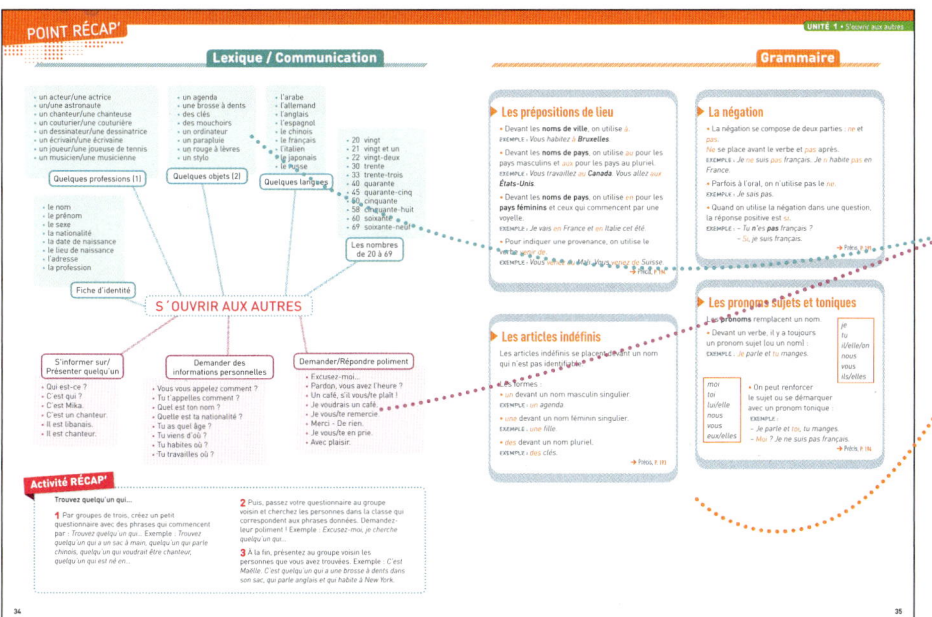

Une double page récapitulative

Un schéma synthétique du lexique et de la communication.

▶ **Le lexique**
Je réemploie le lexique et les actes de parole dans un autre contexte.

▶ **La grammaire**
Je consulte la référence.

Les +
- Une unité 0 avec vidéo.
- **SE COMPRENDRE** : toute l'actualité culturelle francophone.
- Une épreuve blanche en unité **6**.
- Une préparation au DELF à chaque unité.

Un avant-goût de *Saison*...

Saison est une méthode de français sur quatre niveaux qui s'adresse à des apprenants adultes ou grands-adolescents. Ce premier niveau couvre le niveau A1 (unités 0 à 6) et le début du niveau A2 (unités 7 à 9), soit 100 à 120 heures d'enseignement.

Saison s'appuie bien sûr sur les principes pédagogiques décrits par le CECRL, référent de l'enseignement/apprentissage des langues et s'inscrit dans la lignée des approches communicative et actionnelle.
Saison s'appuie aussi sur le savoir-faire d'une équipe d'auteurs ayant une **pratique d'enseignement dynamique et stimulante**. Il s'agit de faire en sorte que la classe de français soit animée et vivante : lancement de chaque unité par une **vidéo**, diversité des activités à l'oral comme à l'écrit sur des thématiques actuelles et engageantes, variété des formes de travail, jeux pour développer son lexique, projets à mener seul ou à plusieurs... Dès le début de ce manuel, l'unité 0, *Mes cinq sens en action*, sollicite de façon originale les apprenants pour découvrir la langue française !
La méthode est dotée d'une structure très rigoureuse, **progressant par étapes clairement identifiées** (voir la présentation p. 2-3) qui aidera chaque enseignant à conduire son cours et chaque apprenant à se construire des repères simples et efficaces.
Parmi les singularités de la méthode, citons la très belle place accordée au **lexique** (dans le manuel via des schémas facilitant sa mémorisation et dans le cahier, mais aussi via les activités TNI pour la classe et l'appli *Dico*), à la **phonétique** travaillée régulièrement et en contexte, et à la **grammaire** (approche équilibrée entre découverte en contexte et solide systématisation, dans le manuel et le cahier).

Enfin, pour vérifier les acquisitions, **trois types d'évaluation** sont proposés :
• une préparation régulière au DELF (4 compétences) dans le manuel, validant le niveau A1 pour ce niveau 1 ;
• des bilans après chaque unité dans le cahier d'activités ;
• des tests sommatifs dans le guide pédagogique.

Ces quelques lignes ne sont que l'avant-goût d'une méthode riche et stimulante par ses contenus et ses supports.
Rendez-vous sur le site Didier pour découvrir compléments d'information, extraits, ressources complémentaires, interviews d'auteurs...

Très belle découverte !

Tableau des contenus

UNITÉ 0 Mes cinq sens en action — p. 12

Socioculturel
- Les monuments français
- Les salutations françaises
- *À vos souhaits !*
- *Tu/Vous*
- La monnaie
- La fête nationale

Communication
- Saluer
- Se présenter (1)
- S'appeler
- *Oui/Non*
- Épeler
- Acheter
- Communiquer en classe

Grammaire
- *S'appeler, être, avoir*
- *Je m'appelle/Je suis/J'ai* (dire son âge)
- *Il/Elle s'appelle – Il/Elle est*
- Les articles définis
- Conditionnel de politesse : *je voudrais*

Lexique
- Les formules de salutation
- L'alphabet
- Quelques objets (1)
- Les nationalités
- Quelques lieux
- Les pays
- Les couleurs
- Les nombres de 0 à 69
- Les jours de la semaine
- Les mois de l'année
- Les émotions
- Quelques consignes de classe

Phonétique
- Alphabet
- Syllabation et accentuation
- Groupes rythmiques et accentuation

Module 1
ENTRER EN CONTACT

UNITÉ 1 S'ouvrir aux autres — p. 22

Socioculturel
- Des portraits de personnalités francophones
- Des fiches d'artistes francophones
- La politesse
- Poème de Michel Monnereau

Communication
- S'informer sur quelqu'un
- Présenter quelqu'un
- Demander des informations personnelles
- Identifier un objet (*il y a, c'est*)
- Demander/Répondre poliment
- Demander de se présenter
- S'inscrire sur un site

Grammaire
- Les prépositions de lieu (1) : *à, en, au, aux*
- Les verbes en -er : *parler, habiter*
- La négation (1) : *ne …. pas*
- Les articles indéfinis : *un, une, des*
- Les questions (1) *qui (est-ce), quel, vous habitez où ?*
- Les pronoms personnels sujets et toniques
- *Oui, non, si*

Lexique
- Les professions (1)
- Nom, prénom, nationalité, âge, profession
- Quelques objets (2)
- Les langues
- Les nombres de 70 à 1 000
- **Activité Récap'** : *Trouvez quelqu'un qui…*

Phonétique
- Les consonnes finales muettes et *e* muet
- *Un - une*

▶ **Actu culture** La France : • les Français influents • les personnalités historiques • les jeux vidéo et l'animation 3D, un savoir-faire français • *Ça n'est pas ma tasse de thé.*

▶ **Atelier 2.0** Voter pour une personnalité francophone

▶ **Préparation au DELF** A1

UNITÉ 2 Partager son lieu de vie p. 40	**UNITÉ 3** Vivre au quotidien p. 58

• Les Français et leur habitat • Des habitations insolites en France et en Suisse • Petite annonce pour un meublé à Paris • Des nouveaux voisins • Extrait littéraire *Jus de chaussettes*, Vincent Remède	• Les loisirs des Français • Les goûts des autres • Les activités quotidiennes • L'opéra de Lausanne • Extrait de *La liste* de Rose • La routine
• Comprendre une petite annonce • Chercher un logement • Décrire son voisin • Rédiger une annonce simple • Reprocher, s'excuser • Décrire un logement • S'informer sur un logement • Écrire un portrait	• Exprimer ses goûts • Parler de ses loisirs • Demander et dire l'heure • Faire une enquête • Raconter sa vie sur un blog • Justifier un choix • Exprimer une préférence • Exprimer une envie • Écrire une liste
• Le genre et le nombre des noms • Les verbes *venir* et *aller* • Le genre et le nombre des adjectifs • Les adjectifs possessifs • Les prépositions de lieu (2) : *dans, chez, sur, sous*	• Les articles contractés • Les verbes *vouloir, pouvoir, devoir* • L'adjectif interrogatif *quel* • Les verbes pronominaux • Le futur proche • *On = nous*
• L'habitat • Les pièces, l'équipement • La description physique • Les qualités et les défauts • **Activité Récap'** : *Faire un jeu de rôle « Partager son lieu de vie »*	• Le temps libre et les loisirs • Les saisons • Les activités quotidiennes • Le temps (1) : *le matin, le soir, lundi* • L'heure • **Activité Récap'** : *Faire un jeu de rôle sur les commères*
• *Le - les* • La liaison au pluriel	• Les sons [y], [EU], [E] • L'enchaînement consonantique
▶ **Actu culture** Le tour de France des régions : • les sites et monuments • Marseille • *Ce n'est pas la mer à boire.*	▶ **Actu culture** Les fêtes et traditions en France : • le Québec • art de vivre • façon de parler • *Être aux petits oiseaux.*
▶ **Atelier 2.0** Participer à un concours photo de l'immeuble	▶ **Atelier 2.0** Inventer un club de loisirs insolites
▶ **Préparation au DELF** A1	▶ **Préparation au DELF** A1

Module 2
COMPRENDRE SON ENVIRONNEMENT

UNITÉ 4 S'ouvrir à la culture — p. 76

Socioculturel
- La vie culturelle en Louisiane
- Les pratiques culturelles des Français
- Sortir à Montréal
- Le musée Louvre-Lens
- Un billet de théâtre/cinéma

Communication
- Proposer à quelqu'un de faire quelque chose
- Apprécier quelque chose
- Raconter une sortie au passé
- Décrire une tenue
- Ne pas apprécier quelque chose
- Parler d'un film
- Féliciter/Adresser un souhait
- Écrire une carte postale numérique

Grammaire
- Les adjectifs démonstratifs
- Les verbes *finir*, *sortir*
- Les adverbes de fréquence
- Le passé composé (1) : la différence entre *être* et *avoir* ; l'accord de *être*
- L'imparfait (1)

Lexique
- Les sorties
- La famille
- L'art
- Les vêtements et les accessoires
- **Activité Récap'** : *Trouver des partenaires de sorties dans la classe*

Phonétique
- Les sons [o] et [ɔ̃]
- L'enchaînement vocalique

▶ **Actu culture** La langue française en partage :
- la littérature en français en 8 auteurs • Kim Thúy, auteure québécoise • *Ne pas avoir sa langue dans sa poche.*

▶ **Atelier 2.0** Imaginer une pièce de théâtre

▶ **Préparation au DELF** A1

UNITÉ 5 Goûter à la campagne p. 94	**UNITÉ 6** Voyager dans sa ville p. 112

• Un village français • Le festival du Mot • Cuisine d'une Parisienne d'adoption • Passer à table • Payer ses achats	• Bruxelles • Les applis pour visiter Bruxelles • Visite guidée du Vieux-Lyon • La chasse au trésor sur Smartphone • Une visite à Angers • Le quartier Saint-Augustin à Bordeaux
• Accepter et refuser une invitation • Donner des instructions *(il faut)* • Demander le prix • Faire des courses • Écrire une recette • Commander au restaurant • Donner son appréciation • S'exprimer à table • Écrire une invitation	• Décrire une ville • Se repérer dans une ville • Localiser un lieu *(en face de...)* • Comparer des villes • Se repérer sur un plan • Demander des précisions • Raconter sa ville sur un blog
• La forme négative (2) *(ne ... plus, ne ... jamais)* • Les verbes *acheter*, *manger*, *payer* • L'impératif affirmatif • Les articles partitifs et les quantités • Le pronom *en* de quantité • *Il faut*	• La place des adjectifs • Le verbe *prendre* • Le pronom *y* • Les prépositions de lieu (3) : *à côté, en face de...* • La comparaison : *moins de/que, plus de/que*
• Les services et les commerces • Les aliments • Les ustensiles • L'argent • **Activité Récap'** : *Préparer un jeu de rôle pour un organiser un repas*	• La ville • Les transports • Les lieux de la ville • Les activités • **Activité Récap'** : *Faire une mini-improvisation sur « Voyager dans sa ville »*
• L'intonation interrogative • Les sons [a] et [ã]	• Les sons [i] et [y] • Les sons [s] et [z]
▶ **Actu culture** La gastronomie française, une question de goût : • le top 5 des cuisiniers français • Alain Ducasse • *Manger sur le pouce.* ▶ **Atelier 2.0** Organiser un pique-nique ▶ **Préparation au DELF** A1	▶ **Actu culture** La Belgique, carrefour de l'Europe : • des musées • Bruges • des mots belges • *Il drache.* ▶ **Atelier 2.0** Créer un mini-guide de sa ville ▶ **Épreuve blanche DELF** A1

Module 3
CHANGER DE VIE

UNITÉ 7 Faire du neuf avec du vieux — p. 134

Socioculturel
- Grand-père, père, petit-fils, un passé partagé
- La brocante de Courpière
- Décoration récup'
- Leboncoin.fr
- Le gaspillage et la récupération en France et en Suisse

Communication
- Décrire des objets
- Raconter au passé
- Comprendre des instructions
- Décrire des objets dans une annonce
- Exprimer l'accord/le désaccord
- Exprimer l'obligation, l'interdiction
- Vendre un objet sur un site Internet

Grammaire
- L'imparfait (2)
- Le verbe *faire*
- Le passé composé pour raconter (2) : négation + *hier, la semaine dernière*
- L'impératif à la forme négative
- Les pronoms relatifs *qui, que*

Lexique
- L'état des objets
- Le temps (2) : *tout, tous, toutes*
- Les indicateurs de temps (*hier, la semaine dernière...*)
- Le bricolage
- L'informatique
- La récupération
- **Activité Récap'** : *Faire une simulation de vente aux enchères*

Phonétique
- Les sons [y] et [u]
- Les sons [r] et [l]

▶ **Actu culture** L'invention, un destin commun : • les inventions du passé • Futur en Seine • *C'est la goutte d'eau qui fait déborder le vase.*

▶ **Atelier 2.0** Réaliser un scrapbook

▶ **Préparation au DELF** A2

| **UNITÉ 8** Changer d'air | p. 152 | **UNITÉ 9** Devenir éco-citoyen | p. 170 |

- Les études à l'étranger, Erasmus
- L'expatriation
- Les formalités administratives
- La santé
- Nicolas Bouvier, *L'œil du voyageur*
- Bourse projet

- La citoyenneté au quotidien
- Le droit de vote en France et en Belgique
- L'écovolontariat
- Les Restos du cœur
- La vie d'Olympe de Gouges

- Exprimer un but
- Dire comment on se sent
- Écrire une liste de choses à faire
- Exprimer une opinion
- Parler de la météo
- Répondre à un appel à projet par mail

- Exprimer son intérêt
- Exprimer un souhait
- Décrire la faune et la flore
- Exprimer son mécontentement
- Encourager quelqu'un
- Écrire pour demander de l'aide
- Raconter au passé
- Écrire une biographie

- Le passé récent
- Les verbes *croire* et *voir*
- Le but avec *pour/afin de*
- Le futur
- Les pronoms COD : *le, la, les*

- L'imparfait et le passé composé : synthèse (3)
- Les verbes *connaître* et *savoir*
- *Depuis/pendant*
- Les pronoms COI : *lui, leur*
- Le conditionnel présent

- Les études
- Les professions (2)
- Les formalités pour partir en voyage
- La santé, le corps
- La météo
- **Activité Récap'** : *Faire un jeu de rôle pour préparer son départ*

- La solidarité
- La vie politique et la citoyenneté
- Indiquer une chronologie : *d'abord, ensuite, après, enfin*
- L'environnement
- Les animaux
- **Activité Récap'** : *Préparer un jeu de rôle pour devenir éco-citoyen*

- Le *e* muet
- Les sons [E] et [ɛ̃]

- Le jeu des sons

▶ **Actu culture** Découvrir, apprendre, réussir : • Le système scolaire français • les Mooc francophones • *Avoir le cœur sur la main.*

▶ **Actu culture** L'art au coin de la rue : • le parcours Saint-Germain • le Festival International du Film Francophone de Namur • *Avoir du cœur au ventre.*

▶ **Atelier 2.0** Réaliser une newsletter

▶ **Atelier 2.0** Préparer une exposition

▶ **Préparation au DELF** A2

▶ **Préparation au DELF** A2

Unité 0

Mes cinq sens en action

Bienvenue !
- Se présenter
- L'alphabet

À l'écoute !
- Découvrir des sonorités
- Les nationalités

1, 2, 3... couleurs !
- Compter jusqu'à 69
- Les couleurs
- Les pays

Drôles de sensations !
- Nommer des émotions
- Les jours de la semaine
- Les mois de l'année

Bienvenue !

1. Rendez-vous en France

a. Regardez la vidéo et retrouvez ces monuments. Puis replacez-les sur la carte dans votre livre.
- La tour Eiffel
- Le musée du Louvre
- Le château de Chambord
- Le Mont Saint-Michel

b. Associez ces mots à une image vidéo.
la baguette – les macarons – le marché – la musique – le ski – le bateau-mouche

c. Et vous, quelles images avez-vous de la France ?

2. Enchanté !

a. Pour chaque photo, retrouvez le lieu et le dialogue correspondant.

Dans la rue
– Ah, bonjour Philippe ! Vous allez bien ?
– Oui, merci, et vous ?
– Très bien, merci.

Au travail
– Mesdames, messieurs, bonsoir ! Vous allez bien ?
– Oui…

À un concert
– Tiens, salut Sophie, ça va ?
– Ça va et toi ?
– Bien, merci.

Communication

Saluer
- Bonjour !
- Salut !
- Bonjour monsieur/madame.
- Au revoir.
- Bonne journée.
- Bonne soirée.
- Bonne nuit.
- À demain.

b. Pour chaque dialogue, reliez comme dans l'exemple.

Dialogue	Où ?	Qui ?	Quoi ?
1	Dans un hôtel	Tu	Bonne nuit
2	Dans une maison	Vous	Bonne journée
3	Au téléphone	Tu	Bonne soirée
4	Dans un magasin	Vous	Salut !

Communication

Ça va ?
- Ça va ?
- Ça va, merci.
- Tu vas bien ?
- Oui, très bien et toi ?
- Vous allez bien ?
- Oui, et vous ?

Point culturel

Généralement, en France, on se fait la bise : une, deux, trois ou quatre selon les régions.
Au travail, on se serre la main ou alors on se dit : « Bonjour ».

UNITÉ 0 • Mes cinq sens en action

```
HULFVTNRMDZOXCE
BYHNCLDMOTAUSZ
MRTVFUHECXOZD
DLVATBZUEHSN
RCYHOFMESPA
EXATZHDVN
YOELKSFDI
OXPHBZD
NLTAVR
OHSUE
MCF
ZU
```

3. Jeux de lettres

a. Regardez l'image. C'est où ?
☐ chez le médecin   ☐ chez le dentiste   ☐ chez l'ophtalmologue

b. Écoutez. Écrivez les lettres. 🔊 3

c. Remettez les lettres dans l'ordre. Quels mots trouvez-vous ?

d. Observez ces lignes et prononcez les lettres. Que remarquez-vous ?

```
b c d g p t v w
  f l m n r s z
      i j y x
      e o u q
        a h k
```

Prononciation

bcdgptvw	→	J'ai les lèvres tirées et la bouche fermée. ⌒
flmnrsz	→	J'ai les lèvres tirées et la bouche ouverte. ⌒
ijyx	→	J'ai les lèvres tirées et la bouche très fermée. —
eouq	→	J'ai les lèvres arrondies et la bouche fermée. ●
ahk	→	J'ai les lèvres tirées et arrondies et la bouche très ouverte. ⌒

4. On se présente ?

Demandez à votre voisin(e) comment il/elle s'appelle.
EXEMPLE : *Comment tu t'appelles ?*
Ça s'écrit comment ?

Communication

S'appeler
- Tu t'appelles comment ?
- Je m'appelle Tom.
- Elle s'appelle Clara.
- Il s'appelle Félix.
- Et toi, comment tu t'appelles ?

Ça s'écrit comment ?

À l'écoute !

1. Jeu sonore

Écoutez les bruits et associez-les aux images. # 4

  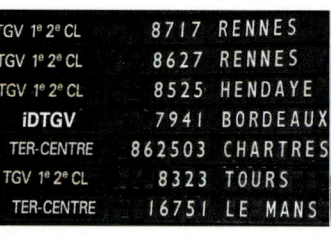 

Dans la rue   Dans la cuisine d'un restaurant   À la gare   Près d'une fontaine

2. Blablabla

a. Écoutez les bruits et associez-les à des onomatopées, comme dans l'exemple. # 5

1. *Ding dong !*
...... Vlan
...... Tu-tut !
...... Gla-gla
...... Toc toc !
...... Tic tac !
...... Plouf !

Mots et expressions

Quelques objets (1)
- la voiture
- la porte
- le réveil
- le frigo

b. Écoutez à nouveau. Pour chaque onomatopée, retrouvez l'objet ou élément correspondant. # 5
- la voiture
- le réveil
- le froid
- la porte
- le frigo
- l'eau

c. Regardez l'illustration. Quelle onomatopée est associée ? Pour les autres, essayez de les prononcer et proposez un dessin.
- Aïe !
- Ouf !
- Pff !
- Miam miam !
- Aaaaahhh !

d. Quels sont les bruits typiques dans votre langue ?

Point culturel

- Quand on éternue en France, on dit « À vos souhaits ! » ou « À tes souhaits ! »
- *Tu* ou *vous* ?
On dit *tu* à quelqu'un que l'on connaît.
On dit *vous* à un inconnu ou à son chef.

3. Tendez l'oreille...

a. Écoutez et retrouvez la nationalité de chaque personne. 🔊 6

Dian Xi est...	Patrick est...
Emma est...	Tegan est...
Javier est...	Safaa est...

b. Féminin ou masculin ? Écoutez et complétez le tableau. 🔊 7

1	2	3	4	5	6
F	.....	.....	.....	.....	.....

c. Question ou affirmation ? Écoutez et complétez le tableau. 🔊 8

1	2	3	4	5	6
?	.....	.....	.....	.....	.....

d. Écoutez à nouveau et trouvez le nombre de syllabes. 🔊 8
Oui, je suis étudiante.

Prononciation

fran çaise	2 syllabes avec la dernière syllabe plus longue
é tu diante	3 syllabes avec la dernière syllabe plus longue

Mots et expressions

Quelques nationalités
- français(e)
- anglais(e)
- américain(e)
- chinois(e)
- colombien(ne)
- danois(e)
- japonais(e)
- turc - turque
- vietnamien(ne)

Grammaire

Être
Je suis
Tu es
Il/Elle est
Nous sommes
Vous êtes
Ils/Elles sont

4. On fait du bruit ?

Par groupes de trois ou quatre,
les étudiants choisissent en secret un lieu.
Ils représentent la scène à travers une improvisation
avec des gestes et des bruits.
Les autres doivent deviner le lieu.

Mots et expressions

Quelques lieux
- dans un avion
- dans la rue
- dans le bus
- dans un parc
- dans un café
- chez le dentiste
- à la piscine
- à la plage

Communication

Oui/Non
– C'est à la mer ?
– Non.
– C'est dans un café ?
– Oui.

✋ Excusez-moi, je ne comprends pas.

1, 2, 3... couleurs !

Mots et expressions

Les couleurs
- rouge
- vert
- blanc
- jaune
- bleu
- orange
- rose
- marron
- noir

1. Jeu de couleurs

Nommez les couleurs que vous voyez.

EXEMPLE : *Les macarons sont jaunes, verts...*
Au restaurant, il y a du blanc, du...

Des macarons · Au restaurant · Au marché

2. Devinettes !

a. Écoutez et remettez ces drapeaux de pays francophones dans l'ordre.

Drapeau français	Drapeau suisse	Drapeau malien	Drapeau belge	Drapeau marocain
......	......	......	......	......

b. Quel est le nom de votre pays ?

c. Quelles sont les couleurs du drapeau de votre pays ?

Point culturel

Dans beaucoup de pays en Europe, on utilise l'euro. De quelles couleurs sont les billets ?
Dans votre pays, quelle monnaie utilise-t-on ?

Mots et expressions

Les pays
- la Belgique
- la France
- le Mali
- le Maroc
- la Suisse

3. C'est combien ?

a. Écoutez. Quels chiffres entendez-vous ? 🔊 10

☐ 0   ☐ 1   ☐ 2   ☐ 3   ☐ 4   ☐ 5
☐ 6   ☐ 7   ☐ 8   ☐ 9

b. Écoutez. Combien ça coûte ? 🔊 10

☐ 10 €   ☐ 11 €   ☐ 12 €   ☐ 13 €   ☐ 14 €   ☐ 15 €
☐ 16 €   ☐ 17 €   ☐ 18 €   ☐ 19 €

c. Écoutez à nouveau et notez si la syllabe est courte (—) ou longue (——). 🔊 10

bon	jour	une	ba	guette	s'il	vous	plaît

Communication

Acheter
- Bonjour, je voudrais..., s'il vous plaît.
- C'est tout ?
- Oui, merci.
- Ça fait combien ?
- 10 euros.

Prononciation

La dernière syllabe de chaque groupe de mots est plus longue.

Oui, merci !

4. On compte jusqu'à 20 ?

Les participants forment un cercle.
Le professeur fait apparaître une balle imaginaire.
Il lance la balle à un joueur en commençant à compter.
Ce dernier la reçoit, la lance tout en continuant à compter.
Le professeur fait passer une deuxième balle imaginaire, puis une troisième, en même temps.
Le premier qui arrive à 20 sans se tromper a gagné !

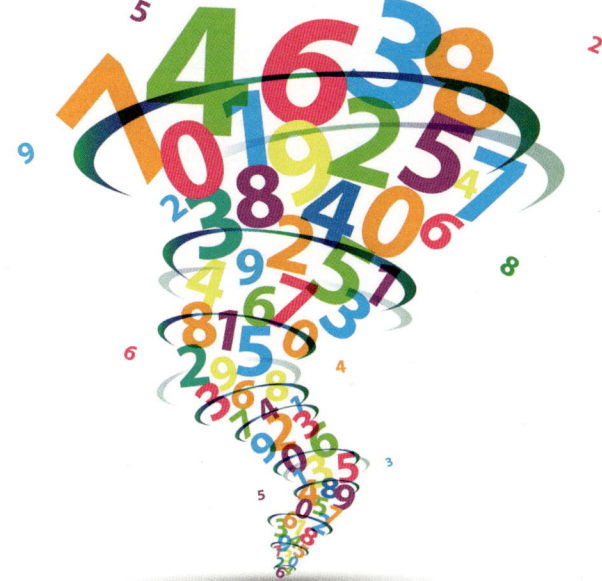

Mots et expressions

Les nombres de 0 à 69

- 1 un
- 2 deux
- 3 trois
- 4 quatre
- 5 cinq
- 6 six
- 7 sept
- 8 huit
- 9 neuf
- 10 dix
- 11 onze
- 12 douze
- 13 treize
- 14 quatorze
- 15 quinze
- 16 seize
- 17 dix-sept
- 18 dix-huit
- 19 dix-neuf

- 20 vingt
- 21 vingt et un
- 22 vingt-deux
....
- 30 trente
- 33 trente-trois
- 34 trente-quatre
....
- 40 quarante
- 45 quarante-cinq
- 46 quarante-six
....
- 50 cinquante
- 57 cinquante-sept
- 58 cinquante-huit
....
- 60 soixante
- 69 soixante-neuf
....

✋ Vous pouvez répéter s'il vous plaît ?

Drôles de sensations !

1. Jeu d'émotions

a. Écoutez et associez chaque phrase à une image. 🔊 11

b. Lisez les émotions suivantes et jouez-les !
la joie – la peur – la surprise – le dégoût

> **Grammaire**
>
> **Les articles définis**
> Le
> La
> les

2. La France en fête

Écoutez et retrouvez les rendez-vous festifs de l'année en France.  12

En septembre-octobre	Le 14 Juillet	En mai
Les vendanges	**La fête nationale**	**Le festival de Cannes**

Point culturel

Le 14 Juillet, les Français ne travaillent pas. C'est la fête nationale. Il y a des feux d'artifice. C'est quand la fête nationale dans votre pays ?

Mots et expressions

Les jours de la semaine
- lundi
- mardi
- mercredi
- jeudi
- vendredi
- samedi
- dimanche

Les mois de l'année
- janvier
- février
- mars
- avril
- mai
- juin
- juillet
- août
- septembre
- octobre
- novembre
- décembre

3. J'ai rendez-vous !

a. Regardez la photo et choisissez un sentiment pour la décrire.
- la tristesse
- l'amour
- la colère
- le stress

b. Écoutez le dialogue et répondez aux questions. 🔊 13
- Comment s'appelle-t-il ? Et elle, comment s'appelle-t-elle ?
- Il a quel âge ? Et elle, quel âge a-t-elle ?
- Elle est française ? Et lui, il est français ?

c. Par deux, vous pensez à une personne de la classe.
Votre voisin(e) pose des questions pour trouver à qui vous pensez.
Vous répondez par oui ou par non.

Grammaire

Avoir
J'ai
Tu as
Il/Elle a
Nous avons
Vous avez
Ils/Elles ont

4. Sur tous les tons...

Mots et expressions

Les émotions
- la tristesse
- la joie
- la colère
- la peur
- le dégoût
- la fatigue

Chacun dit une phrase avec une émotion de son choix. 💬
Puis vous écrivez les émotions que vous connaissez sur des bouts de papier différents. L'un d'entre vous tire un papier avec une émotion et dit sa phrase avec cette émotion.
Dans le groupe, l'un d'entre vous répond avec la même émotion.

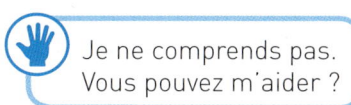

Je ne comprends pas.
Vous pouvez m'aider ?

Unité 1

S'ouvrir aux autres

S'INFORMER

DÉCOUVRIR
- Des portraits francophones
- Des artistes francophones

RÉAGIR
- Identifier un objet
- Présenter quelqu'un

S'EXPRIMER

ATELIERS D'EXPRESSION ORALE
- Demander poliment
- Demander de se présenter

ATELIER D'ÉCRITURE
- Se présenter en ligne

L'ATELIER 2.0
▶ Voter pour une personnalité francophone

S'ÉVALUER
- DELF A1

On en parle ?
Qu'est-ce que vous voyez ?
Quelles couleurs connaissez-vous ?
Et vous, quelle est votre couleur ?

S'INFORMER

DÉCOUVRIR
Des portraits francophones

Portraits en vidéo 2

1 Qu'est-ce que vous voyez ?

Quelles personnes voyez-vous ?
Qu'est-ce qu'elles aiment ?
Et vous, vous êtes fan de quoi ?

LE + INFO
Savez-vous que 220 millions de personnes parlent français dans le monde ?

Personnalités francophones

2 Écoutez et répondez. 14

a. C'est où ?   ☐ dans la rue   ☐ à la gare   ☐ à la télévision
b. Comment s'appelle l'émission ?   ☐ Carte postale   ☐ Carte de visite   ☐ Carte à jouer

💡 **Stratégie**
Quand j'écoute un document, je pose mon stylo et je me concentre.

3 Écoutez et retrouvez l'ordre de présentation. 🔊 14

A. Roger Federer   B. Philippe Geluck   C. Julie Payette   D. Amadou et Mariam

4 Écoutez. 14

a. Associez la nationalité et le métier à la personnalité.

a. Il est suisse.	1. Philippe Geluck	A. Elle est astronaute.
b. Ils sont maliens.	2. Roger Federer	B. Ils sont musiciens et chanteurs.
c. Il est belge.	3. Julie Payette	C. C'est un dessinateur.
d. Elle est québécoise.	4. Amadou et Mariam.	D. C'est un joueur de tennis.

b. **Tendez l'oreille.** Par quel son se terminent les mots suivants ? 15

Mots et expressions

Quelques professions (1)
• un chanteur/une chanteuse
• un dessinateur
• un écrivain
• un joueur de tennis
....
....

5 Observez ces phrases.

Vous habitez **à** Bruxelles.   Vous êtes née **à** Montréal.
Vous travaillez **au** Canada.   Vous habitez **en** Belgique.
Vous venez **du** Mali.   Vous venez **de** Suisse.

a. Montréal et Bruxelles sont des villes ou des pays ?
b. Belgique, Canada : quel pays est masculin ? Quel pays est féminin ?
c. *Vous venez de...* indique l'origine ou le domicile ?
d. Quels mots sont placés avant les noms de villes et de pays ?

▶ **les prépositions de lieu** → Vérifiez et exercez-vous : 1-2 p. 29

UNITÉ 1 • S'ouvrir aux autres

Fiches artistes

Ils ne sont pas nés en France, ils n'habitent pas en France et ils ne parlent pas français tous les jours. Mais ils chantent en français, écrivent en français et jouent en français. Qui sont-ils ?

A
Kristin Scott Thomas
Date de naissance : 1960
Lieu de naissance : Royaume-Uni
Nationalité : Anglaise
Profession : Actrice
Film : *Partir*

B
Akira Mizubayashi
Date de naissance : 1952
Lieu de naissance : Japon
Nationalité : Japonaise
Profession : Écrivain et professeur de français
Livre : *Une langue venue d'ailleurs*

C
Mika
Date de naissance : 1983
Lieu de naissance : Beyrouth
Nationalité : Libanaise
Profession : Chanteur
Chanson : *Elle me dit*

6 Regardez les photos et lisez les fiches.
a. Vous les connaissez ?
b. Associez une fiche à la bonne photo.

7 Répondez aux questions.
a. Qui est japonais ?
b. Quelle est la nationalité de Mika ?
c. Comment s'appelle l'actrice ?
d. Quel est le prénom de l'écrivain ?
e. Quand est née la femme ?

8 Écoutez le dialogue. 🔊 16
a. Qui parle ? ☐ un homme ☐ une femme ☐ un homme et une femme
b. De quels artistes parlent-ils ?
c. Est-ce que l'homme connaît les artistes ? ☐ oui ☐ non
d. Mika n'est pas francophone ? ☐ si ☐ non

9 Observez ces phrases.
Ils n'habitent pas en France.
Ils ne parlent pas français.
Elle n'est pas américaine.

a. Ces phrases sont-elles positives (+) ou négatives (–) ?
b. Dans la négation, il y a deux mots : …… et ……
c. Quel mot est toujours avant le verbe ? Quel mot est après le verbe ?

▶ *la négation (1)* → Vérifiez et exercez-vous : 3-4 p. 29
▶ *parler* → Précis p. 197

Mots et expressions

Fiche d'identité
• le nom
• le prénom
• la nationalité
……………………
……………………

Communication

S'informer sur quelqu'un
• Qui est-ce ?
• C'est qui ?

Présenter quelqu'un
• C'est Mika.
• C'est un chanteur.
• Il est libanais.
• Il est chanteur.

Parlez de l'info !

10 Quelles personnalités francophones connaissez-vous ?

11 Et vous, est-ce que vous êtes francophone ?

S'INFORMER

RÉAGIR
Videz votre sac !

Dans mon sac, il y a...

Dans mon sac, il y a toujours des clés, un téléphone, un porte-monnaie, un agenda et un parapluie. J'ai aussi des mouchoirs, un rouge à lèvres, de la crème, mes bijoux, un stylo, une boîte de Tic-Tac et des tickets de métro. J'aime aussi avoir un livre pour lire dans le métro. Et puis, ma brosse à dents !

1 Regardez le document.

a. Ce document est extrait :
☐ d'un cahier ☐ d'un blog ☐ d'un magazine
b. Que fait cette personne ?

2 Lisez le document.

a. Qu'est-ce qu'il y a dans son sac ?
Dans son sac, il y a :
☐ un sandwich ☐ un téléphone ☐ des mouchoirs
b. Classez les noms des objets dans le tableau, comme dans l'exemple.

Pratique	Accessoires	Beauté	Autres objets
Un porte-monnaie	Des bijoux	Un rouge à lèvres	Une brosse à dents
...	...	...	...

3 Observez la phrase.

J'ai **un** <u>agenda</u>, **une** <u>boîte</u> de Tic-Tac et **des** <u>clés</u>.

a. Lisez les mots soulignés. Quels mots sont féminins ? masculins ?
b. Dans cette phrase, quel mot a un « s » à la fin ? Pourquoi ?
c. Les mots en gras s'appellent des articles indéfinis. Quand est-ce que j'utilise *un*, *une* ou *des* ?

▶ les articles indéfinis → Vérifiez et exercez-vous : 5-6 p. 29

Mots et expressions

Quelques objets (2)
- un agenda
- un rouge à lèvres
- un téléphone
- des clés
....
....

Excusez-moi, qu'est-ce que vous avez dans votre sac ?

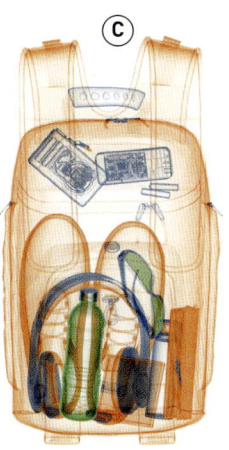
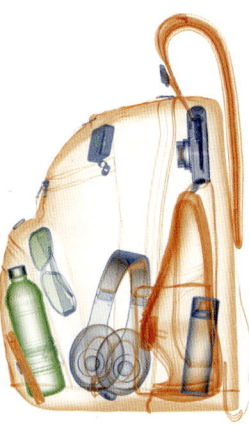

UNITÉ 1 • S'ouvrir aux autres

4 Écoutez. Remettez les documents dans l'ordre et répondez.

a. C'est où ?
☐ au supermarché   ☐ à l'aéroport   ☐ à la bibliothèque
b. Qui pose des questions ?
☐ un policier   ☐ un vendeur   ☐ un acteur
c. La femme voyage :
☐ seule   ☐ avec son mari   ☐ avec son mari et son bébé

5 Écoutez de nouveau.

a. Complétez la fiche.

> Nom : ……
> Prénom : ……
> Âge : ……
> Nationalité : ……
> Destination : ……

b. Regardez le tableau de communication.
Quelles sont les questions posées par le douanier ? Retrouvez-les !

6 Écoutez.

a. Qu'est-ce qu'il y a dans le sac de la femme ? Dans son sac, il y a…
b. **Tendez l'oreille.** Dites si vous entendez les sons [ɛ̃] ou [yn].

7 Observez ces phrases.

*Et vous, **vous** avez quoi dans votre sac ?*
*Moi, **j'**ai un ordinateur.*
*Lui, **il** n'a pas de sac.*

a. Que remplacent les mots en gras ?
b. Dans la phrase, où sont-ils placés ?
c. Écoutez les phrases. Soulignez le mot accentué dans chaque phrase.
Où est-il placé ?

▶ **les pronoms sujets et toniques** → Vérifiez et exercez-vous : 7-8 p. 29

Communication

Demander des informations personnelles (1)

- Vous vous appelez comment ?
- Quel est votre nom ?
- Quelle est votre nationalité ?
- Vous avez quel âge ?
- Vous venez d'où ?
- Vous habitez où ?
- Vous travaillez où ?

Réagissez !

8 Et vous, vous avez quoi dans votre sac ? Écrivez quelques phrases pour dire ce que vous avez dans votre sac.

Agissez !

9 Demandez des informations personnelles à votre voisin(e). Pour cela, aidez-vous du tableau. Puis, présentez-le/la au groupe voisin.
EXEMPLE : *C'est Max. Il est canadien. Il ne parle pas français. Il habite à Halifax.*

POINT ÉTAPE

→ 📖 Cahier d'activités, **unité 1**

Lexique

Les professions

1 Jeu de rapidité

Retrouvez les professions d'après les photos.

L'identité

3 Jeu de repérage

Replacez sur ce passeport les informations manquantes.

Les objets

2 Jeu de curiosité

• Par deux, vous choisissez une célébrité.
• Vous imaginez ce qu'elle a dans son sac.
Exemple : *Barack Obama. Dans son sac, il a un téléphone, un agenda…*

💡 **Stratégie**
Pour me souvenir d'un mot, je l'écris dans un cahier. Je n'écris pas forcément sa traduction en langue maternelle.

Phonétique

▶ Consonnes finales et *e* muet 🔊 20

1 Écoutez et observez.

Un**e** actric**e** anglais**e**.
On ne prononce généralement pas le **e** *final des mots.*
Il est libanai**s**.
On ne prononce généralement pas la dernière consonne des mots.
Exception : *on prononce le* **r** *final (un chanteu***r***).*

2 Écoutez et dites ce que vous entendez.

a. ☐ français   ☐ française
b. ☐ libanais   ☐ libanaise
c. ☐ allemand   ☐ allemande
d. ☐ américain   ☐ américaine

3 Écoutez et répétez.

a. Il est anglais. - Elle est anglaise.
b. Il est américain. - Elle est américaine.
c. Il est libanais. - Elle est libanaise.
d. Il est allemand. - Elle est allemande.

▶ Un – une 🔊 21

1 Observez.

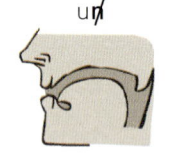   

Langue en avant   *Langue en avant*
Lèvres tirées   *Lèvres arrondies*

2 Écoutez et dites ce que vous entendez.

a. ☐ un   ☐ une
b. ☐ un journaliste   ☐ une journaliste
c. ☐ un astronaute   ☐ une astronaute

3 Écoutez et répétez.

À deux, vous mimez (sans prononcer) un des deux mots à votre voisin(e). Votre voisin(e) prononce les mots qu'il/elle a compris.

a. un - une
b. un juge - une juge
c. un artiste – une artiste
d. un pianiste - une pianiste

Grammaire

▶ Les prépositions de lieu

→ **Vérifiez vos réponses** (act. 5 p. 24)

Vous habitez **à** Bruxelles. Vous êtes née **à** Montréal. Vous travaillez **au** Canada. Vous habitez **en** Belgique. Vous venez **du** Mali. Vous venez **de** Suisse.
a. Montréal et Bruxelles sont des villes.
b. *Belgique* est féminin, *Canada* est masculin.
c. *Venir de...* indique l'origine.
EXEMPLE : Je viens **du** Japon mais j'habite **en** France.
d. *à*, *de* + noms de villes : Je viens **de** Rome.
au, *du* + noms de pays masculins
en, *de*, *d'* + noms de pays féminins
en, *d'* + noms de pays masculins commençant par une voyelle : Je viens **d'**Iran mais j'habite **en** Uruguay.
aux, *des* + noms de pays pluriel : Je suis né **aux** Pays-Bas.

1 Complétez avec la bonne préposition.
1. Il habite ...... France, ... Lyon.
2. Elle vient ...... Japon. Elle travaille ...... Paris.
3. Les Martin vivent ...... États-Unis.
4. Ma mère vient ...... Chine. Elle vit ...... Vancouver.
5. Est-ce que tu viens ...... Bolivie ?

2 À vous de jouer ! Présentez l'origine et le domicile de ces personnalités.
EXEMPLE : *Kim Thùy (Vietnam), Montréal.* → *Kim Thùy vient du Vietnam, elle habite à Montréal.*
1. Brad Pitt et Angelina Jolie (États-Unis), Los Angeles.
2. Jane Birkin, (Londres), France.
3. Ayo (Allemagne), New York.
4. Patrick Bruel (Algérie), Paris.
5. Amin Maalouf (Liban), France.

▶ La négation (1)

→ **Vérifiez vos réponses** (act. 9 p. 25)

a. Ces phrases sont négatives (= à la forme négative).
b. Dans la négation, il y a deux mots : *ne* et *pas*.
c. *Ne* ou *n'* est toujours avant le verbe, *pas*, après le verbe.

3 Faites des phrases à la forme négative.
1. Max est italien.
2. J'habite à Lausanne.
3. Sa femme vient du Vietnam.
4. Je comprends l'espagnol.
5. Elle connaît Federer.

4 Qui êtes-vous ? Présentez une personne de votre famille à votre voisin(e) de façon originale. Utilisez la négation.
EXEMPLE : *Ma sœur n'est pas française. Elle n'habite pas à Paris. Elle ne parle pas anglais. Elle n'est pas née en 2001.*

▶ Les articles indéfinis

→ **Vérifiez vos réponses** (act. 3 p. 26)

a. Nom masculin : *agenda*. Noms féminins : *boîte*, *clés*.
b. Le mot *clés* a un *s* parce qu'il y en a plusieurs.
c. *Un* s'utilise devant un nom masculin singulier, *une* devant un nom féminin singulier, *des* devant un nom pluriel.

5 Complétez ces phrases avec *un*, *une*, *des*.
1. Dans mon sac à dos, j'ai ...... dictionnaire, ... cahier, ... stylos et ...... bouteille d'eau.
2. Dans mon sac à main, j'ai ...... mouchoirs, ... clés, ... carte de métro et ...... agenda.
3. Dans mon sac de voyage, j'ai ...... appareil photo, ... livres et ...... vêtements.
4. Dans ma trousse de toilette, j'ai ...... brosse à dents, ... bijoux et ...... brosse à cheveux.
5. Dans ma poche, j'ai ...... téléphone, ... tickets de métro et ...... carte bancaire.

6 Imaginez quelques questions avec un article indéfini pour mieux connaître votre voisin(e). Puis, posez-lui les questions !
EXEMPLES : *Est-ce que vous avez un chien ?*
Vous avez des enfants ?

▶ Les pronoms sujets et toniques

→ **Vérifiez vos réponses** (act. 7 p. 27)

a. *Vous* remplace la jeune femme, *je* l'homme, *il* le bébé.
b. Ils sont placés avant le verbe. Ils sont sujets du verbe.
c. *Et vous*, vous avez quoi dans votre sac ?
Moi, j'ai un ordinateur.
Lui, il n'a pas de sac.
Le mot accentué est placé en début de phrase pour insister sur la personne.

7 Complétez ces phrases avec des pronoms sujets ou toniques.
1. Elle, ...est italienne.
2. ......, je suis américain.
3. ......, il est japonais.
4. ...... sont très belles, tes amies !
5. ...... parles quelles langues ?
6. ......, elles ne comprennent pas.

8 Posez des questions à votre voisin(e). Il/Elle répond par oui ou non et pose les mêmes questions. Insistez !
EXEMPLE : – Tu habites à New York ?
– Moi ? Non. Et toi, tu habites à New York ?
– Moi ? Si, j'habite à New York.

→ Point Récap p. 35

S'EXPRIMER
ATELIERS D'EXPRESSION ORALE

Demander poliment

Doc. 1

Doc. 2

S'il vous plaît,
S'il vous plaît, monsieur,
S'il vous plaît, monsieur l'éléphant,
S'il vous plaît, monsieur l'éléphant, veuillez
S'il vous plaît, monsieur l'éléphant, veuillez retirer votre patte avant-gauche de dessus mon pied droit.
Merci beaucoup.

Michel Monnereau, extrait de *Le soleil oiseleur*, Éditions l'idée bleue.

Doc. 3

Abracadabra

1 Lisez et écoutez ces documents. 🔊 22
a. Qu'est-ce qui est amusant dans chaque document ?
b. Quels sont les nombres que vous entendez ?
c. Quel mot peut remplacer *abracadabra* ?
d. Dans chaque document, quels sont les « mots magiques » ?

2 Demandez poliment...
a. Est-ce que, pour vous, la politesse est importante ?
b. Quel mot français de politesse préférez-vous ?
c. Demandez poliment un objet à votre voisin(e). Répondez-lui poliment.

Mots et expressions

Les nombres de 70 à 1 000
- 70   soixante-dix
- 71   soixante et onze
- 72   soixante-douze
....
- 80   quatre-vingts
- 84   quatre-vingt-quatre
- 90   quatre-vingt-dix
- 95   quatre-vingt-quinze
- 100   cent
- 107   cent sept
- 500   cinq cents
- 560   cinq cent soixante
....
- 1 000   mille

Communication

Demander poliment
- Excusez-moi…
- Pardon, vous avez l'heure ?
- Un café, s'il te/vous plaît !
- Je voudrais un café.

Répondre poliment
- Je vous remercie.
- Merci – De rien.
- Je t'en prie.
- Avec plaisir !

Demander de se présenter

1 Top chrono !

a. Regardez les dessins.
b. Qui sont ces personnages ?
c. Quel personnage aimez-vous ?

2 Préparation

a. Ensemble, vous écrivez le nom de quelques personnages sur un papier.
Exemple : *un cowboy, un héros, un extraterrestre, une célébrité.*
b. Puis chacun tire au sort un papier.
Vous regardez votre papier. Vous imaginez une identité à votre personnage : nationalité, âge, profession, etc.
c. **Prononcez.** En fonction du genre du personnage que vous avez tiré au sort (homme ou femme), faites attention à prononcer ou non les dernières lettres des mots.

3 À vous !

Par deux :
– vous jouez la rencontre !
– vous êtes dos à dos. Au clap, vous vous retournez et commencez à adopter l'attitude de votre personnage.
– vous posez des questions pour découvrir l'identité de votre partenaire.
Exemple : *Tu t'appelles comment ? Quelle est ta nationalité ?*

Communication

Demander des informations personnelles (2)
- Tu t'appelles comment ?
- Quel est ton nom ?
- Qui es-tu ?
- Quelle est ta nationalité ?
- Tu viens d'où ?
- Tu habites où ?

S'EXPRIMER
ATELIER D'ÉCRITURE

Se présenter en ligne

Apprends des langues **en ligne** avec des cours de langue interactifs

busuu

Dis-nous en un peu plus sur toi !

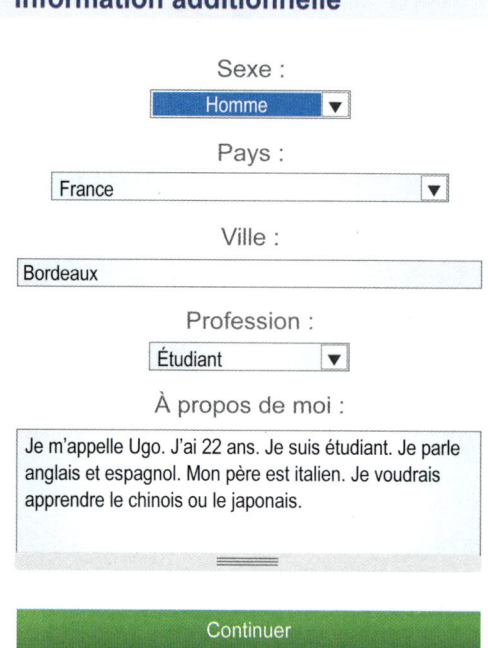

1 Réaction

1. Regardez ce document et répondez.
a. D'après vous, qu'est-ce que « busuu » ?
☐ un site pour apprendre des langues   ☐ un site pour voyager
b. Cette page, qu'est-ce c'est ?
☐ une page pour se présenter   ☐ une page pour présenter quelqu'un
c. D'après l'encadré en haut à droite, quelles langues peut-on apprendre ?
Complétez le tableau.

Mots et expressions

Quelques langues
- l'allemand
- l'anglais
- le français
....
....

2 Préparation

a. Complétez individuellement les premières rubriques : sexe, pays, ville, profession.
b. Puis, échangez avec votre voisin(e) : qu'est-ce que vous pouvez dire sur vous en français ?

3 Rédaction

Sur le site « busuu », complétez le formulaire. Dans la rubrique « À propos de moi », donnez votre nom, prénom, âge, nationalité, les langues que vous parlez…

💡 **Stratégie**
Avant d'écrire, je prends le temps de bien lire et relire la consigne.

L'ATELIER 2.0

Voter pour une personnalité francophone

Vous votez pour votre personnalité francophone préférée.

1 On s'organise

Formez quatre groupes dans la classe. Chaque groupe choisit une rubrique.

Les artistes	Les sportifs	Les hommes de l'Histoire	Autres personnalités
• chanteur	• joueur de football	• politicien	• astronaute
• dessinateur	• joueur de tennis	• historien	• journaliste
• acteur	• joueur de rugby	• inventeur	• mannequin
• écrivain…	• joueur de basketball…	• explorateur…	• grand couturier…

2 On se prépare

Dans chaque groupe, chacun réfléchit à des personnalités francophones à présenter. On prépare :
• une fiche-portrait (nom, prénom, âge, nationalité, profession, origines, lieu de vie…) ;
• une ou plusieurs photos ;
• un exemple de chanson, texte, extrait de film, action…

3 On présente à la classe

Chaque groupe présente ses personnalités à la classe. La classe écoute.
Puis, la classe choisit sa personnalité préférée. Pour cela, on vote à main levée.

4 On publie

La classe publie son projet sur l'espace de son choix : mur(s), blog, …

POINT RÉCAP'

Lexique / Communication

Quelques professions (1)
- un acteur/une actrice
- un/une astronaute
- un chanteur/une chanteuse
- un couturier/une couturière
- un dessinateur/une dessinatrice
- un écrivain/une écrivaine
- un joueur/une joueuse de tennis
- un musicien/une musicienne

Quelques objets (2)
- un agenda
- une brosse à dents
- des clés
- des mouchoirs
- un ordinateur
- un parapluie
- un rouge à lèvres
- un stylo

Quelques langues
- l'arabe
- l'allemand
- l'anglais
- l'espagnol
- le chinois
- le français
- l'italien
- le japonais
- le russe

Les nombres de 70 à 1 000
- 70 soixante-dix
- 71 soixante et onze
- 80 quatre-vingts
- 84 quatre-vingt-quatre
- 90 quatre-vingt-dix
- 95 quatre-vingt-quinze
- 100 cent
- 107 cent sept
- 500 cinq cents
- 560 cinq cent soixante
- 1 000 mille

Fiche d'identité
- le nom
- le prénom
- le sexe
- la nationalité
- la date de naissance
- le lieu de naissance
- l'adresse
- la profession

S'OUVRIR AUX AUTRES

S'informer sur/Présenter quelqu'un
- Qui est-ce ?
- C'est qui ?
- C'est Mika.
- C'est un chanteur.
- Il est libanais.
- Il est chanteur.

Demander des informations personnelles
- Vous vous appelez comment ?
- Tu t'appelles comment ?
- Quel est ton nom ?
- Quelle est ta nationalité ?
- Tu as quel âge ?
- Tu viens d'où ?
- Tu habites où ?
- Tu travailles où ?

Demander/Répondre poliment
- Excusez-moi…
- Pardon, vous avez l'heure ?
- Un café, s'il vous/te plaît !
- Je voudrais un café.
- Je vous/te remercie.
- Merci - De rien.
- Je t'en prie.
- Avec plaisir.

Activité RÉCAP'

Trouvez quelqu'un qui…

1 Par groupes de trois, créez un petit questionnaire avec des phrases qui commencent par : *Trouvez quelqu'un qui…* Exemple : *Trouvez quelqu'un qui a un sac à main, quelqu'un qui parle chinois, quelqu'un qui voudrait être chanteur, quelqu'un qui est né en…*

2 Puis, passez votre questionnaire au groupe voisin et cherchez les personnes dans la classe qui correspondent aux phrases données. Demandez-leur poliment ! Exemple : *Excusez-moi, je cherche quelqu'un qui…*

3 À la fin, présentez au groupe voisin les personnes que vous avez trouvées. Exemple : *C'est Maëlle. C'est quelqu'un qui a une brosse à dents dans son sac, qui parle anglais et qui habite à New York.*

UNITÉ 1 • S'ouvrir aux autres

Grammaire

▶ Les prépositions de lieu

• Devant les **noms de ville**, on utilise *à*.
EXEMPLE : *Vous habitez à **Bruxelles**.*

• Devant les **noms de pays**, on utilise *au* pour les pays masculins et *aux* pour les pays au pluriel.
EXEMPLE : *Vous travaillez au **Canada**. Vous allez aux **États-Unis**.*

• Devant les **noms de pays**, on utilise *en* pour les **pays féminins** et ceux qui commencent par une voyelle.
EXEMPLE : *Je vais en France et en Italie cet été.*

• Pour indiquer une provenance, on utilise le verbe *venir de*.
EXEMPLE : *Vous venez du Mali. Vous venez de Suisse.*

→ Précis, **P. 194**

▶ La négation (1)

• La négation se compose de deux parties : *ne* et *pas*.
Ne se place avant le verbe et *pas* après.
EXEMPLE : *Je ne suis pas français. Je n'habite pas en France.*

• Parfois à l'oral, on n'utilise pas le *ne*.
EXEMPLE : *Je sais pas.*

• Quand on utilise la négation dans une question, la réponse positive est *si*.
EXEMPLE : – *Tu n'es pas français ?*
– *Si, je suis français.*

→ Précis, **P. 191**

▶ Les articles indéfinis

Les articles indéfinis se placent devant un nom qui n'est pas identifiable.

Les formes :
• *un* devant un nom masculin singulier.
EXEMPLE : *un agenda.*

• *une* devant un nom féminin singulier.
EXEMPLE : *une fille.*

• *des* devant un nom pluriel.
EXEMPLE : *des clés.*

→ Précis, **P. 193**

▶ Les pronoms sujets et toniques

Les **pronoms** remplacent un nom.

• Devant un verbe, il y a toujours un pronom sujet (ou un nom) :
EXEMPLE : *Je parle et tu manges.*

| je |
| tu |
| il/elle/on |
| nous |
| vous |
| ils/elles |

| moi |
| toi |
| lui/elle |
| nous |
| vous |
| eux/elles |

• On peut renforcer le sujet ou se démarquer avec un pronom tonique :
EXEMPLE :
– *Je parle et toi, tu manges.*
– *Moi ? Je ne suis pas français.*

→ Précis, **P. 194**

SE COMPRENDRE

ACTU CULTURE

La France

LES SYMBOLES

Drapeau
bleu, blanc, rouge

Devise
Liberté, Égalité, Fraternité

Hymne national
La Marseillaise (1879)

Les villes principales

- Paris
- Marseille
- Lyon
- Toulouse
- Nice
- Nantes
- Strasbourg
- Montpellier
- Bordeaux
- Rennes

Inès de la Fressange

Top 6 des Français influents en 2013

1. Daft punk (musique)
2. Christine Lagarde (Directrice Générale du FMI)
3. Alain Ducasse (Restaurateur)
4. Delphine Arnault (Dirigeante de Louis Vuitton)
5. Henri de Castries (PDG Axa)
6. Inès de la Fressange (Ex mannequin et femme d'affaires)

LA FRANCE en bref

66, 4 millions d'habitants
641 185 km²
Capitale : Paris
Monnaie : Euro
Langue officielle : français
Fête nationale : 14 juillet

Top 6 des personnalités historiques

1. Napoléon Bonaparte, empereur (1769 – 1821)
2. Charles De Gaulle, homme d'état (1890 – 1970)
3. Louis XIV, le Roi Soleil (1638 – 1715)
4. Henri IV, roi de France (1553-1610)
5. Louis Pasteur, scientifique (1822-1895),
6. Victor Hugo, poète et écrivain (1802-1885)

Victor Hugo

Insolite

320 baguettes sont vendues en France chaque seconde.

1 Quiz. Vrai ou faux ?

1. Le drapeau français est bleu, rouge, blanc.
2. Bordeaux est la capitale de la France.
3. Louis XIV était un roi.
4. Louis Pasteur était un scientifique.
5. La monnaie en France est l'euro.

Les réponses

1.F, 2.F, 3.V, 4.V, 5.V

UNITÉ 1 • S'ouvrir aux autres

Et aussi...
Les jeux vidéo et l'animation 3D

En quelques chiffres
- Industrie culturelle n°1 en France et dans le monde
- 250 entreprises en France
- *Moi, moche et méchant* : 700 millions de dollars de recettes mondiales

Les succès français
- *Moi, moche et méchant 2*
- *Rayman Origins*
- *Game of Thrones*

En quelques lignes
La force des Français sur le marché mondial de l'animation est grande.
Moi, moche et méchant 2 est annoncé comme le film d'animation le plus rentable de tous les temps pour Universal.
D'autres studios et réalisateurs américains font appel au savoir-faire français, comme pour « Les Schtroumpfs 2 ».

2 Lisez les informations et répondez aux questions.
1. Quel est le savoir-faire français ?
2. Quel est le grand film à succès ?
3. Et dans votre pays, quels sont les savoir-faire ?

Téléphoner en France
- En France, les numéros de téléphone ont 10 chiffes.
- Pour indiquer un numéro de téléphone, on les donne 2 par 2.
  Par exemple : 01 41 12 01 13
- Les deux premiers numéros indiquent les régions de France.
  Par exemple, le 01 indique la région d'Île-de-France.

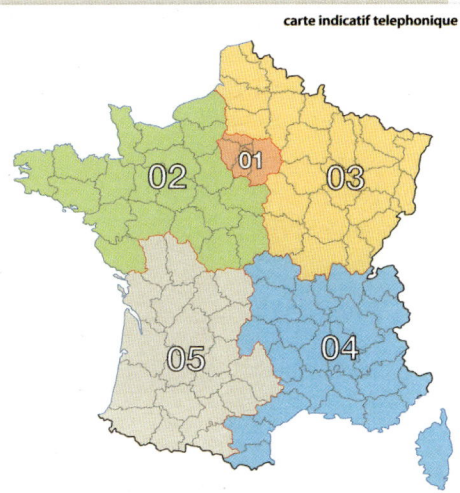

carte indicatif telephonique

Drôle d'expression

« *Ça n'est pas ma tasse de thé !* »

contexte Les jeux vidéo, ça n'est pas ma tasse de thé. Je préfère lire des mangas.

3 Lisez l'expression et répondez.
1. Dessinez l'expression.
2. D'après le contexte, l'expression *Ça n'est pas ma tasse de thé !* veut dire :
a. Je joue aux jeux vidéo et je bois une tasse de thé.
b. Je n'aime pas jouer aux jeux vidéo.
3. Avez-vous une expression similaire dans votre langue ?

trente-sept • 37

S'ÉVALUER

PRÉPARATION AU DELF A1

Les documents sonores sont téléchargeables sur le site www.didierfle.com/saison.

PARTIE 1 — Compréhension de l'oral

EXERCICE 1

Vous allez entendre 2 fois un document. Vous avez 30 secondes de pause entre les 2 écoutes puis 30 secondes pour vérifier vos réponses. Lisez les questions. Vous êtes en France. Vous entendez une émission à la radio. Répondez aux questions.

1. Comment s'appelle la personnalité dont parle le journaliste ?
......
2. Quelle est la date de naissance de la personnalité ?
......
3. Dans quel pays la femme passe-t-elle son baccalauréat ?
......
4. Combien de langues la femme parle-t-elle ?
☐ 3 ☐ 4 ☐ 5 ☐ 6
5. En quelle année la personnalité est-elle allée dans l'espace ?
......
6. Quelle est la profession de la personnalité aujourd'hui ?
☐ directrice
☐ cosmonaute
☐ chanteuse
☐ pianiste
7. Dans quelle ville travaille la personnalité aujourd'hui ?
......

PARTIE 2 — Compréhension des écrits

Vous lisez l'article suivant sur Internet.

Biographie

Stromae est né le 12 mars 1985 à Bruxelles. Sa mère est flamande et son père rwandais. Son vrai nom est en fait : Paul Van Haver. Aujourd'hui, c'est un artiste auteur-compositeur-interprète de hip-hop, de musique électronique et de chanson française.
Il vit depuis qu'il est petit dans la région de Bruxelles. Quand Stromae se présente, il dit : « Je suis un Belge qui a grandi avec la langue française et un peu de flamand. »
À 18 ans, il commence sa carrière de rappeur en 2000 avec son ami J.E.D.I en créant le groupe de rap Suspicion. En 2009, il devient une star grâce à sa chanson *Alors on danse* et il gagne un premier NRJ Music Awards.
En Belgique et en France, Stromae est une véritable star et tout le monde le connaît. On entend maintenant ses chansons à la radio au Mexique, au Brésil, en Russie et au Canada. On peut dire que Stromae est l'artiste francophone de l'année !

Répondez aux questions.

1. Comment s'appelle l'artiste ?
......
2. Où est né l'artiste ?
......
3. Quelle est la nationalité de son père ?
☐ belge   ☐ française   ☐ flamande   ☐ rwandaise
4. Est-ce que l'artiste chante en français ?
☐ Oui   ☐ Non
Justifiez votre réponse en recopiant le texte.
......

5. Dans quels pays, pouvez-vous entendre les chansons de l'artiste à la radio ? Cochez les bonnes réponses.
☐ au Canada
☐ aux États-Unis
☐ en Espagne
☐ en Russie
☐ au Brésil
☐ au Rwanda
☐ en Roumanie

PARTIE 3 — Production écrite

Pour vous inscrire à la bibliothèque de votre ville, complétez le formulaire suivant.

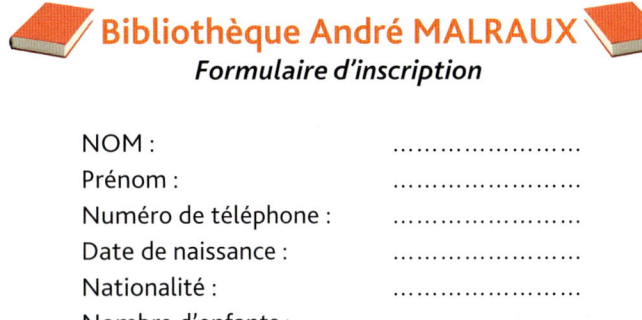

Bibliothèque André MALRAUX
Formulaire d'inscription

NOM : ......
Prénom : ......
Numéro de téléphone : ......
Date de naissance : ......
Nationalité : ......
Nombre d'enfants : ......
Profession : ......
Mail : ......

PARTIE 4 — Production orale

EXERCICE 1 – Entretien
Répondez aux questions suivantes à l'oral.

- Comment vous appelez-vous ?
- Comment s'écrit votre nom ?
- Quelle est votre nationalité ?
- Où habitez-vous ?
- Vous avez quel âge ?

EXERCICE 2 – Échange d'informations
Posez des questions en utilisant les mots ci-dessous.

nom   naissance   profession   francophone   âge

EXERCICE 3 – Jeu de rôles
Choisissez un sujet. Jouez la situation avec l'examinateur.

Sujet 1
Vous travaillez dans une entreprise. Vous accueillez votre nouveau collègue qui est francophone. Vous vous présentez. Vous lui posez des questions personnelles pour le connaître. Vous pouvez le tutoyer.

Sujet 2
Vous êtes en France et vous avez perdu votre sac à dos. Vous allez voir un agent de police car vous ne savez pas quoi faire. Vous expliquez à l'agent de police comment est votre sac. Vous lui dites ce qu'il y a dans votre sac. N'oubliez pas d'utiliser les formules de politesse nécessaires.

Voici quelques idées pour vous aider :

Unité 2

Partager son lieu de vie

S'INFORMER

DÉCOUVRIR
- Les Français et l'habitat
- Des habitations insolites

RÉAGIR
- Chercher un logement
- Décrire son voisin

S'EXPRIMER

ATELIERS D'EXPRESSION ORALE
- Reprocher, s'excuser
- Décrire un logement

ATELIER D'ÉCRITURE
- Écrire un portrait

L'ATELIER 2.0
▶ Participer à un concours photo sur l'immobilier

S'ÉVALUER
- DELF A1

On en parle ?
C'est où ?
Que font ces gens ?
Et vous, vous connaissez bien vos voisins ?

S'INFORMER

DÉCOUVRIR
Où loger ?

Se loger en vidéo ▶❚❚ 3

1 Qu'est-ce que vous voyez ?
Que fait l'homme avec son téléphone ?
Quel type de logement cherche-t-il ?
Qui appelle-t-il ?

LE + INFO
Savez-vous qu'en France, une habitation sur l'eau coûte moins cher qu'un appartement ?

À quoi rêvent les Français ?

2 Observez les photos. Quel type d'habitation voyez-vous?

💡 **Stratégie**
Avant d'écouter, je commence par regarder les images ou les photos. Elles m'aident à trouver le contexte.

Mots et expressions

L'habitat
- un pavillon
- une maison
- un loft
- un appartement

....
....

3 Écoutez et répondez. 🔊 23

a. Il s'agit d'une :   ☐ émission à la radio   ☐ conversation entre amis   ☐ enquête dans la rue
b. Le sujet de discussion est :   ☐ la ville   ☐ la géographie   ☐ le logement

4 Écoutez de nouveau. 🔊 23

Combien de Français sont propriétaires ?

5 Écoutez encore. 🔊 23

a. Associez.
1. Une habitation dans les arbres   A. une villa
2. Un logement dans un immeuble   B. un appartement
3. Une habitation à la montagne   C. un chalet
4. Une maison luxueuse   D. une cabane

b. **Tendez l'oreille.** Dites si vous entendez *le* ou *les*. 🔊 24

6 Observez ces phrases.

Les Français et les Françaises rêvent d'acheter une maison.
Ils habitent dans un appartement ou dans une maison.   Ils rêvent de vivre dans des châteaux.

a. Soulignez les noms féminins, entourez les noms masculins.
Comment sait-on si un nom est masculin ou féminin ?
b. Soulignez les noms au pluriel. Comment sait-on si un nom est au pluriel ?
c. Trouvez le mot pluriel qui ne se termine pas par « s ».

▶ le genre et le nombre des noms → Vérifiez et exercez-vous : 1-2 p. 47

Des habitations insolites

Phare de Kerbel – Riantec (Bretagne)

Vous rêvez de dormir dans un lieu insolite ?

C'est désormais possible en France, près de Lorient, sur la côte bretonne ! À 25 mètres de haut, le phare de Kerbel accueille les clients le temps d'un week-end et offre une vue magnifique à 360 degrés.

En haut, dans sa tour de verre ronde, le studio se compose d'une grande pièce à vivre toute équipée avec un clic-clac, une salle de bains et une petite cuisine.

Malheureusement, il n'y a pas d'ascenseur ! Pour accéder à sa chambre lumineuse, le client doit monter 120 marches, soit l'équivalent de 7 étages.

7 Regardez les photos et la légende.
a. C'est quoi ?
b. C'est où ?
c. Est-ce que ce logement est ordinaire ?

8 Lisez le texte et complétez la fiche.

Type de logement :	○ quotidien	○ touristique	
Nombre de pièces :	○ 1	○ 2	○ 3
Pièces :	○ salle de bains ○ salle à manger ○ bureau	○ cuisine ○ chambre ○ salon	
Autre :	○ ascenseur	○ cave	○ garage

Mots et expressions

Les pièces d'un studio
- une pièce à vivre
- une salle de bains
- une cuisine
- ....
- ....

9 Notez les caractéristiques extraordinaires de ce logement.
EXEMPLE : *Il mesure 25 mètres.*

10 Lisez les adjectifs ci-dessous.
• breton • magnifique • rond • grand • petit • lumineux

a. Retrouvez les équivalents féminins dans le texte.
Quel adjectif ne change pas au féminin et masculin ?
b. Amusez-vous à prononcer les adjectifs au masculin et au féminin. Entendez-vous une différence ?
c. Pour *grand*, *rond* et *petit*, quelle lettre faut-il ajouter ? Et pour les autres ?
d. À votre avis, quel est le pluriel de *lumineux* ? Et pour les autres, que faut-il ajouter ?

▶ le genre et le nombre des adjectifs → Vérifiez et exercez-vous : 3-4 p. 47
▶ aller → Précis p. 197

Parlez de l'info !

11 Quels sont les différents types de logement en France ?

12 Vous connaissez d'autres habitations « insolites » ?

S'INFORMER / RÉAGIR
Enfin chez moi !

Jeune femme cherche appartement

| **ANNONCES** | ÉVALUATION | DIAGNOSTIQUE | CONSEILS |

Ventes   Locations   Vacances   Commerces   >> Passer une annonce

Location 3 pièces meublé - Paris 18e - 1 200 € cc

4 Photos

Pièces	3	Surface	60 m²
Étage	2	Ascenseur	oui
Terrasse	non	Parking	0

Transports : 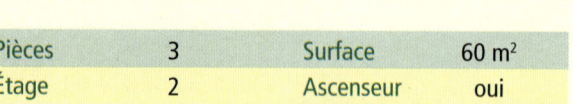 Jules Joffrin, Marcadet-Poissonniers

Descriptif

60 m², 2e étage, vieil immeuble, ascenseur, entrée, séjour, salle à manger, 1 chambre (lit 160 cm), salle de bains, WC séparé, cuisine équipée (LV), placard sous escalier, TV écran plat, bon état, moderne, avec vue sur la place.

Prendre contact par mail ou par téléphone :
Martin TRAOT • Mt4576@gmail.com • Tel : 06 54 21 72 31

1 Regardez rapidement le document et trouvez la bonne réponse.

a. Il s'agit d'une :   ☐ annonce   ☐ publicité
b. Pour :   ☐ une vente   ☐ une location

2 Repérez des éléments clés du document.

a. Où est situé l'appartement ?
b. Il y a combien de pièces dans cet appartement ?
c. Quel est son prix ?
d. Quelle est sa superficie ?

3 Écoutez et répondez. 25

a. Pourquoi est-ce que la jeune femme téléphone ?
b. Quelles questions pose-t-elle ?
c. Dans l'annonce, qu'est-ce que « LV » ?
d. Quel est son numéro de téléphone ?

4 Observez ces phrases.

Enfin **chez** moi !
Dans la cuisine, il y a un lave-vaisselle.
Appartement avec vue **sur** la place.

a. Dans la première phrase, est-ce que *chez moi* signifie *dans ma maison* ?
b. La cuisine est un lieu fermé ou ouvert ? Quel mot est utilisé ?
c. Retrouvez dans le texte de description le contraire de *sur*.

▶ **les prépositions simples** → Vérifiez et exercez-vous : **5-6 p. 47**

Mots et expressions

L'équipement
- un meublé
- une cuisine équipée
- un placard
- ....
- ....

Communication

S'informer sur un bien immobilier
- L'appartement est à louer ?
- Est-ce que l'appartement est meublé ?
- Le loyer est de combien ?
- Je peux le visiter ?

Communication

Donner ses coordonnées
- Vous voulez mes coordonnées ?
- Voici mon adresse mail.
- Mon numéro de téléphone/portable est …
- Je vous donne mon adresse (postale) : …

UNITÉ 2 • Partager son lieu de vie

Maud et ses nouveaux voisins

5 Regardez la photo et le titre.
a. C'est chez qui ?
b. Qui sont ces gens ?

6 Écoutez et répondez.
a. Est-ce que les femmes se connaissent ?
b. De qui parlent-elles ?
c. Qui ressemble à Juliette ?
d. D'après la description, retrouvez sur la photo : Chloé, Alex, Noé et Marc.

Communication

Décrire quelqu'un physiquement
- Il/Elle est grand(e)/petit(e).
- Elle est blonde/Il est châtain.
- Elle a les cheveux longs.
- Il a les yeux bleus.
- Elle ressemble à Juliette.
- Il pèse 10 kg.

7 Réécoutez.
a. Complétez ce tableau pour retrouver les contraires.

Elle est petite.	Il est mince.
Elle est.....	Il est ......

b. **Tendez l'oreille.** Dites si vous entendez [z] entre les mots suivants.

8 Observez ces phrases.

*Ça se passe bien avec **tes** nouveaux voisins ?*
*Elle ressemble à **ma** sœur Juliette.*
*Il est drôle avec **ses** chemises à fleurs !*
*Et **leur** père, il est blond aussi ?*

a. D'après vous, parmi les mots en gras, lesquels sont au féminin ? Lesquels sont au masculin ? Comment le savez-vous ?
b. Parmi les mots en gras, lesquels sont au pluriel ? Comment le savez-vous ?
c. On utilise *tes* quand on s'adresse à quelqu'un à qui on dit « tu ». Et pour *ma, ses, leur* ?

▶ **les adjectifs possessifs** → Vérifiez et exercez-vous : 7-8 p. 47
▶ **venir** → Précis p. 198

Réagissez !

9 Votre voisin est bizarre... décrivez-le !

Agissez !

10 Vous écrivez une petite annonce pour louer votre logement. Donnez sa superficie, son prix, le nombre de pièces et des précisions sur l'équipement (télé, lit...).

quarante-cinq • 45

POINT ÉTAPE

→ Cahier d'activités, **unité 2**

Lexique

L'habitat

1 **Devinettes**
Se joue à deux.
• Vous pensez à un type de logement et votre voisin(e) vous pose des questions pour deviner le lieu.
• Les réponses sont oui ou non !
EXEMPLE : *(Une péniche)* – *C'est une habitation luxueuse ?*
– *Non !*

💡 Stratégie
Pour comprendre un mot, je demande à mon professeur de me l'expliquer.

Les pièces et l'équipement

2 **Jeu de rapidité**
Se joue à deux.
• Vous nommez le plus rapidement possible l'équipement qu'il y a dans les différentes pièces de la maison.
• Comptez vos points ! (1 point par mot)
EXEMPLE : *Dans la cuisine, il y a un four, un lave-vaisselle, des placards…*

La description physique

3 **Faites appel à votre mémoire**
Se joue à trois.
• Vous avez 30 secondes pour regarder ces photos. Fermez votre livre.
• L'un de vous décrit une image, l'autre dessine ce que dit son voisin(e).
• Le troisième vérifie et corrige la description si besoin.

Phonétique

▶ Le - les 🔊 28

1 Écoutez et observez.

le   les

Langue en avant ←   *Langue en avant* ←
Lèvres arrondies ●   *Lèvres tirées* ▬

2 Écoutez et dites ce que vous entendez.

a. ☐ le   ☐ les
b. ☐ le voisin   ☐ les voisins
c. ☐ le locataire   ☐ les locataires
d. ☐ le propriétaire   ☐ les propriétaires

3 Écoutez et mettez au pluriel.

a. Le logement   c. Le salon
Transformez.   Transformez.
b. Le studio   d. Le placard
Transformez.   Transformez.

▶ La liaison 🔊 29

1 Écoutez et observez.

Les‿informations
Au pluriel, on fait la liaison entre l'article et le nom quand il commence par une voyelle (ou par un **h** *muet). On entend* [z] *entre les deux mots.*
[Les-zin-for-ma-tions]

2 Écoutez et notez les liaisons.

a. Des appartements
b. Les entrées
c. Les immeubles
d. Des hôtels

3 Écoutez et répétez.

a. Je veux visiter des appartements.
b. Ce sont des immeubles modernes.
c. Ce sont des habitations originales.
d. Il y a des annonces sur ce site.

UNITÉ 2 • Partager son lieu de vie

Grammaire

▶ Le genre et le nombre des noms

→ **Vérifiez vos réponses** (act. 6 p. 42)
a. On commence par regarder l'article qui le précède (*un* = masculin ; *une* = féminin. Quand l'article est le même, on peut s'aider de la fin du mot : *e* (EXEMPLE : *Françaises*).
b. On commence par regarder l'article qui le précède (*les*, *des* = pluriel). On peut aussi s'aider de la fin du mot : *s* (EXEMPLE : *Françaises*).
c. *Château* se termine avec *x* comme les mots qui se terminent en –*eau*.

1 Quel est le féminin et le pluriel de… ?
1. Un propriétaire, une…
2. Un locataire, une…
3. Un voisin, une…
4. Un habitant, une…
5. Un Belge, une…
6. Un vendeur, une…

2 Par deux, regardez de nouveau la photo de la page d'ouverture, p. 40-41.
Attention : vous devez trouver 3 mots au singulier, 3 mots au pluriel et 3 mots au féminin.
Exemple : Il y a des gens, un livre…

▶ Le genre et le nombre des adjectifs

→ **Vérifiez vos réponses** (act. 10 p. 43)
breton   magnifique   rond   grand   petit   lumineux
bretonne   magnifique   ronde   grande   petite   lumineuse
a. *Magnifique* ne change pas au masculin ou féminin.
b. La prononciation change au féminin pour les adjectifs qui changent.
c. La majorité des adjectifs prennent un *e* au féminin. Les autres : -on → -onne ; -eux → -euse.
d. Le pluriel de *lumineux* ne change pas. Les autres adjectifs prennent un *s* au pluriel.

3 Choisissez l'adjectif qui convient pour compléter le texte.
1 récent/récente – 2 petit/petite –3 joli/jolie – 4 neufs/neuves
Une étude … 1… montre que les Français préfèrent habiter dans une … 2 … maison avec un … 3 … jardin. Ils aiment les habitations … 4 ….

4 Par deux, faites une description d'une personne de votre classe. Utilisez 5 adjectifs. Votre voisin(e) doit deviner de qui vous parlez.
EXEMPLE : *Il est grand. Il a les cheveux blonds. Il a les yeux bleus. Ses yeux sont magnifiques. Il est charmant !*

▶ Les prépositions simples

→ **Vérifiez vos réponses** (act. 4 p. 44)
a. Dans la première phrase, *chez moi* signifie dans *ma maison*.
b. La cuisine est un lieu fermé : on utilise *dans*.
c. *sous* ≠ *sur*.

5 Quel est le mot qui convient ?
1. Je cherche un logement (*à, dans*) …… une grande ville.
2. C'est vrai ? Il habite encore (*chez, sur*) …… ses parents ?
3. – On va (*dans/sur*) …… la terrasse ? – D'accord.
4. – Tu viens ? – Non, je préfère rester (*chez/dans*) …… ma chambre.
5. – Où est le chat ? – Regarde (*chez/sous*) …… le lit !

6 Par deux, retrouvez qui habite où. Faites un dessin !
Valérie et Marie sont au même étage. Pierre est le voisin de Damien. Fred n'habite pas dans la maison. Son meilleur ami, Pierre, habite sous les toits. Valérie a vue sur le parc. Marie a sa chambre au premier étage. Dans la cave, il y un chat !

▶ Les adjectifs possessifs

→ **Vérifiez vos réponses** (act. 8 p. 45)
*Ça se passe bien avec **tes** nouveaux voisins ?*
*Elle ressemble à **ma** sœur Juliette.*
*Il est drôle avec **ses** chemises à fleurs !*
*Et **leur** père, il est blond aussi ?*
a. *Tes* et *leur* sont au masculin parce que les noms qui les suivent sont au masculin.
Ma et *ses* sont au féminin parce que les noms qui les suivent sont au féminin.
b. *Tes*, *ses* sont au pluriel parce qu'ils portent un « s ».
c. On utilise *tes* quand on s'adresse à quelqu'un à qui on dit « tu » ; *ma* fait référence à « je », *ses* à « il » ou « elle » ; *leur* à « ils » ou « elles ».

7 Reliez les deux éléments de chaque colonne.
1. C'est ton frère ?
2. Voici vos clés.
3. Leurs enfants sont très sages.
4. Oh zut, mon parapluie !
5. Tes amis sont en retard.

A. Ne t'inquiète pas, la pluie va s'arrêter.
B. Oui et aussi très polis.
C. Ben non, c'est mon père !
D. Oui mais ils arrivent dans 5 minutes.
E. Oh merci beaucoup !

8 Par deux, vous demandez à votre voisin(e) de vous laisser ses coordonnées. Le/La voisin(e) répond.
EXEMPLE : – *Tu peux me donner ton adresse électronique ?*
– *Oui, bien sûr, mon adresse est : …….*

→ **Point Récap p. 53**

quarante-sept • **47**

S'EXPRIMER
ATELIERS D'EXPRESSION ORALE

Reprocher, s'excuser

Doc. 1

Doc. 2

Je suis désolé pour le bruit hier soir.

Doc. 3

C'est la fête

1 Regardez, lisez et écoutez les documents. 🔊 30

a. C'est qui ?
b. C'est où ?
c. C'est quoi « le petit mot » ?
d. Qu'est-ce qu'ils vont faire pour l'anniversaire de Chloé ?
e. Que reproche la fille au garçon ?

2 Reprochez, excusez-vous. 💬

Votre colocataire ne ferme jamais la porte du réfrigérateur : qu'est-ce que vous lui dites ? Finalement, il s'excuse.

💡 **Stratégie**
Avant de commencer à parler, je fais attention au statut de mon locuteur pour bien m'adapter au registre de langue.

Communication

Reprocher
- Ce n'est pas bien de dire ça.
- Ce n'est pas gentil de dire ça.
- C'est (de) ta faute.
- C'est mal.

S'excuser
- Désolé(e).
- Je suis désolé(e).
- Excusez-moi.
- Pardon.
- Je regrette.

UNITÉ 2 • Partager son lieu de vie

Décrire un logement

Vous cherchez un hôtel insolite en Suisse ?

Une chambre dans un tube avec vue sur le lac de Thoune (Thun).
Chaque tube a une entrée, un espace bagages, entre 4 à 8 lits et une salle d'eau avec WC.
Restaurant, terrasse, plage, jeux pour les enfants, parking gratuit, chiens admis et Wifi.
Tarifs 2013 : 100 CHF par SwissTube pour 1-2 personne(s)

Une chambre dans le charmant village valaisan Des Cerniers, à 1 400 m d'altitude.
Chaque dôme de 40 m^2 est meublé avec un lit double, un poêle à bois, une salle de bain privative.
Spa en utilisation libre, et gratuit.
Tarifs 2013 (avec le petit déjeuner, le tea-time pour 2 personnes) : 360 CHF

1 Top chrono !

a. C'est où ? b. C'est quoi ? c. Vous aimez ?

2 Préparation

a. Formez des groupes de deux et choisissez chacun un rôle :
• une personne réfléchit à la description du logement.
EXEMPLE : *Dans le tube, il y a…*
• une personne prépare des questions pour avoir les informations sur l'endroit, le nombre de pièces…
EXEMPLE : *Est-ce qu'il y a un jardin ? C'est une maison ? C'est combien ?*
b. **Prononcez.** Notez les liaisons et entraînez-vous à prononcer *le* et *les* dans la description ou dans les questions que vous préparez.

Communication

Décrire son logement
• Mon studio est au premier étage.
• C'est un trois-pièces.
• C'est au deuxième étage sans ascenseur.
• C'est clair et lumineux.

3 À vous !

Vous téléphonez à votre voisin(e) pour avoir des informations sur un hôtel insolite en Suisse.
Votre voisin(e) vous répond et demande vos coordonnées.

S'EXPRIMER
ATELIER D'ÉCRITURE

Écrire un portrait

Martine Gomez est petite et elle ne fait jamais de grandes choses. Sa vie est triste. Elle habite à côté du canal Saint-Martin depuis plus de trente ans. Elle le traverse à pied tous les matins, sur le pont de la rue Dieu, pour prendre le métro, place de la République. Car elle travaille près de l'Opéra, au fond d'un grand bureau. […]

Martine Gomez n'a pas d'amis et le soleil n'est pas bon pour sa peau. Elle ne se promène jamais dans son quartier. Elle a peur de l'eau et donc du canal. À soixante ans, épuisée par le travail, elle sort peu de son grand studio sur cour, avec télévision 82 cm LCD.

Jus de chaussettes, Vincent Remède, Mondes en VF, éd. Didier, 2013.

1 Réaction

1. Lisez le document.
a. D'après vous, ce document est extrait :
☐ d'une petite annonce ☐ d'un article de journal ☐ d'un texte littéraire
b. Quelle description correspond le mieux au document ?

2 Préparation

1. Soulignez les éléments qui correspondent à Martine Gomez.
Elle est grande.
Elle a une vie triste.
Elle habite à côté de l'Opéra.
Elle va travailler tous les matins au bureau.
Elle n'aime pas se promener dans son quartier.
Elle a peur du canal.
Elle est fatiguée.
Elle habite un studio avec un jardin.

2. Classez les éléments dans trois catégories.
a. Les aspects physiques (taille, couleur des yeux, des cheveux, âge…).
b. Les émotions.
c. Ses goûts.

3 Rédaction

Vous imaginez votre voisin dans 30 ans. Faites son portrait !

UNITÉ 2 • Partager son lieu de vie

L'ATELIER 2.0

Participer à un concours photo de l'immobilier

Vous participez à un concours photo de l'immobilier.

1 On s'organise

Vous commencez d'abord par nommer le type d'habitation et les pièces que vous connaissez.

2 On se prépare

Chaque groupe réfléchit à un type de logement qu'il veut photographier.
Puis, vous vous organisez au sein du groupe. Vous devez photographier votre habitation selon trois points de vue.
- **Vue extérieure :** La maison, l'immeuble vu de la rue, la façade, ce que tout le monde peut voir, vue d'ensemble ou détails.
- **Vue partagée :** Le hall d'entrée, les escaliers, les paliers, l'ascenseur, les boîtes aux lettres, la cour, ce que l'on partage avec les autres résidents.
- **Vue particulière :** L'espace privé, images d'intérieur, pièces précises, vue préférée, détail de décoration, marques du quotidien…

3 On présente à la classe

Chaque groupe présente ses photos à la classe et fait une mini-description de chaque photo.

4 On publie

La classe publie sur l'espace de son choix : mur(s), blog… et chacun choisit la photo qu'il préfère pour chaque point de vue.

POINT RÉCAP'

Lexique / Communication

L'habitat, le logement
- un appartement
- une cabane
- un château
- un loft
- une maison
- un pavillon
- une péniche
- une villa

Les pièces
- une pièce à vivre
- un bureau
- une chambre
- une cuisine
- une entrée
- une salle à manger
- une salle de bains
- une salle de séjour
- un salon
- une cave
- un garage

L'équipement
- un ascenseur
- un/des placard(s)
- une table
- un lit
- un chauffage
- un four
- un lave-vaisselle
- un lave-linge

PARTAGER SON LIEU DE VIE

Décrire quelqu'un physiquement
- Il/Elle est grand(e)/petit(e).
- Il/Elle est gros(se)/mince.
- Elle est blonde/Il est châtain/brun.
- Elle a les cheveux longs/courts.
- Il a les yeux bleus/verts.
- Elle ressemble à Juliette.
- Il pèse 10 kg.

S'informer sur un logement
- Mon studio est au premier étage.
- C'est un trois-pièces.
- C'est au deuxième étage sans ascenseur.
- C'est clair et lumineux.
- L'appartement est à louer ?
- L'appartement est meublé ?
- Le loyer est de combien ?
- Je peux le visiter ?
- Est-ce que c'est loin du centre-ville ?
- Il y a une cuisine séparée ?
- Il y a combien de pièces ?
- Combien ça coûte ?

Reprocher/S'excuser
- Ce n'est pas bien de dire ça.
- Ce n'est pas gentil de dire ça.
- C'est (de)ta votre faute.
- C'est mal.
- Désolé(e).
- Je suis désolé(e).
- Excusez-moi.
- Pardon.
- Je regrette.

Donner ses coordonnées
- Vous voulez mes coordonnées ?
- Voici mon adresse mail
- Mon numéro de portable est …
- Je vous donne mon adresse (postale).

Activité RÉCAP'

Vous allez préparer un jeu de rôles à partir de la situation « Partager son lieu de vie ».

1 À partir de ce schéma, faites quatre groupes dans la classe. Chaque groupe choisit un objectif et va proposer un jeu de rôles à la classe en utilisant le vocabulaire.

2 Choisissez :
- un personnage (un ami, un voisin, un colocataire, un propriétaire…)
- une situation (chercher un logement, visiter un appartement, reprocher quelque chose à quelqu'un…)

Décidez qui est qui, qui fait quoi. Jouez !

UNITÉ 2 • Partager son lieu de vie

Grammaire

▶ Le genre et le nombre des noms

• En général, un mot est **masculin** ou **féminin** de façon arbitraire.
L'article qui le précède, les lettres finales (pour certains mots) permettent de savoir s'il est féminin ou masculin.
EXEMPLES : *un château* ; *la bonté*.
– Certains mots se transforment.
EXEMPLE : *un joueur → une joueuse*.
– Certains mots n'ont pas le même sens au masculin/féminin.
EXEMPLE : *un poste ≠ une poste*

• En général, quand un mot est au pluriel, on ajoute **s**.
EXEMPLE : *des amis*.
Pour les mots qui finissent en *au, eau, eu*, on ajoute **x**.
EXEMPLE : *des châteaux*.

→ Précis, P. 192

▶ Le genre et le nombre des adjectifs

• En général, on ajoute un « *e* » au **féminin de l'adjectif**.
EXEMPLE : *joli → jolie*.
La prononciation ne change pas.
Quand un adjectif se termine en *s, t, d, n*, la prononciation change.

• Certains adjectifs sont identiques au **féminin** ou **masculin**.
EXEMPLE : *magnifique*.

• Pour certains adjectifs, les terminaisons changent.
EXEMPLES : *breton → bretonne* ; *italien → italienne* ; *lumineux → lumineuse*.

• En général, quand un adjectif est au pluriel, on ajoute **s**.
EXEMPLE : *des amies françaises*.

→ Précis, P. 192

▶ Les prépositions simples

• Pour dire que l'on est dans un espace fermé, on utilise *dans*.
EXEMPLE : *Je suis dans la cuisine*.

• Pour dire que l'on est dans la maison de quelqu'un, on utilise *chez*.
EXEMPLE : *Je suis chez Pierre*.

• Pour indiquer la place d'un objet ou d'une personne par rapport à un point, on peut utiliser *sous/sur*.
EXEMPLE : *Le chat est sur la table. Le chat est sous la table*.

→ Précis, P. 194

▶ Les adjectifs possessifs

• Les **adjectifs possessifs** indiquent l'appartenance.
EXEMPLE : *C'est mon chien.* (= Il est à moi.)

• On choisit le masculin ou le féminin en fonction du nom qui suit.
On choisit l'adjectif en fonction du possesseur.

Féminin : *ma, ta, sa, notre, votre, leur*
Masculin : *mon, ton, son, notre, votre, leur*
Pluriel : *mes, tes, ses, nos, vos, leurs*

EXEMPLES : *C'est leur enfant.* (= Il est à eux.)
Ce sont leurs enfants. (= Ils sont à eux.)

→ Précis, P. 193

SE COMPRENDRE
ACTU CULTURE

Tour de France des régions

Les ocres de Roussillon

Le canal du midi

Strasbourg

GÉOGRAPHIE
Le plus grand pays de l'Union européenne

7 massifs de montagne
27 régions
  22 régions de France métropolitaine
  5 départements et régions d'outre-mer : Guadeloupe, Martinique, Guyane, La Réunion, Mayotte
  5 collectivités d'outre-mer : Saint-Pierre-et-Miquelon, Wallis et Futuna, la Polynésie française, Saint-Barthélemy et Saint-Martin
10 parcs nationaux

Le climat

océanique
continental
montagnard
méditerranéen

En France, il fait ni trop chaud, ni trop froid.

QUELQUES SITES ET MONUMENTS

- La cité fortifiée de Carcassonne
- Les châteaux de la Loire
- Le canal du midi
- Les ocres de Roussillon
- Les arènes de Nîmes
- La place Stanislas à Nancy
- La dune du Pilat
- Le pont de Millau

Insolite

La superficie de la France d'outre-mer est presque identique à la superficie de la France. (559 000 km^2)

QUELQUES MUSÉES
à voir en région

- **Nord-Pas-de-Calais** : le Louvre-Lens
- **Gironde** : Musée des Beaux-arts de Bordeaux
- **PACA** : Mucem à Marseille
- **Alsace** : la cité de l'Automobile à Mulhouse
- **Languedoc-Roussillon** : Museum d'histoire naturelle de Narbonne

Événements et festivals

- **Festival interceltique** de Lorient
- **Jazz in** Marciac
- **Les Francofolies** de La Rochelle
- **Festival de musique** de Besançon
- **Festival des Lumières** de Lyon

---

1 Quiz. Vrai ou faux ?
1. La France est un petit pays européen.
2. Le Musée Louvre-Lens est en Gironde.
3. Il y a quatre types de climats en France.
4. Le Festival des Lumières est à Lyon.
5. La France a cinq départements d'outre-mer.

Les réponses
1.F, 2.F, 3.V, 4.V, 5.V

UNITÉ 2 • Partager son lieu de vie

Et aussi…

Les calanques

À L'AFFICHE
Marseille, Capitale européenne de la Culture 2013

Des parcours d'art contemporain, des expositions…

■ **L'événement** : à l'entrée du Vieux-Port, l'ouverture du nouveau musée des Civilisations de l'Europe et de la Méditerranée – le MuCEM.

2 Lisez les informations sur Marseille et répondez aux questions.
1. Que peut-on faire à Marseille ?
2. Quelle est l'actualité de Marseille ?
3. Qui est la *Bonne Mère* des Marseillais ?

Art de vivre

■ Se détendre dans les 14 ports de la ville.
■ Retrouver la famille le dimanche dans les cabanons dans les calanques.
■ Manger de la bouillabaisse sur le vieux port, la spécialité de Marseille, une soupe de poissons.

Marseille
Région : PACA
Département : Bouches-du-Rhône

En quelques chiffres
1 039 739 habitants
1er port français
4e port européen
Fondée : **600 ans av J.-C.**

Sites et monuments

• **La Basilique Notre-Dame-de-la-Garde** : appelée *la Bonne Mère* par les Marseillais, elle a 800 ans. Elle est la gardienne des marins et des pêcheurs.
• **Le fort Saint-Jean**
• **Le château d'If sur l'île d'If**
• **L'opéra (1786)**

Drôle d'expression

« *Ce n'est pas la mer à boire !* »

contexte Apprendre le français, ce n'est pas la mer à boire. Je connais déjà beaucoup de mots.

3 Lisez l'expression et répondez.
1. Dessinez l'expression.
2. D'après le contexte, l'expression *Ce n'est pas la mer à boire* veut dire :
a. Je préfère le français et ne pas boire la mer.
b. La mer est une grande quantité d'eau. Boire la mer est impossible.
c. Le français n'est pas impossible à apprendre.
3. Avez-vous une expression similaire dans votre langue ?

S'ÉVALUER

PRÉPARATION AU DELF A1

Les documents sonores sont téléchargeables sur le site www.didierfle.com/saison.

PARTIE 1 — Compréhension de l'oral

EXERCICE 1

Vous allez entendre 2 fois un document. Vous avez 30 secondes de pause entre les 2 écoutes puis 30 secondes pour vérifier vos réponses. Lisez les questions. Vous êtes en France. Vous entendez cette émission à la radio. Répondez aux questions.

1. Qui sont les invités du journaliste ?
☐ des agents immobiliers
☐ des propriétaires
☐ des colocataires
☐ des locataires

2. Dans quelle ville habitent les personnes interrogées ?
......

3. Quels sont les deux avantages de la colocation ?
a. : ......
b. : ......

4. Pourquoi, Céline a –t-elle choisi ce mode de logement ?
......

5. Selon Pablo, qu'est-ce qui permet de réussir la vie en colocation ?
☐ communiquer
☐ être propre
☐ faire la fête

6. Comment doit-on respecter ses colocataires ? Donnez un exemple.
......

PARTIE 2 — Compréhension des écrits

Lisez l'article.

Comprendre et décoder une annonce d'appartement à louer au Québec
Louer un appartement en France ou louer un appartement au Québec, ce n'est pas tout à fait pareil… Bien sûr, le résultat est le même mais le vocabulaire utilisé dans les annonces des propriétaires québécois est un peu différent de celui de France. Français ou francophones du monde non familiers avec le parler immobilier québécois, ce petit guide est pour vous !

Les appellations d'appartement au Québec
Au Québec, on ne dit pas un T2 ou un F3 mais un 2 ½, un 3 ½, etc. Le chiffre représente le nombre de pièces au total et le ½, la salle de bains (qui comprend aussi les toilettes). Ainsi, un 3 ½ est un appartement composé d'un salon, d'une cuisine, d'une chambre et d'une salle de bains ; même chose pour le 4 ½ mais avec une chambre de plus et ainsi de suite.

Les étages : répartition et noms
Au Québec, le rez-de-chaussée, c'est le premier étage. Ainsi, si une annonce indique que le logement à louer se trouve au 2e étage, il s'agit en fait du premier étage.
La plupart des immeubles possèdent un sous-sol habitable. Généralement, le loyer est un peu moins cher. Rassurez-vous, il y a quand même des fenêtres - mais plus petites.

Les termes les plus courants qui nécessitent un peu de développement
« Chauffé/éclairé », « Pas chauffé/pas éclairé » : lorsque vous lisez « pas chauffé, pas éclairé », cela veut dire que c'est vous qui allez payer les factures de chauffage et d'électricité. Mais s'il est écrit dans l'annonce « chauffé et éclairé », vous ne recevrez pas de factures de chauffage et d'électricité. Le prix du chauffage et de l'électricité est compris dans le loyer.

Répondez aux questions.

1. Qu'est-ce qui est différent dans les annonces de logement du Québec ?
......

2. Quel est l'équivalent d'un T2 au Québec ?
☐ un F2   ☐ un 2 ½
☐ un F3   ☐ un 3 ½

3. Où se trouvent les toilettes dans les appartements au Québec ?
......

4. Quelles pièces trouvez-vous dans un 3 ½ au Québec ?
– ...... – ......
– ...... – ......

5. Où se trouve le rez-de-chaussée dans un immeuble québécois ?
☐ au sous-sol
☐ au rez-de-chaussée
☐ au premier étage

6. Pour trouver un logement moins cher, à quel étage devez-vous chercher ?
☐ au sous-sol
☐ au rez-de-chaussée
☐ au premier étage
☐ au deuxième étage

7. Quels mots indiquent que l'électricité et le chauffage sont compris dans les charges ?
......

PARTIE 3 — Production écrite

Vous vivez en colocation et vous allez partir quelques mois dans un pays étranger. Vous écrivez une petite annonce pour louer votre chambre pendant votre absence. Écrivez 60 à 80 mots.

PARTIE 4 — Production orale

EXERCICE 1 – Entretien
Répondez aux questions suivantes à l'oral.
- Où habitez-vous ?
- Comment avez-vous trouvé votre logement ?
- Décrivez-moi votre salon.
- Quelles sont vos principales qualités ?
- Quels sont les défauts que vous n'aimez pas ?

EXERCICE 2 – Échange d'informations
Posez des questions en utilisant les mots ci-dessous.

habiter   déménagement   salle de bains   loyer   lit

EXERCICE 3 – Jeu de rôles
Choisissez un sujet. Jouez la situation avec l'examinateur.

Sujet 1
Vous allez passer plusieurs mois en France pour votre travail ou vos études. Vous devez trouver un logement. Vous allez voir un agent immobilier pour trouver un appartement. Vous expliquez ce que vous cherchez, vous posez des questions et vous vous renseignez sur les prix.

Sujet 2
Vous venez d'emménager dans un nouveau logement. Vous avez besoin de meubles. Vous allez dans un magasin pour acheter des meubles.
Voici quelques idées pour vous aider :

Unité 3

Vivre au quotidien

S'INFORMER

DÉCOUVRIR
- Les loisirs des Français
- Les goûts des autres

RÉAGIR
- Connaître les loisirs des autres
- Parler de ses activités quotidiennes

S'EXPRIMER

ATELIERS D'EXPRESSION ORALE
- Justifier son choix
- Exprimer une préférence

ATELIER D'ÉCRITURE
- Écrire une liste

L'ATELIER 2.0
▶ Inventer un club de loisirs insolites

S'ÉVALUER
- DELF A1

On en parle ?
Où est cet homme ?
Qu'est-ce qu'il fait ?
Et vous, c'est quoi votre quotidien ?

S'INFORMER

DÉCOUVRIR
Quels loisirs pratiquez-vous ?

Les loisirs en vidéo ▶ 4

1 Qu'est-ce que vous voyez ?

Où se passe la scène ?
Qui sont les gens ? Que font-ils ?
Pourquoi ?

LE + INFO
Savez-vous que les Français consacrent, en moyenne, 10 heures par semaine à leurs loisirs ?

Les Français et le temps libre

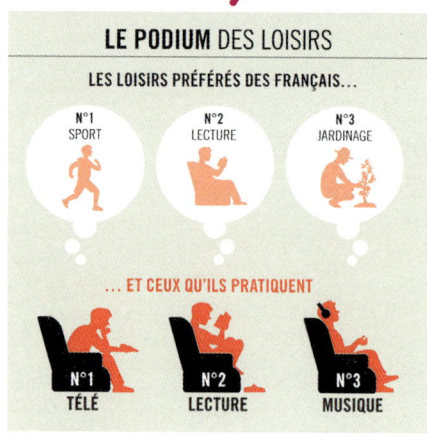

2 Regardez les documents.

a. Quel est le premier loisir préféré des Français ? le deuxième ? le troisième ?
b. Quelles activités les Français pratiquent-ils ?
c. Quel est le sport préféré des Français ?

3 Écoutez le document. 🔊 31

a. Ce document est : ☐ une enquête ☐ un débat ☐ un reportage
b. De quoi s'agit-il ?

4 Réécoutez le document. 🔊 31

a. Pour chaque personnage, dites :
de quel sport il s'agit ; à quel moment cela se passe ; avec qui.
b. **Tendez l'oreille.** Dites si vous entendez [y], [EU] ou [E]. 🔊 32

5 Observez ces phrases.

Nous faisons de la randonnée.   Je fais du VTT le samedi.   Je joue au tennis.

a. Dans chaque phrase, dites si le sport est au féminin ou au masculin.
b. Soulignez le mot qui est placé après les verbes.
c. Remplacez *VTT* et *tennis* par *pétanque*. Que remarquez-vous ?

▶ **les articles contractés** → Vérifiez et exercez-vous : 1-2 p. 65

Mots et expressions

Le temps libre
- aller à la piscine
- écouter de la musique
- faire du sport
- jouer à un sport
- pratiquer une activité
- regarder la télé
- ....
- ....

💡 **Stratégie**
Quand j'écoute un document oral, je repère les différentes voix pour différencier les rôles de chacun.

Un peu, beaucoup, passionnément... pas du tout !

6 Regardez ce document.
a. Ce document est :
☐ un blog
☐ un site de rencontres
☐ un forum de discussion
b. Quel est le titre de la discussion ?
c. D'après les photos, que fait chaque personne ?

Mots et expressions

Les loisirs

... culturels	... sportifs	... créatifs
• la lecture	• la randonnée	• le jardinage
• la télévision	• l'escalade	• le bricolage
....	....	....

Mots et expressions

Les saisons
• l'hiver/en hiver
• le printemps/au printemps
• l'été/en été
• l'automne/en automne

Communication

Exprimer ses goûts
• J'aime/J'adore/Je déteste lire.
• Je déteste ça.
• Ça, j'aime bien.
• Je n'aime pas le sport.
• Je n'aime pas (du tout) courir.

7 Lisez le document. Qui dit quoi ? Associez un élément à chaque personne.
a. Qui aime les loisirs culturels ? sportifs ? manuels ?
b. Qui parle du printemps ? de l'été ? de l'hiver ?
c. Qui aime lire ? jouer au foot ? cuisiner ?

8 Complétez le tableau avec les goûts de chaque personne.

☹ ☹ ☹	☹ ☹	☹	☺	☺ ☺	☺ ☺ ☺
Aryamm déteste cuisiner.	Ladyann ...	Ladyann ...	...	...	...

9 Observez ces questions.

Quel est le sport préféré des Français ?   *Quelle est votre passion ?*
Quelles activités aimez-vous ?

a. Entourez les éléments qui montrent que ce sont trois questions.
b. Dans la première question, *le sport* est un nom masculin. L'adjectif *quel* s'écrit au masculin. *Passion*, c'est masculin ou féminin ? et *activités* ?
c. Remplacez *activités* par *sports*. Qu'est-ce qui change ?

▶ **l'adjectif interrogatif** → Vérifiez et exercez-vous : 3-4 p. 65
▶ **vouloir** → Précis p. 199

Parlez de l'info !

10 Quels sports pratiquent les Français ?

11 Quelles activités est-ce que vous pouvez faire en hiver ? en été ?

S'INFORMER

RÉAGIR

La routine ? Jamais !

Au fait, pourquoi est-ce que je me lève ?

VIE QUOTIDIENNE

10 raisons de se lever le matin

1 Penser au petit déjeuner.
Hum… quand je me réveille, ça sent bon le café !

2 S'étirer comme un chat…
Je ne me réveille pas en cinq secondes. Je m'étire tout doucement.

3 Regarder mes messages sur mon portable…
Quand je me lève le matin, c'est la première chose que je fais.

4 Prendre le temps de se doucher…
Ce n'est pas très écologique mais ça réchauffe.

5 Mettre ses vêtements préférés…
Mes enfants s'habillent en 5 minutes. Moi, je prends le temps de choisir mes vêtements et j'aime ça !

Attends… je cherche d'autres raisons…

6 Prendre son petit déjeuner !
Je déteste commencer ma journée sans prendre un bon café !

7 Se brosser les dents.
J'aime bien me brosser les dents avant et après le petit déjeuner !

8 Se coiffer, se maquiller, se raser…
Nous, les filles, nous nous maquillons. La beauté, c'est important ! Vous, les hommes, vous vous rasez, non ?

9 Se préparer pour aller travailler…
J'aime bien regarder dans mon sac si j'ai toutes mes affaires (mes clés, mes tickets de métro, mon téléphone…). Je déteste oublier quelque chose.

10 Fermer la porte à clé et penser que c'est une belle journée bien rythmée !
J'emmène les enfants à l'école, je vais au travail. Je déjeune avec une copine. Je rentre le soir à la maison… et puis, finalement, je me couche !

---

1 Regardez ce document.
a. Qui écrit ?
b. De quoi ça parle ?

Mots et expressions

Les activités quotidiennes
- se réveiller
- se lever
- s'habiller
- se doucher
- travailler
- se coucher

2 Lisez le document.

A …

B …

C … D …

E …

F …

a. Remettez ces vignettes dans l'ordre du document. Puis, donnez-leur un titre !
b. Qu'est-ce que cette personne aime faire ? Qu'est-ce qu'elle n'aime pas faire ?

3 Observez ces phrases.

Je m'étire. Mon mari se brosse les dents. Nous nous maquillons. Vous vous rasez.

a. Dans le document, retrouvez l'infinitif de ces verbes.
b. Dans chaque phrase, entourez ce qui change par rapport à l'infinitif.
Que remarquez-vous ?
c. Dans le document, retrouvez la phrase à la forme négative.
Où se place la négation ?

▶ **les verbes pronominaux** → Vérifiez et exercez-vous : 5-6 p. 65   ▶ **pouvoir** → Précis p. 199

UNITÉ 3 • Vivre au quotidien

Chouette, c'est le week-end !

4 Écoutez ce document.

a. Qu'est-ce que c'est ?
b. Qui sont les deux personnes ?

Communication

Demander et dire l'heure
- Quelle heure est-il ?
- Il est quelle heure ?
- Il est 8 heures 10.
- Il est 8 heures et demie.
- C'est à quelle heure ?
- C'est à 21 heures.
- Entre 20 heures 30 et 20 heures 45.
- De 9 heures 15 à 17 heures.

5 Réécoutez la première partie.
Lisez ces heures. Pour chacune, dites ce qui se passe à Lausanne, le samedi.

Début du spectacle – Fin du spectacle
Heure d'arrivée conseillée – Visite de l'opéra

Mots et expressions

Le temps (1)
- le matin
- le soir
- le lundi
- le week-end
....
....

De 9 h 15 à 17 h   Entre 20 h 30 et 20 h 45   À 21 h   À 22 h 15

6 Réécoutez la deuxième partie.
a. Est-ce que l'homme aime sortir le week-end ?
b. Quelles activités va-t-il faire ?
c. Dans la phrase *on va se cocooner*, qui est *on* ?
d. **Tendez l'oreille.** Dites si vous entendez une pause entre les groupes de mots.

7 Observez ces phrases.
1. Qu'est-ce vous allez faire ce week-end ?
2. Et vous, vous faites quoi ce week-end ?
3. Nous allons regarder un film samedi soir.

a. Dans les phrases 1 et 2, est-ce que le sens est le même ? Et le temps ?
b. Dans la phrase 3, *samedi soir*, c'est proche ou lointain ?
c. Dans les phrases 1 et 3, quel est le même verbe utilisé ?

▶ **le futur proche** → Vérifiez et exercez-vous : 7-8 p. 65
▶ *devoir* → Précis p. 199

Réagissez !

8 Faites une enquête dans la classe pour connaître les projets de week-end de chacun.

Agissez !

9 Vous racontez votre vie quotidienne sur un blog, en précisant vos activités et horaires.

POINT ÉTAPE

→ Cahier d'activités, unité 3

Lexique

Le temps libre et les loisirs

1 Dessinez, c'est gagné !

Se joue à quatre.
- Donnez à un joueur de l'équipe adverse une activité de loisir.
- Celui-ci doit dessiner cette activité à son coéquipier.
- Si le coéquipier dit correctement le nom de l'activité + l'article (exemple : *la randonnée*), il gagne un point. Et ainsi de suite.

Les activités quotidiennes

2 Jeu de mémorisation

Se joue en groupe.
- La première personne commence par donner une première activité quotidienne.
- Une deuxième personne répète la même phrase et ajoute une autre activité.
- La personne suivante répète et ajoute une troisième activité… Exemple :
Personne 1 : Le matin, je me brosse les dents. Personne 2 : Le matin, je me brosse les dents et je me douche. Personne 3 : Le matin, je me brosse les dents, je me douche et je m'habille.

💡 Stratégie

Pour mémoriser un mot, je cherche à l'associer à une image.

L'heure et les saisons

3 Enquête policière !

Se joue par deux.
- Vous posez des questions à votre voisin(e). Dans chaque question, vous donnez une heure et une saison. Exemple : *Que fais-tu à 4 h du matin en été ?*
- Le/La voisin(e) répond et continue : *Je dors. Et toi, que fais-tu à 23 h, dehors, en hiver ?*
- Vous pouvez ajouter des objets de la vie quotidienne. Exemple : *Que fais-tu à 23 h, dehors, en hiver avec une brosse à dents ?*

Phonétique

▶ [y] - [EU] - [E] 🔊 35

1 Écoutez et observez.

[y]	[EU]	[E]
Langue en avant ←	Langue en avant ←	Langue en avant ←
Lèvres arrondies ●	Lèvres arrondies ●	Lèvres tirées ▬
Bouche fermée	Bouche fermée	Bouche fermée

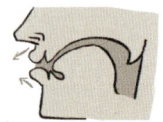 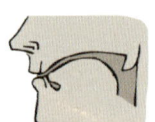

2 Écoutez et dites si ce que vous entendez est identique ou différent.

a. ☐ =   ☐ ≠   c. ☐ =   ☐ ≠
b. ☐ =   ☐ ≠   d. ☐ =   ☐ ≠

3 Écoutez et répétez.

a. Je fais du tennis. – J'ai un cours de tennis.
b. Je fais du jogging. – Je fais de la natation.
c. Il a deux loisirs. – Il a des loisirs.
d. Il a deux amis. – Elle a des amis.

▶ L'enchaînement consonantique 🔊 36

1 Écoutez et observez.

a. À quelle heure ?
b. Quel âge avez-vous ?
c. Quel est votre sport préféré ?
d. Quelle est votre activité préférée ?

Quand un mot se termine par une consonne prononcée et que le mot suivant commence par une voyelle, la consonne et la voyelle forment ensemble une syllabe.

2 Écoutez, barrez les lettres non prononcées et notez les enchaînements consonantiques.

a. un sac à main
b. une brosse à dents
c. une brosse à cheveux
d. il a quinze ans
e. elle a trente ans

3 Écoutez et répétez.

a. Il est une heure. – Il est une heure et quart.
b. Il est cinq heures. – Il est cinq heures et demie.
c. Il est sept heures. – Il est sept heures et quart.
d. Il est quatre heures. – Il est quatre heures et demie.

Grammaire

▶ Les articles contractés

→ **Vérifiez vos réponses** (act. 5 p. 60)
a. la randonnée (féminin) – le VTT (masculin) – le tennis (masculin)
b. *Nous faisons de la randonnée.*
Je fais du VTT le samedi.
Je joue au tennis.
c. Je fais de la pétanque. Je joue à la pétanque.
de + la = de la ; *à + la = à la*
Mais : *de + le = du* ; *à + le = au*

❶ Complétez selon le modèle.
EXEMPLE : *Je fais du ski dans les Alpes en février.* (le ski)
1. Je fais …… piano le mardi soir. (le piano)
2. Ma sœur fait …… danse le mercredi. (la danse)
3. Son amie joue …… flûte depuis longtemps. (la flûte)
4. Son frère joue …… rugby le dimanche. (le rugby)
5. Mes enfants font …… natation le samedi. (la natation)

❷ Discutez avec votre voisin(e) des lieux de vos activités de loisirs.
EXEMPLE : *Je ne vais pas au théâtre mais je vais au casino.*
la montagne – le cinéma – la plage – le casino – les sports d'hiver – la piscine – la patinoire – le théâtre – les courses de chevaux

▶ L'adjectif interrogatif

→ **Vérifiez vos réponses** (act. 9 p. 61)
a. *Quel est le sport préféré des Français ?*
Quelle est votre passion ?
Quelles activités aimez-vous ?
b. *Passion* est un nom féminin. Avec un nom féminin, on écrit *quelle*. *Activités* est féminin et pluriel. On écrit *quelles*.
c. Avec *sports*, l'adjectif interrogatif est au masculin et pluriel : *quels*.

❸ Complétez le texte avec : quel – quelle – quels – quelles.
1. Vous êtes libre …… jours ?
2. À …… heure est-ce que tu viens ?
3. …… activités aimes-tu pratiquer le week-end ?
4. À …… exposition est-ce que tu m'emmènes ?
5. …… sport pratiquent les Canadiens ?

❹ Posez des questions à votre voisin(e) pour connaître ses goûts culturels.
EXEMPLE : *Quels livres est-ce que tu aimes lire ?*

▶ Les verbes pronominaux

→ **Vérifiez vos réponses** (act. 3 p. 62)
Je m'étire. Mon mari se brosse les dents. Nous nous maquillons. Vous vous rasez.
a. S'étirer – se brosser – se maquiller – se raser.
b. Après le pronom sujet, on ajoute un pronom qui change en fonction du sujet.
c. *Je ne me réveille pas en cinq secondes.* *Ne* se place après le pronom sujet et avant l'autre pronom. *Pas* se place après le verbe.

❺ Choisissez l'élément qui convient.
1. Je (appelle/m'appelle) Charles Grosjean.
2. Ils (se lèvent/lèvent) à 6 heures tous les matins.
3. Je (me brosse/brosse) les dents.
4. Il (se réveille/réveille) son frère tous les jours.
5. Elles (se maquillent/maquillent) avant de partir.

❻ Imaginez la vie quotidienne de votre star préférée. Racontez sa journée à votre voisin(e).
EXEMPLE : *Ma star préférée, c'est Kate Middleton. Le matin, elle se lève vers 7 heures…*

▶ Le futur proche

→ **Vérifiez vos réponses** (act. 7 p. 63)
a. Les phrases 1 et 2 ont le même sens, pas le même temps. Phrase 1 = futur proche ; phrase 2 = présent.
b. *Samedi soir*, c'est proche.
c. Les phrases 1 et 3 se construisent de la même façon : *aller* + infinitif.

❼ Complétez les phrases au futur proche.
EXEMPLE : – *Qu'est-ce que tu vas faire demain ?*
– *Demain, je vais voir un film au cinéma.*
1. – Elle va faire quoi samedi ?
– Samedi soir, elle (aller) …… au théâtre.
2. – Qu'est-ce que vous (visiter) …… ce week-end ?
– Ce week-end, on va visiter un château.
3. – Samedi, ils (manger) …… au restaurant et dimanche, ils (faire) …… une randonnée.
4. – Jeudi soir, je (voir) …… un spectacle de danse et après, je (dîner) …… avec des amis.

❽ Édouard planifie son week-end à Lille : observez la liste et parlez de ses projets au futur proche.
- brasserie de la grande place
- déjeuner au parc de l'Hermitage
- expo musée de Pully
- ciné
- théâtre

→ Point Récap p. 71

S'EXPRIMER

ATELIERS D'EXPRESSION ORALE

Justifier un choix

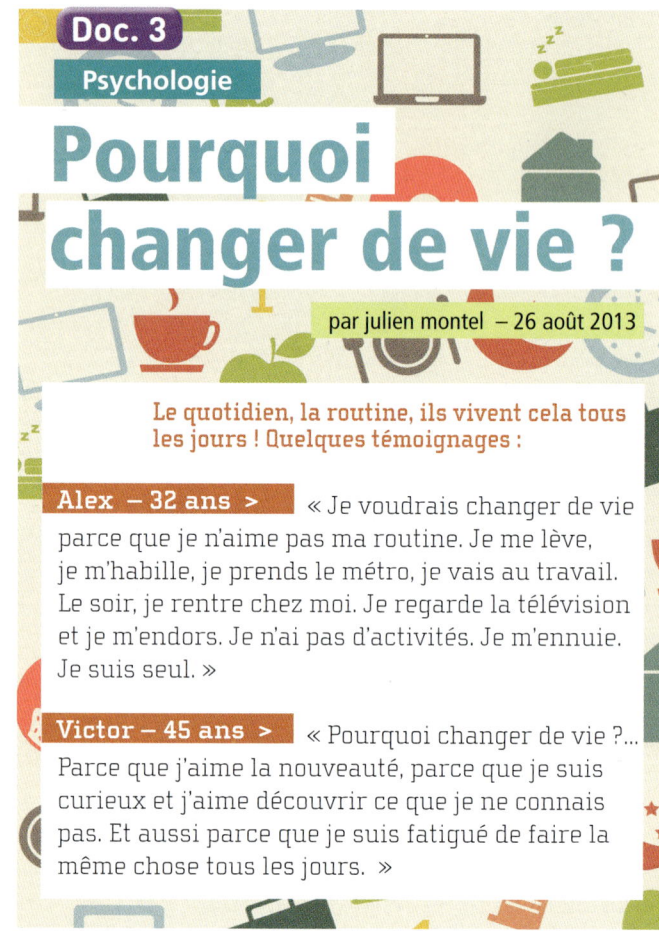

1 Regardez et écoutez ces documents.

a. Qu'est-ce que c'est « Vis ma vie » ?
b. C'est quand ? À quelle heure ?
c. De quoi ça parle ?
d. Quelles sont les raisons exprimées dans les témoignages pour changer de vie ?
e. Comment se sentent les personnes ?

2 Justifiez votre choix.

a. Et vous, vous aimez votre routine ? Pourquoi ?
b. Est-ce que vous aimeriez jouer dans la pièce « Vis ma vie » ? Pourquoi ?

Communication

Justifier un choix
- – Pourquoi est-ce que tu veux changer de vie ?
  – Parce que j'aime la nouveauté.
- Je voudrais changer parce que je n'aime pas ma routine.

Exprimer une préférence

1 Top chrono !
a. Regardez cette affiche et décrivez-la.
b. Quelles sont les activités proposées ?
c. Qu'est-ce qu'un « forum des associations » ?

2 Préparation
a. Vous préparez ensemble des questions générales à poser aux associations (horaires, dates, fréquence, saisons…).
b. **Prononcez.** Faites attention aux enchaînements consonantiques (par exemple pour les questions avec *quel*) dans les questions que vous avez préparées.
Écoutez et prononcez : *Peux-tu prêter ton petit tutu ?* 38
c. Vous partagez la classe en deux groupes : les responsables des associations et les personnes qui posent des questions. Chaque responsable choisit son association (musique, sport…) et s'installe à une table.

3 À vous !
a. Vous allez d'association en association pour poser des questions et obtenir des informations.
b. À la fin, vous exprimez votre préférence à la classe et vous justifiez votre choix.

Communication

Exprimer une préférence
- Je préfère la musique.
- Je préfère faire de la musique.
- J'aime mieux le tennis.

Stratégie
Si je ne comprends pas, je demande à mon interlocuteur de répéter ou de parler plus lentement.

S'EXPRIMER
ATELIER D'ÉCRITURE

Écrire une liste

Et c'est la liste des choses que je veux faire avec toi...

Écrire des mots d'amour
Boire mon café noir
Me lever en retard
Pleurer sur un trottoir
Me serrer sur ton cœur
Pardonner tes erreurs
Jouer de la guitare
Danser sur un comptoir
Remplir un caddie
Avoir une petite fille
Et passer mon permis
Jeter tout par les fenêtres
T'aimer de tout mon être...

Rose, extrait de la chanson *La liste*, 2006.

1 Réaction

1. Lisez la source et l'extrait.
a. Qu'est-ce que c'est ?
b. Qui est l'auteur ?
c. Quel est le nom et la date de cette chanson ?

2. Retrouvez les verbes pronominaux.

Communication

Exprimer une envie
- Je voudrais me lever en retard.
- J'ai envie de jouer de la guitare.
- Je veux passer mon permis.

2 Préparation

Relisez la liste.
a. Avec votre voisin(e), faites un remue-méninges des verbes que vous connaissez en français.
b. Puis, ensemble, pensez aux activités que vous avez envie de faire.

3 Rédaction

Sur le modèle de cette chanson, écrivez individuellement une liste des choses à faire avec la personne de votre choix. Votre liste commencera par : *Et c'est la liste des choses que je veux faire avec toi...*

L'ATELIER 2.0

Inventer un club de loisirs insolites

Vous allez créer un club avec des activités insolites.

1 On s'organise

Choisissez une rubrique.
Nommez des activités de loisirs. Listez d'autres activités que vous connaissez.

Loisirs culturels	Loisirs sportifs	Loisirs manuels	Autres loisirs
• le cinéma	• la randonnée	• le bricolage	• jeux de société
• la lecture	• le tennis	• le jardinage	• Internet
• la télévision	• le VTT	• la cuisine	• jeux vidéo
....	....	....	....

2 On se prépare

La classe complète les rubriques.
Chaque sous-groupe réfléchit à deux activités à associer (exemple : le jeu d'échec et le parachutisme). Puis, le sous-groupe décide des horaires, des prix, des jours et de la saison pour pratiquer cette activité.

3 On présente à la classe

Chaque groupe présente ses propositions à la classe.
La classe écoute, discute des différentes propositions et exprime ses goûts sur les activités. Puis, la classe produit une affiche ou autre document publicitaire pour présenter son association de « loisirs insolites ».

4 On publie

La classe publie son projet sur l'espace de son choix : mur(s), blog, …

POINT RÉCAP'

Lexique / Communication

VIVRE AU QUOTIDIEN

Les loisirs

les loisirs culturels
- la lecture
- la télévision
- le cinéma

les loisirs sportifs
- la randonnée
- l'escalade
- le jogging
- la natation

les loisirs créatifs
- le jardinage
- le bricolage
- le scrapbooking

Le temps

les saisons
- l'hiver/en hiver
- le printemps/au printemps
- l'été/en été
- l'automne/en automne

la semaine
- le matin
- le soir
- le samedi
- le week-end

Le temps libre
- pratiquer une activité
- regarder la télé
- écouter de la musique
- faire du sport
- jouer à un sport
- jouer d'un instrument
- aller à la piscine

Les activités quotidiennes
- se réveiller
- se lever
- s'habiller
- se doucher
- se maquiller
- se raser
- se promener
- déjeuner
- travailler
- se coucher

Exprimer ses goûts
- J'aime/J'adore/Je déteste lire.
- J'aime cuisiner.
- Je déteste ça.
- Ça, j'aime bien.
- Je n'aime pas le sport.
- Je n'aime pas courir.

Exprimer une envie
- Je voudrais + *infinitif*
- J'ai envie de + *infinitif*
- Je veux + *infinitif*

Justifier un choix
- Pourquoi est-ce que tu veux changer de vie ?
- Parce que j'aime la nouveauté.
- Je voudrais changer de vie parce que je n'aime pas ma routine.

Demander et dire l'heure
- Quelle heure est-il ?
- Il est quelle heure ?
- Il est 8 heures 10.
- Il est 8 heures et demi.
- C'est à quelle heure ?
- C'est à 21 heures.
- Entre 20 heures 30 et 20 heures 45.
- De 9 heures 15 à 17 h.

Exprimer une préférence
- Je préfère la musique.
- Je préfère faire de la musique.
- J'aime mieux le tennis.

Activité RÉCAP'

Vous allez préparer un jeu de rôles : *Les commères*

1 Se joue à quatre. Deux personnes choisissent de mimer ensemble des activités quotidiennes (exemple : *un enfant et sa mère, deux amies...*).

2 Deux autres sont en train de les regarder. Ce sont des commères qui décrivent ce qu'elles voient et commentent la scène en exprimant aussi leurs goûts, préférences et envies sur la situation. Exemple : *Regarde, tu vois la femme. Elle prend son petit déjeuner. Moi, je n'aime pas prendre mon petit déjeuner à 10 heures. C'est tard !*

UNITÉ 3 • Vivre au quotidien

Grammaire

▶ Les articles contractés

Un **article contracté** est un article défini précédé de la préposition **à** ou **de**.

• Préposition **de** + article défini

de +
- le = du
- la = de la
- l' = de l'
- les = des

EXEMPLES : *Nous faisons de la randonnée.*
Je fais du VTT le samedi.

• Préposition **à** + article défini

à +
- le = au
- la = à la
- l' = à l'
- les = aux

EXEMPLES : *Je joue au tennis.*
Il va aux États-Unis.

→ Précis, P. 192

▶ Les verbes pronominaux

Un **verbe pronominal** (ex. : *se lever*) est un verbe qui utilise un pronom complément qui renvoie au sujet.
EXEMPLE : *Je me lève.* (= *me* renvoie à *je*.)

Le pronom change avec le sujet.
EXEMPLES : *Tu te laves.*
Il se rase.
Nous nous maquillons.
Vous vous reposez.
Ils se brossent les dents.

Attention, à la forme négative, **ne** se place après le pronom sujet et avant l'autre pronom. **Pas** se place après le verbe.
EXEMPLE : *Je ne me réveille pas en cinq secondes.*

→ Précis, P. 196

▶ Le futur proche

• On utilise **le futur proche** pour parler d'une action/d'un événement qui va se produire bientôt.
EXEMPLES : *Ce soir, je vais aller au théâtre. Demain, je vais voir mes grands-parents.*

• Le futur proche se forme avec le verbe *aller* conjugué au présent + un infinitif.

EXEMPLES : *Je vais* + { *voir / manger / visiter* }

→ Précis, P. 196

▶ *Quel*, adjectif interrogatif

Quand on pose une question qui porte sur un nom, on utilise l'adjectif *quel*.
Cet adjectif s'accorde en genre et en nombre avec le nom qui le suit.
EXEMPLES : *Quel temps fait-il ?*
Quelle heure est-il ?
Quels sports pratiques-tu ?
Quelles activités avez-vous ?

Attention, le nom ne suit pas toujours directement *quel*.
EXEMPLE : *Quelle est ta passion ?*

→ Précis, P. 191

SE COMPRENDRE

ACTU CULTURE

Les fêtes et traditions

LE CALENDRIER ANNUEL
Quelques fêtes religieuses et civiles

- ■ **31 décembre :** Réveillon de la Saint-Sylvestre.
- ■ **1er janvier :** Jour de l'an
- ■ **6 janvier :** Galette des rois
- ■ **14 février :** Fête des amoureux
- ■ **Mardi gras :** Carnaval et crêpes à volonté
- ■ **Avril :** Lundi de Pâques : chasse aux œufs
- ■ **1er mai :** Fête du travail
- ■ **24 juin :** Fête de la Saint-Jean : de grands feux pour la nuit la plus courte
- ■ **25 décembre :** Noël

QUELQUES TRADITIONS

- **Marché de Noël** de Strasbourg
- **Le carnaval...**
   ...de Dunkerque
   ...de Nice en Février : 1 million de spectateurs
- **La fête du Citron** en Février
- **Médiévales de Provins :** une des plus grandes fêtes médiévales d'Europe
- **Fête de la musique** le 21 juin
- **Fête nationale du 14 juillet :** des feux d'artifice et des défilés depuis 1789
- **Fête de la Gastronomie :** 20-21-22 septembre

Fête des Lumières à Lyon

Fête médiévale

La France est un pays laïc mais beaucoup de fêtes en France sont traditionnellement religieuses. Elles sont souvent l'occasion de bons repas en famille et entre amis.
On passe Noël en famille et le réveillon de la Saint-Sylvestre à faire la fête avec des amis.

Fête du citron à Menton

1 On fait la fête ?
1. D'après vous, qu'est-ce qu'une tradition ?
2. Quand est la fête de la musique ?
3. Partagez-vous des fêtes avec la France ?

UNITÉ 3 • Vivre au quotidien

Et aussi...

Le Québec

Capitale : Québec
Langue officielle : français
Monnaie : dollars canadien

En quelques chiffres

Une des 10 provinces du Canada
7 907 375 habitants
1 667 441 km²

Québec

LES SYMBOLES

Drapeau
bleu chargé d'une croix blanche accompagnée, dans chaque canton, d'une fleur de lys blanche

Devise
Je me souviens

Emblèmes nationaux
harfang des neiges (oiseau) ; bouleau jaune (arbre) ; iris (fleur)

EN QUELQUES LIGNES

Le Québec partage de nombreuses fêtes avec la France comme le 24 juin, la Saint Jean-Baptiste. Au Québec, c'est la fête Nationale.

EN QUELQUES DATES

1534	Jacques Cartier débarque à Gaspé au nom de François 1er (roi de France).
1608	La ville de Québec est fondée.
1642	Ville-Marie est fondée. (Montréal)
1841	le Canada Uni
1948	Le Québec adopte son drapeau provincial fleurdelisé.

Drôle d'expression

« *Être aux petits oiseaux !* »

contexte Je suis aux petits oiseaux, je vais à Québec ce week-end avec mes amis !

3 Lisez cette expression québécoise et répondez aux questions.

1. Dessinez l'expression.
2. D'après le contexte, l'expression *Être aux petits oiseaux* veut dire :
a. Je suis très heureux.
b. Je vais voir les oiseaux à la campagne.
3. En France, on dit : *Être aux anges*. Avez-vous une expression similaire dans votre langue ?

2 Ça vous tente le Québec ?

1. Quelle langue parle-t-on au Québec ?
2. Quelle est la devise du Québec ?
3. Quel est l'ancien nom de Montréal ?
4. On y mange quoi ?

Art de vivre

La cuisine québécoise traditionnelle est composée de différentes sortes de soupes, de fèves au lard, de tourtières, de pâté chinois, de cretons, de tartes au sucre ou aux fruits, et de plats à base de sirop d'érable.

Façon de parler

En France, on vouvoie avant de tutoyer. Au Canada, en général, on se tutoie. Vouvoyer quelqu'un est une volonté de distance.

Tarte au sirop d'érable

S'ÉVALUER — PRÉPARATION AU DELF A1

Les documents sonores sont téléchargeables sur le site www.didierfle.com/saison.

PARTIE 1 — Compréhension de l'oral

EXERCICE 1

Vous allez entendre 2 fois un document. Vous avez 30 secondes de pause entre les 2 écoutes puis 30 secondes pour vérifier vos réponses. Lisez les questions.

Vous êtes en France. Vous entendez cette conversation. Répondez aux questions.

1. Quelle activité Samira propose-t-elle à Liam ?
   ☐ du vélo
   ☐ du jardinage
   ☐ de la lecture
   ☐ de la natation
2. Pourquoi Liam ne veut pas aller à la piscine ?
   ......
3. Quelle est la passion de Liam ?
   ☐ le vélo
   ☐ le jardinage
   ☐ la lecture
   ☐ la natation
4. Pour quelle raison Liam aime-t-il faire du jardinage ?
   ......
5. Quelle est la saison préférée de Liam ?
   ☐ l'hiver
   ☐ le printemps
   ☐ l'été
   ☐ l'automne
6. Pourquoi Samira aime-t-elle l'hiver ?
   ......

PARTIE 2 — Compréhension des écrits

Lisez l'article.

Les loisirs préférés des Français

Parmi les activités de détente, connaissez-vous celles que les Français aiment le plus ? Voici une enquête intéressante.

Sans grande surprise, le cinéma apparaît comme le loisir préféré des Français. C'est une véritable passion pour les Français. En effet, 25,2 % des personnes interrogées pendant l'enquête passent leur temps libre dans les salles de cinéma.

La musique arrive deuxième dans le classement des loisirs préférés des Français. 20,8 % des Français vont dans les salles de concert ou de spectacle, et beaucoup prennent des cours de musique : de la flûte, du violon ou du piano.

Le troisième loisir préféré des Français est la photographie (19,1 %). Pourquoi ? Aujourd'hui, c'est si facile de prendre des photos avec son téléphone portable ou son smartphone.

Plus loin dans le classement, les voyages arrivent en cinquième position (14 %), et les activités sportives comme le jogging représentent 7 % de l'activité des Français. Ah, les Français et le sport, c'est toute une histoire !

Répondez aux questions.

1. Quelle est l'activité préférée des Français ?
   ......
2. Que font les Français qui sont intéressés par la musique ?
   ☐ ils achètent des disques
   ☐ ils vont écouter des chanteurs
   ☐ ils prennent des cours de chant
3. Quel loisir arrive en troisième position ?
   ......
4. Pourquoi les Français aiment-ils faire de la photographie aujourd'hui ?
   ......
5. Les voyages sont classés en quelle position ?
   ☐ troisième
   ☐ quatrième
   ☐ cinquième
6. L'activité préférée des Français, c'est le sport. Vrai ou faux ?
   Répondez en copiant la partie du texte qui justifie votre réponse.
   ......

UNITÉ 3 • Vivre au quotidien

PARTIE 3 — Production écrite

Vous participez au forum des associations qui a lieu dans votre ville. Vous vous inscrivez dans une association. Complétez le formulaire suivant.

Club francophone
Formulaire d'inscription

NOM et prénom : ......
Âge : ......
Sport(s) pratiqué(s) : ......
Loisir(s) : ......
Livre préféré : ......
Artiste préféré : ......
Langue(s) maternelle(s) : ......
Langue(s) étrangère(s) parlée(s) : ......
Saison préférée : ......
Courriel : ......

PARTIE 4 — Production orale

EXERCICE 1 – Entretien
Répondez aux questions suivantes à l'oral.

☐ Que faites-vous pendant votre temps libre ?
☐ Quelle est votre activité créative préférée ?
☐ Qu'aimez-vous faire le dimanche ?
☐ Quel sport aimez-vous le plus ?
☐ Quelle est la première chose que vous faites le matin ?

EXERCICE 2 – Échange d'informations
Posez des questions en utilisant les mots ci-dessous.

sport   loisir   nager   télévision   aimer

EXERCICE 3 – Jeu de rôles
Choisissez un sujet. Jouez la situation avec l'examinateur.

Sujet 1
Vous êtes parti(e) en vacances chez un ami en France. Quand vous arrivez, vous expliquez à votre ami quelles sont vos habitudes. Vous décrivez une de vos journées habituelles dans votre pays. Votre ami vous pose des questions.

Sujet 2
Vous êtes avec un ami francophone et vous ne savez pas quoi faire ce soir. Vous parlez des activités que vous aimez. Vous choisissez une activité. Vous décidez de l'heure et du lieu de rendez-vous.
Voici quelques idées pour vous aider :

Unité 4

S'ouvrir à la culture

S'INFORMER

DÉCOUVRIR
- La vie culturelle en Louisiane
- Les pratiques culturelles des Français

RÉAGIR
- Proposer une sortie
- Apprécier quelque chose

S'EXPRIMER

ATELIERS D'EXPRESSION ORALE
- Décrire une tenue
- Ne pas apprécier quelque chose

ATELIER D'ÉCRITURE
- Écrire une carte postale

L'ATELIER 2.0
▶ Imaginer une pièce de théâtre

S'ÉVALUER
- DELF A1

On en parle ?
Qu'est-ce que c'est ?
C'est où ?
Vous aimez l'art ?

S'INFORMER

DÉCOUVRIR
Envie de sortir ?

Coqs en Pâte en vidéo ▶❚❚ 5

Les Coqs en Pâte
spectacles et évènements
créatifs, poétiques et toqués

1 Qu'est-ce que vous voyez ?
Qui sont « Les Coqs en Pâte » ?
Que font-ils ?
Quelle est l'ambiance ?

LE + INFO
Savez-vous que le restaurant et le cinéma sont les sorties les plus populaires en France ?

La vie culturelle en Louisiane

La Louisiane est l'une des destinations avec le plus grand nombre de festivals au monde.

✹ Satchmo SummerFest
Début août, au Louisiana State Museum's Old U.S. Mint : « Satchmo » c'est le surnom de Louis Armstrong, natif de La Nouvelle-Orléans. Au programme, des concerts de jazz évidemment, mais aussi des expositions, des conférences, des débats, des films, sans oublier de souffler les bougies du gâteau de cet artiste incroyable !

✹ Festival Acadiens
À la mi-octobre, à Lafayette : Ce festival invite à la culture francophone locale. Il s'agit d'un grand rendez-vous culturel et musical de la Louisiane. Les Cajuns disent « laissez les bons temps rouler ! », autrement dit, « profitez de la vie ! ». Ces Acadiens, originaires de France, ont la joie de vivre et invitent les visiteurs à jouer d'un instrument, monter sur scène et déguster des boudins créoles, des écrevisses, du crabe, du jambalaya...

Et ce n'est pas fini : on peut retrouver cette ambiance festive et chaleureuse tout au long de l'année…

- ✹ **Bourbon Street à La Nouvelle-Orléans** : la rue des bars avec concerts-live tous les soirs de la semaine.
- ✹ **Dîner-spectacles** : pour une ambiance familiale et pour découvrir la gastronomie et la musique cajun, découvrez le restaurant Mulate's à Lafayette et à La Nouvelle-Orléans.
- ✹ **Casinos** : il y a des casinos dans les principales villes de Louisiane. Essayez l'originalité des bateaux-casinos de Shreveport et Bâton-Rouge.

2 Observez le document.
a. Où peut-on trouver ce document ?
b. Qu'est-ce que c'est ?
c. De quoi ça parle ?

3 Lisez.
a. Quel grand festival a lieu en août ? Qu'est-ce qu'on peut faire ?
b. Le « Festival Acadiens » a lieu quand ? Qu'est-ce qu'on peut manger ?
c. Où est-ce qu'on trouve des bateaux-casinos ?

4 Observez ces phrases.

Ces Acadiens invitent les visiteurs à jouer d'un instrument.
Ce festival invite à la culture francophone locale.
On peut retrouver cette ambiance tout au long de l'année.

a. Dans chaque phrase, on parle de quelque chose de connu ou déjà cité. Quelle est cette chose ? Retrouvez-la !
b. Dans la première phrase, le mot *Acadiens* est au pluriel. L'adjectif est *ces*. Et dans les autres phrases ?
c. Écoutez ces phrases. Est-ce qu'on parle aussi de quelque chose de connu ? 🔊 39

▶ **les adjectifs démonstratifs** → Vérifiez et exercez-vous : **1-2 p. 83**
▶ *finir* → Précis **p. 198**

Mots et expressions

Les sorties
- un concert (de jazz)
- un bar
- un festival
- ……………
- ……………

UNITÉ 4 • S'ouvrir à la culture

Une enquête, ça vous dit ?

Les pratiques culturelles des Français — Enquêtes 1973, 1981, 1988, 1997, 2008

5 Observez le document.
a. Qu'est-ce que c'est ?
b. À votre avis, c'est quoi une « pratique culturelle » ?

6 Écoutez et répondez.
a. Où a lieu la conversation ?
b. Qu'est-ce que la femme propose ?
c. Combien de temps est-ce que ça dure ?
d. *Tendez l'oreille.* Dites si vous entendez [o], [ɔ̃] ou les deux.

> **Communication**
>
> **Proposer à quelqu'un de faire quelque chose**
> • Vous voulez bien participer ?
> • Un cinéma, ça vous/te dit ?
> • On sort ?
> • Vous voulez/Tu veux aller à l'opéra ?

7 Réécoutez et complétez la fiche suivante.

Interviewé	☐ homme	☐ femme		
Âge	☐ entre 20 et 30 ans	☐ entre 30 et 40 ans	☐ plus de 40 ans	
Sorties	☐ 1 fois/semaine	☐ 2 fois/semaine	☐ + de 2 fois/semaine	
Cinéma	☐ souvent	☐ de temps en temps	☐ rarement	
Opéra	☐ souvent	☐ de temps en temps	☐ rarement	
Restaurant	☐ souvent	☐ de temps en temps	☐ rarement	
Souvent	☐ avec des amis	☐ en couple	☐ en famille	☐ seul

8 Observez ces phrases.

Il va souvent au cinéma et il va de temps en temps au restaurant.
Il ne va jamais à l'opéra.
Parfois, il sort seul.

a. Soulignez les mots qui indiquent une fréquence (= quantité de temps).
b. Sur ce dessin, placez les mots trouvés en **a**.

100 % du temps

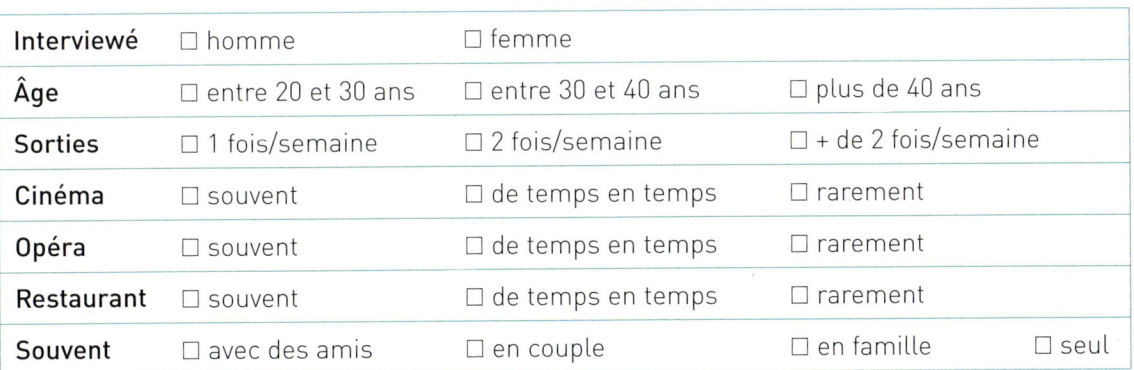

0 % du temps

c. Généralement, où se place l'adverbe dans les phrases ?

▶ **les adverbes de fréquence** → Vérifiez et exercez-vous : 3-4 p. 83
▶ ***sortir*** → Précis p. 198

Parlez de l' info !

9 Est-ce que dans votre pays, il y a aussi des enquêtes sur les pratiques culturelles ?

10 Vous connaissez les résultats ?

soixante-dix-neuf • 79

S'INFORMER

RÉAGIR
Raconter une sortie

Que faire à Montréal en famille ?

1 Observez le document.

a. De quel type de document s'agit-il ? ☐ d'un blog ☐ d'un programme de ciné ☐ d'un mail
b. Sur cette page, on peut : ☐ lire les actualités de la ville ☐ se renseigner sur les sorties

2 Lisez la page Internet.

Retrouvez les bonnes personnes pour chaque activité (il y a toujours plusieurs personnes).
• Qui est allé au Biodôme ?
• Qui est allé au parc d'attractions ?
• Qui a fait du patin à glace ?
• Qui a visité un musée ?

3 Observez ces phrases.

1. Sophie : *Hier, j'ai fait du patin à glace.*
2. Sandie : *Ce matin, je suis allée au musée.*
3. Thierry : *Hier, je suis allé au parc d'attractions.*

a. Soulignez les indicateurs de temps.
À votre avis, ces actions ont lieu dans le passé, dans le présent, dans le futur ?
b. Vrai ou faux ?
Le passé composé se forme avec deux éléments.
Le passé composé se forme seulement avec *être*.
c. Regardez le participe passé *allé* dans les phrases 2 et 3.
À votre avis, pourquoi est-ce qu'il ne s'écrit pas de la même façon ?

▶ **le passé composé (1)** → Vérifiez et exercez-vous : 5-6 p. 83

Mots et expressions

La famille
• la mère, le père
• la fille, le fils
• la grand-mère
....
....

UNITÉ 4 • S'ouvrir à la culture

Et toi, tu l'aimes l'expo ?

Mots et expressions

L'art
- une exposition permanente/temporaire
- un objet d'art
- une peinture
....
....

Communication

Apprécier quelque chose
- À voir !
- Fantastique !
- C'était super !
- C'était génial !

4 Observez le document.

a. Il s'agit de quoi ?   ☐ d'une page d'un réseau social   ☐ d'une page wiki
b. Que peut-on lire sur cette page ?

5 Lisez la page et répondez.

a. Où se trouve Louvre-Lens ?
b. Combien d'internautes aiment ce musée ?
c. Qu'est-ce qu'on peut voir ?

6 Écoutez le document.

a. Combien de personnes parlent ? Que font-elles ?
b. Dans chaque mini-dialogue, trouvez les sorties : 1. expo photos, 2. ...
c. C'était comment ?
d. **Tendez l'oreille.** Dites si vous entendez une pause entre les mots suivants.

7 Observez ces phrases.

C'était génial.   *Il y avait du monde.*

a. Ces phrases ont lieu dans le passé, le présent ou le futur ?
b. Avec *c'était* et *il y avait*, on :
☐ fait une description du passé   ☐ parle d'une action terminée du passé
c. Soulignez les formes des verbes.
Qu'est-ce qui est identique dans les deux verbes ?

▶ **l'imparfait (1)** → Vérifiez et exercez-vous : 7-8 p. 83

💡 Stratégie

Avant de lire un texte, je commence par regarder sa forme (blog, journal, forum...).

Réagissez !

8 Téléphonez à votre ami(e) et proposez-lui de faire une sortie ce week-end !

Agissez !

9 Envoyez un tweet/un commentaire sur le blog de votre ville pour raconter une sortie : dites ce que vous avez fait, où vous êtes allé(e) et ce que vous avez aimé.

POINT ÉTAPE

→ Cahier d'activités, **unité 4**

Lexique

Les sorties

1 Le mot tabou

Se joue à 4.
- Un joueur pense à une activité culturelle ou un type de sortie.
- Il doit faire deviner son mot sans le prononcer. Il peut faire des gestes, des mimes, des sons.
- Quand un des autres joueurs trouve, c'est à son tour de penser à une activité et de la faire deviner aux autres. Et ainsi de suite.

💡 **Stratégie**
Pour mémoriser un mot, je l'écris dans un exemple facile à retenir.

La famille

2 Bingo

Se joue en groupe classe.
- Deux joueurs vont écrire 7 noms de membres d'une famille (EXEMPLE : *le grand-père, la mère…*)
- Les autres joueurs en sélectionnent 4 qu'ils écrivent sur une feuille de papier.
- Les deux joueurs choisissent un nom et le définissent (EXEMPLE : *le père de ma mère*).
- Les joueurs peuvent rayer le nom sur le papier qui correspond à la définition.
- Le gagnant est celui qui a rayé tous les noms.

L'art

3 Trouvez quelqu'un qui…

Se joue en groupe classe.
- Chacun écrit le nom de trois artistes.
- Puis, chacun trouve quelqu'un qui a les mêmes goûts.
EXEMPLE :
- *Tu aimes le travail de Frida Khalo ?*
- *Oui, j'adore !*

Phonétique

▶ [o] - [ɔ̃] 🔊 44

1 Observez.

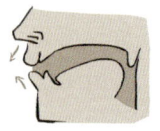

Langue en arrière →
Lèvres arrondies ●
Bouche fermée

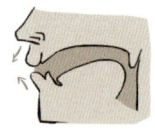

Langue en arrière →
Lèvres arrondies ●
Bouche fermée
*L'air passe par la bouche
et par le nez*

2 Écoutez et dites ce que vous entendez.

a. ☐ dos ☐ don   c. ☐ allô ☐ allons
b. ☐ beau ☐ bon   d. ☐ château ☐ chaton

3 Écoutez et répétez.

a. On va au musée.   c. On va au concert.
b. Ils vont au musée.   d. Ils vont au concert.

▶ L'enchaînement vocalique 🔊 45

1 Observez.

Tu as visité
Tu es allée

Quand deux voyelles prononcées se suivent, on doit les prononcer dans le même souffle mais dans deux syllabes différentes.

2 Écoutez, barrez les lettres non prononcées et notez les enchaînements vocaliques.

a. le théâtre   c. tu as visité
b. le patin à glace   d. on a appris

3 Écoutez et répétez.

a. On va au théâtre.
b. On va aller au théâtre.
c. On va aller au théâtre et à l'opéra.

UNITÉ 4 • S'ouvrir à la culture

Grammaire

▸ Les adjectifs démonstratifs

→ **Vérifiez vos réponses** (act. 4 p. 78)

a. *Ces* Acadiens invitent les visiteurs à jouer d'un instrument.
Ce festival invite à la culture francophone locale.
On peut retrouver *cette* ambiance tout au long de l'année.
b. Festival → ce – ambiance → cette – artiste → cet.
c. On parle de quelqu'un ou de quelque chose de connu. On peut montrer la fille ou le gâteau.

1 Reprenez les mots en gras avec les adjectifs démonstratifs *ce, cette, cet* ou *ces*.
EXEMPLE : Il y a beaucoup de **bateaux-casinos** à Bâton-Rouge. Ces bateaux-casinos se trouvent en Louisiane.
1. Le **festival** de la Nouvelle-Orléans est très populaire. …… a lieu en août.
2. On peut goûter les **plats** locaux. …… sont délicieux !
3. L'**événement** musical est proposé par les Acadiens. …… s'appelle le Festival Acadiens.
4. C'est une **fête** francophone où on peut danser, écouter des concerts. …… accueille les petits et les grands.

2 Avec votre voisin(e), discutez d'un festival très connu dans votre ville ou dans votre pays.
EXEMPLE : C'est le festival de La Rochelle. Ce festival de musique…

▸ Les adverbes de fréquence

→ **Vérifiez vos réponses** (act. 8 p. 79)

a. Il va *souvent* au cinéma et il va *de temps en temps* au restaurant.
Il ne va *jamais* à l'opéra.
Parfois, il sort seul.

b.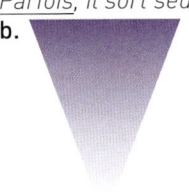
100 %   toujours
90 %   habituellement
80 %   souvent
50 %   quelquefois
15 %   parfois
5 %   rarement
0 %   jamais

c. L'adverbe de fréquence se place généralement après le verbe.

3 Choisissez l'adverbe de fréquence qui convient le mieux : *toujours – jamais – parfois – souvent*.
1. Je ne vais …… au théâtre. Je n'aime pas ça.
2. Le soir, avant de me coucher, je regarde …… la télé.
3. J'appelle …… ma mère le dimanche soir. C'est une habitude entre elle et moi.
4. Je lis …… le journal dans le métro mais, ……, je préfère lire un roman.

4 Lisez cette liste d'activités et dites à votre voisin(e) à quelle fréquence vous pratiquez ces activités :
• aller au cinéma
• aller à un concert
• manger au restaurant
• aller à l'opéra

▸ Le passé composé (1)

→ **Vérifiez vos réponses** (act. 3 p. 80)

a. 1. Sophie : *Hier*, j'ai fait du patin à glace.
2. Sandie : *Ce matin*, je suis allée au musée.
3. Thierry : *Hier*, je suis allé au parc d'attractions.
Les actions ont lieu dans le passé.
b. Le passé composé se forme avec deux éléments : un auxiliaire (*avoir* ou *être*) + un participe passé.
c. Le participe passé d'*aller* s'accorde avec le sujet. Au passé composé, les verbes qui se forment avec l'auxiliaire *être* s'accordent.

5 Conjuguez avec le verbe *aller* ou *faire* au passé composé. Attention aux accords.
EXEMPLE : Hier matin, on **est allés** au cinéma.
1. Hier, les enfants …… à la piscine avec leur oncle.
2. J'…… du patin à glace ce matin !
3. Laurent …… des manèges au parc d'attractions.
4. Julien et Samir …… au musée d'Histoire naturelle.

6 Ce week-end, Agathe a fait toutes ces activités. Écrivez un résumé de son week-end en utilisant le passé composé et avec les verbes *faire* et *aller*.

Week-end !
• resto avec mes collègues
• expo musée d'Art moderne
• ciné-karaoké
• concert de jazz avec Élodie

▸ L'imparfait (1) de la description

→ **Vérifiez vos réponses** (act. 7 p. 81)

a. Les phrases ont lieu dans le passé.
b. On fait une description du passé avec *c'était* et *il y avait*.
c. C'*était* génial. Il y *avait* du monde.
→ Dans les deux verbes, on a la même terminaison : -ait.

7 Complétez par *c'était* ou *il y avait / il n'y avait pas*.
EXEMPLE : Je suis allée au festival du court-métrage de Clermont-Ferrand, **il y avait** du monde, mais **c'était** génial !
1. Hier, on est allés au parc d'attractions, …… la queue pendant 45 minutes pour faire un manège !
2. Je te conseille l'expo de Lichtenstein ! J'y suis allé avec une amie hier, …… très bien et …… beaucoup de monde.
3. Alors, le festival Cabaret Vert, …… comment ?
4. On est allés au resto Les papilles, …… délicieux !

8 Mathilde a passé l'après-midi en ville. Elle est allée à la patinoire et ensuite au parc. Observez la liste de mots pour chaque sortie et faites une description au passé.

Patinoire : soleil – beaucoup de gens – ennuyeux.
Parc : des musiciens – une bonne ambiance – super.

→ Point Récap p. 89

S'EXPRIMER
ATELIERS D'EXPRESSION ORALE

Décrire une tenue

Doc. 1

**Célébrez les festivités du dimanche, lundi et mardi gras :
les 10, 11 et 12 février**

Carnaval de la Martinique
à Fort-de-France

Toute la journée :
- ateliers maquillage gratuits pour les enfants
- ateliers masques et costumes
- dégustation de beignets et autres pâtisseries sur les stands du carnaval

Et pour mardi gras, à 14 h : départ du grand défilé
avec des percussions et des batteries fanfares.

**Foyalais, Martiniquais et touristes,
venez nombreux et déguisés !**

1 Regardez, lisez et écoutez les documents.

a. Quand a lieu le carnaval ?
b. À qui s'adresse cette invitation ?
c. Qu'est-ce qui va se passer ?
d. Où se passe le dialogue ?
e. Qu'est-ce que la cliente achète ?

2 Décrivez une tenue.

a. Est-ce que vous êtes déjà allé(e) à un carnaval ? C'était comment ?
b. Vous organisez une soirée déguisée samedi soir : quel thème et quel costume allez-vous choisir ?

Doc. 2

Mots et expressions

Les vêtements et accessoires
- un pantalon
- un pull
- un tee-shirt
- des chaussures
- des lunettes (de soleil)
- un chapeau

... pour les femmes
- un chemisier
- une jupe
- une robe
....

... pour les hommes
- un costume *(pantalon + veste)*
- une chemise
- une cravate
....

Doc. 3

▶ Une soirée déguisée

Communication

Décrire une tenue
- Il porte un chapeau.
- Elle porte une jupe.
- Elle met des chaussures.

Parler d'un film qu'on a vu

Ciné-club de Dieppe : la passion du cinéma

Vous êtes allé(e) au cinéma et vous voulez parler du dernier film que vous avez vu ?

Twitciné vous permet de publier en ligne votre critique cinéma sur un film.

twitciné - critiques cinéma -

Nom du film

Ajouter votre critique

Et pour échanger en direct, inscrivez-vous à notre ciné-club du lundi soir. Bonne critique !

1 Top chrono !

a. Lisez le document.
b. Notez cinq films que vous avez vus et notez le genre de ces films.
c. Regardez la liste de votre voisin(e).
d. Choisissez chacun(e) trois films de genres différents.

2 Préparation

a. Par groupes de deux, parlez du film que vous avez choisi.
b. Préparez le dialogue sous forme d'un tweet.
Faites un court résumé du film et dites si vous aimez ce film ou pas.
c. **Prononcez.** Repérez les mots contenant les sons [O], [ɔ̃]
ainsi que les enchaînements vocaliques et entraînez-vous à les prononcer.
Écoutez et prononcez. *Le ton de tonton monte.*

3 À vous !

Imaginez que vous êtes au ciné-club.
Jouez vos saynètes devant la classe.
Exemple : – *Tu es allé(e) voir le film* Le passé ?
– *Non, mais je suis allé(e) voir un dessin animé* Le roi et l'oiseau, *ça parle de… C'était pas mal.*

Communication

Ne pas apprécier quelque chose
- Je n'ai pas aimé.
- J'ai trouvé ça nul !
- Quel ennui !
- C'était décevant/long/ennuyeux/raté.

Communication

Parler d'un film
- Ça parle de….
- Je regarde beaucoup de films de science fiction/d'aventure/d'action/d'horreur.
- J'ai vu une comédie/un dessin animé qui s'appelle….
- un acteur/le décor/un scénario/les costumes

S'EXPRIMER

ATELIER D'ÉCRITURE

Écrire une carte postale

1 Réaction

1. Regardez le document.
a. De quoi s'agit-il ?
b. D'où est-ce que ça vient ?

2. Lisez la carte.
a. Pour qui est la carte ?
b. Pourquoi Audrey écrit cette carte ?

💡 **Stratégie**
Pour écrire, je m'appuie sur le modèle proposé.

2 Préparation

1. Observez la carte postale et relevez les informations :
• pour donner des informations sur le lieu et la date ;
• pour commencer ;
• pour terminer une carte.

2. À deux, réfléchissez à un événement important : naissance, Nouvel An... Faites une liste.

3 Rédaction

Écrivez une carte à un(e) de vos ami(e)s pour un ou deux événements que vous avez cités. Adressez vos félicitations.

Communication

Commencer un courrier amical
• Cher Jean/Chère Margarita,
• Mon cher Jean/Ma chère Margarita,

Terminer un courrier amical
• Je t'embrasse
• Bises.
• À (très) bientôt !

Féliciter/Adresser un souhait à quelqu'un
• Bravo !
• Félicitations !
• Je veux te féliciter pour...
• Bon/Joyeux anniversaire !
• Bonne année !
• Meilleurs vœux !

UNITÉ 4 • S'ouvrir à la culture

L'ATELIER 2.0

Imaginer une pièce de théâtre

Vous imaginez une pièce de théâtre et vous préparez un projet théâtral avec la classe.

1 On s'organise

Tous ensemble, choisissez trois personnages pour votre pièce de théâtre : un scientifique, un cowboy, un adolescent, un homme d'affaires, un clown...

2 On se prépare

Formez deux groupes.
• Groupe 1 : Donnez le maximum d'informations sur vos personnages : âge, apparence physique, caractère... Ensuite, réfléchissez à des tenues pour vos personnages : vêtements, accessoires...
• Groupe 2 : Prévoyez un cadre pour la pièce : essayez de répondre aux questions : Où ? Quand ? Comment ? Qu'est-ce qu'ils font ? Écrivez un court résumé du début de la pièce.

3 On présente à la classe

Chaque groupe présente son plan pour le projet.
Exemples : *On porte des tenues chics. Le premier personnage porte un smoking et des lunettes noires...*

4 On publie

La classe publie son projet sur l'espace de son choix : mur(s), blog, ...

POINT RÉCAP'

Lexique / Communication

Les sorties
- un carnaval
- le cinéma
- un concert (de jazz)
- une expo(sition)
- un festival
- un musée
- un opéra
- un parc d'attractions
- un théâtre

L'art
- une exposition permanente/temporaire
- une galerie
- une sculpture
- un objet/une œuvre d'art
- une peinture
- un/une artiste

La famille
- la mère, le père → les parents
- la fille, le fils → les enfants
- la grand-mère, le grand-père → les grands-parents
- la sœur
- le frère
- la tante
- l'oncle

Les vêtements et accessoires
- un pantalon
- un pull
- un tee-shirt
- des chaussures
- des lunettes (de soleil)
- un chapeau
- un chemisier
- une jupe
- une robe
- un costume (pantalon + veste)
- une chemise
- une cravate

S'OUVRIR À LA CULTURE

Décrire une tenue
- Il porte un chapeau.
- Elle porte une jupe.
- Elle met des chaussures.

(Ne pas) apprécier quelque chose
- À voir !
- Fantastique !
- C'était super !
- C'était génial !
- Je n'ai pas aimé.
- J'ai trouvé ça nul !
- Quel ennui !
- C'était décevant/long/ennuyeux/raté.
- Ça parle de....
- Je regarde beaucoup de films d'action.
- un acteur/le décor/un scénario/les costumes

Proposer à quelqu'un de faire quelque chose
- On sort ?
- Vous voulez/Tu veux aller à l'opéra ?
- Vous voulez bien participer ?
- Un cinéma, ça vous/te dit ?

Féliciter/Adresser un souhait à quelqu'un
- Bravo !
- Félicitations !
- Je veux te féliciter pour…
- Bon/Joyeux anniversaire !
- Bonne année !
- Meilleurs vœux !

Activité RÉCAP'

Vous allez trouver des partenaires de sorties dans la classe.

1 Individuellement, choisissez une sortie que vous avez aimée et un membre de votre famille avec qui vous aimez sortir.

2 Allez à la rencontre des autres apprenants. Parlez de votre dernière sortie, invitez votre camarade à venir avec vous et un membre de votre famille à une sortie culturelle. Votre camarade accepte ou refuse.

3 S'il/elle accepte, donnez-lui un maximum de détails sur la soirée : date, horaire, tenue vestimentaire…

Grammaire

Les adverbes de fréquence

Un adverbe donne une indication ou une précision à un verbe.

Les adverbes de fréquence indiquent le lien entre l'action et le nombre de fois où l'action se produit.

100 %	toujours
90 %	habituellement
80 %	souvent
50 %	quelquefois
15 %	parfois
5 %	rarement
0 %	jamais

EXEMPLES : *Je fais toujours du sport le dimanche.*
(= tous les dimanches)
Je ne fais jamais de sport le dimanche.
(= pas une seule fois)

→ Précis, P. 195

Le passé composé (1)

On utilise le passé composé pour parler d'une action du passé terminée.

Hier, j'ai fait des manèges.
─────X──────|──────────▶
              PRÉSENT

Le passé composé est formé de deux éléments : *être* ou *avoir* conjugué au présent + un participe passé.
EXEMPLES : *Hier, je suis allée au parc.*
J'ai fait du patin à glace.

Remarques :
Il y a peu de verbes qui se conjuguent avec *être* : naître, mourir, arriver, partir, rester, tomber, aller, venir, passer, monter, descendre, entrer, sortir, devenir.
Tous les autres verbes se conjuguent avec *avoir*.
Avec l'auxiliaire *être*, le participe passé s'accorde avec le sujet.
EXEMPLES : *Elle est allée à l'expo.*
Ils sont allés au concert.

Attention :
Avec l'auxiliaire *avoir*, le participe passé ne s'accorde pas avec le sujet.
EXEMPLE : *Ma fille a fait des manèges.*

→ Précis, P. 196

Les adjectifs démonstratifs

On utilise les adjectifs démonstratifs pour :
• reprendre un mot qui est placé avant dans la phrase...
EXEMPLE : *J'aime Bordeaux, cette ville est magnifique !*
... ou dans la phrase qui précède.
EXEMPLE : *Le festival accueille de nombreuses personnes. Ce festival a lieu l'été.*

• montrer quelqu'un ou quelque chose dans une situation où on peut montrer la personne ou l'objet.
EXEMPLE : *Regarde ce chien !*

On utilise :
- *ce* avec un nom masculin singulier.
EXEMPLE : *Ce festival est vraiment génial !*

- *cet* avec un nom masculin qui commence par une voyelle ou un *h*.
EXEMPLE : *J'ai vu cet artiste au festival de la Nouvelle-Orléans.*

- *cette* avec un nom féminin.
EXEMPLE : *Je te conseille d'aller voir cette expo.*

- *ces* avec un nom pluriel.
EXEMPLE : *Regarde ces œuvres d'art ! Elles sont magnifiques !*

→ Précis, P. 193

L'imparfait (1)

On utilise l'imparfait de la description pour décrire le décor, les gens et pour donner vie à des actions.
On utilise aussi l'imparfait pour décrire des sentiments.
EXEMPLES : *Il y avait beaucoup de gens.*
– C'était comment ta soirée ?
– C'était génial !

Remarque :
On utilise aussi l'imparfait dans d'autres cas (voir unité 7).

→ Précis, P. 196

SE COMPRENDRE

ACTU CULTURE

La langue française en partage...

LA LITTÉRATURE EN FRANÇAIS
en 8 auteurs

■ *Pascale* KRAMER (Suisse, 1961) Ancienne publiciste, elle obtient en 1996, le Prix Dente pour son roman *Manu*.

■ *Joël* DICKER (Genève, 1985) En 2010, il reçoit le Prix des écrivains genevois pour son premier roman *Les Derniers Jours de nos pères*.

■ *Andrée* CHEDID (Liban, 1920-2011) Née au Caire, d'origine libanaise, la poétesse écrit sur les liens entre l'homme et le monde.

■ *Gilles* ARCHAMBAULT (Canada, 1933) a écrit une trentaine de nouvelles et de romans sur la société québécoise.

■ *Nicolas* ANCION (Belgique, 1971) Prix Rossel des jeunes. En 2013, il se fait enfermer 24 heures à la foire du livre de New York et écrit un polar en direct : *New York 24 h chrono*.

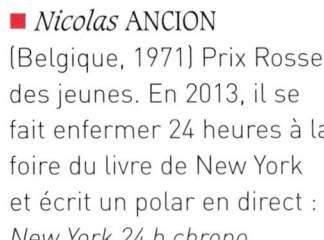

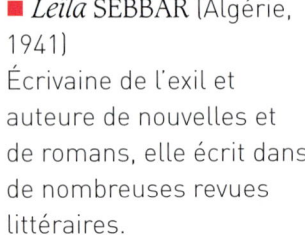

■ *Leïla* SEBBAR (Algérie, 1941) Écrivaine de l'exil et auteure de nouvelles et de romans, elle écrit dans de nombreuses revues littéraires.

■ *Antonine* MAILLET (Canada, 1929) Célèbre pour son roman *La sagouine*, une fille de pêcheurs de morue acadienne qui parle de son pays devant une caméra.

■ *Lyonel* TROUILLOT (Haïti, 1956). Romancier et poète en créole et en français, il a reçu le Grand Prix du roman métis pour *La Belle Amour humaine*.

L'ACADÉMIE FRANÇAISE
en quelques dates

1634	Création de l'Académie française par Richelieu
1694	Premier dictionnaire de 18 000 mots environ
1980	Marguerite Yourcenar est la première femme élue.
1986	Création du Grand Prix de la Francophonie
2013	Dany Laferrière (Haïti, Canada) est élu membre.

1 Quiz. Vrai ou faux ?

1. Lyonel Trouillot est un poète créole.
2. Joël Dicker est un écrivain genevois.
3. Nicolas Ancion a écrit un polar à New York.
4. L'Académie française est réservée aux hommes.
5. Pascale Kramer a toujours été une écrivaine.

Les réponses

1.V, 2.V, 3.V, 4.F, 5.F

Et aussi...

Kim THÚY

En quelques dates

2013	Grand Prix de la Francophonie pour *Ru*
2013	Publie *Mãn*
2009	Publie *Ru*
1993	Diplômée en Droit
1990	Diplomée en linguistique et traduction
1978	Part pour le Québec comme boat-people
1968	Naissance à Saigon, Vietnam

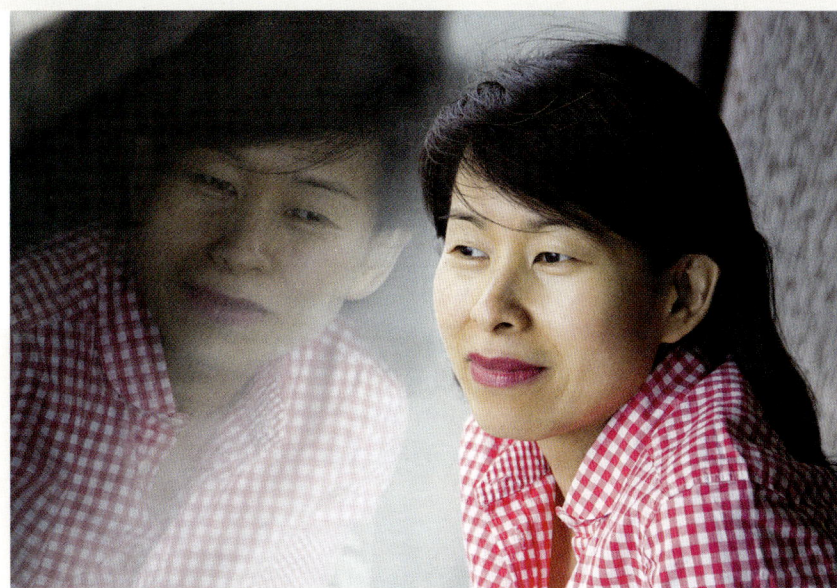

4 romans
- *Ru*
- *À toi*
- *Rouma*
- *Mãn*

À lire

- Kim Thúy, *Ru*, Éditions Libre expression, 2009
- Nicolas Ancion, *La cravate de Simenon*, Éditions Didier, 2010
- Andrée Chedid, *L'enfant des manèges et autres nouvelles*, Flammarion, 1998

Ru en quelques lignes
Premier texte très émouvant. Trente ans après avoir quitté le Vietnam, l'auteur fouille ses souvenirs jusqu'à l'arrivée au Québec.

2 Lisez les informations sur Kim Thúy et répondez aux questions.

1. Qui est Kim Thúy ?
2. Qu'est-ce que *Ru* ?
3. Combien a-t-elle écrit de romans ?

DANS LES COULISSES....
Quelques prix littéraires francophones

- Prix des cinq continents de la Francophonie (2001, OIF)
- Grand Prix de la Francophonie (1986, France)
- Prix de la première œuvre (1997, Belgique)
- Grand Prix de la relève littéraire Archambault (2004, Canada)
- Prix Suisse de littérature
- Goncourt (2013, France)

Drôle d'expression

« *Ne pas avoir sa langue dans sa poche* »

contexte Cette fille n'a vraiment pas sa langue dans sa poche, elle a déjà parlé à tout le monde.

3 Lisez l'expression et répondez aux questions.

1. Dessinez l'expression.
2. D'après le contexte, l'expression *Ne pas avoir sa langue dans sa poche*, veut dire :
a. Elle est très timide.
b. Elle n'a pas peur de parler aux gens.
3. Avez-vous une expression similaire dans votre langue ?

S'ÉVALUER
PRÉPARATION AU DELF A1

Les documents sonores sont téléchargeables sur le site www.didierfle.com/saison.

PARTIE 1 — Compréhension de l'oral

EXERCICE 1

Vous allez entendre 2 fois un document. Vous avez 30 secondes de pause entre les 2 écoutes puis 30 secondes pour vérifier vos réponses. Lisez les questions.

Vous êtes en France. Vous entendez cette conversation. Répondez aux questions.

1. Quelle sortie Maria propose-t-elle à Paul ?
......

2. Comment Maria a-t-elle eu des entrées gratuites ?
☐ par des amis   ☐ en jouant à un jeu
☐ par son travail

3. Quel jour a lieu la sortie ?
......

4. Que pense Maria de l'exposition sur le photographe ?
☐ C'est nul !
☐ C'est super !
☐ C'est décevant !
☐ C'est fantastique !

5. Où peut-on voir la galerie de la Méditerranée ?
......

PARTIE 2 — Compréhension des écrits

Lisez l'article.

Dunkerque retrouve son ambiance joyeuse dans quelques jours. En effet, dimanche prochain, c'est le début des deux mois de carnaval. Des dizaines de milliers de fêtards déguisés, chantant et dansant au son de la flûte et du tambour vont se rejoindre dans la ville.

À travers les siècles, le carnaval de Dunkerque est resté une fête qui concerne une majorité des habitants qu'on appelle les « carnavaleux ». Tous les « carnavaleux » sont déguisés et maquillés de manière très spéciale : les hommes sont déguisés en femmes et les femmes se déguisent en hommes ! Pendant plusieurs jours, tout le monde se promène dans la rue dans une très bonne ambiance.

SOCIETE - Le joyeux carnaval de Dunkerque, qui dure deux mois, va bientôt commencer...

Pour mettre de l'ambiance, on chante aussi des chansons traditionnelles.

Mais c'est aussi sous le signe des traditions de la pêche que le carnaval est placé. Tous les musiciens portent un imperméable jaune. Pendant chaque carnaval, pour rappeler les traditions de la pêche, le maire de la ville jette une demi-tonne de poissons depuis le balcon de l'hôtel de ville. Quelques homards en plastique – échangeables contre des vrais – sont également lâchés à cette occasion.

Le carnaval de Dunkerque attire de plus en plus les « étrangers » qui veulent venir découvrir et participer à cette grande fête plein de chaleur !

Répondez aux questions.

1. De quelle fête parle-t-on dans cet article ?
......

2. Combien de temps dure la fête ?
☐ 2 jours   ☐ 10 jours   ☐ 1 mois   ☐ 2 mois

3. Combien de personnes viennent participer à la fête ?
......

4. Quels sont les instruments de musique qu'on peut entendre pendant la fête ?
......

5. Comment sont déguisés les gens ?
......

6. Quelle tenue portent les musiciens ?
......

7. Qui jette du poisson ?
☐ les musiciens   ☐ les géants   ☐ le maire de la ville

UNITÉ 4 • S'ouvrir à la culture

PARTIE 3 Production écrite

Vous êtes en vacances, chez votre cousin, au Canada. Vous écrivez une carte postale à vos amis français pour leur raconter ce que vous faites. Vous parlez de vos sorties et de vos activités. Écrivez 60 à 80 mots.

PARTIE 4 Production orale

EXERCICE 1 – Entretien
Répondez aux questions suivantes à l'oral.

☐ Comment vous appelez-vous ?
☐ Quelle est votre sortie préférée ?
☐ Comment aimez-vous vous habiller ?
☐ Décrivez-moi votre famille.
☐ Quel est votre film préféré ?
☐ Préférez-vous la lecture ou le cinéma ? Pourquoi ?

EXERCICE 2 – Échange d'informations
Posez des questions en utilisant les mots ci-dessous.

concert   sortie   vêtement   famille   carnaval

EXERCICE 3 – Jeu de rôles
Choisissez un sujet. Jouez la situation avec l'examinateur.

Sujet 1
Vous êtes avec un ami français. Vous voulez aller voir un film au cinéma. Vous parlez de vos goûts en matière de films. Vous choisissez ensemble un film. Vous décidez du jour et du lieu de la séance.
Voici quelques idées pour vous aider :

Sujet 2
Aujourd'hui, il fait très beau. Vous décidez de sortir avec vos amis. Vous proposez à vos amis de faire quelque chose à l'extérieur. Puis vous décidez ensemble du programme de la journée.

Unité 5

Goûter à la campagne

S'INFORMER

DÉCOUVRIR
- La vie dans un village
- Une invitation au festival du Mot

RÉAGIR
- Passer à table
- Payer ses achats

S'EXPRIMER

ATELIERS D'EXPRESSION ORALE
- Commander au restaurant
- Donner son appréciation

ATELIER D'ÉCRITURE
- Écrire une invitation

L'ATELIER 2.0
▶ Organiser un pique-nique

S'ÉVALUER
- DELF A1

On en parle ?
Vous préférez :
– vivre en ville ou à la campagne ?
– pique-niquer ou aller au restaurant ?
– faire vos achats au marché ou au supermarché ?

S'INFORMER

DÉCOUVRIR
La vie dans un village

Campagne gourmande en vidéo

1 Qu'est-ce que vous voyez ?

Qu'est-ce que le Lot-et-Garonne ?
Qui sont les gens et que font-ils ?
Quels aliments est-ce que vous connaissez ?

LE + INFO
Savez-vous qu'il existe une centaine de spécialités régionales ? Les crêpes en Bretagne, les escargots de Bourgogne...

Où faire ses courses ?

Mots et expressions

Les services et les commerces
- une école
- une banque
- un café
- un fleuriste
- une boulangerie
....
....

2 Regardez les photos.

a. Quels magasins voyez-vous sur les photos ?
b. Et dans votre ville, on trouve quels commerces ?

3 Écoutez et répondez.

a. De quel type de document il s'agit ?
☐ une émission de radio   ☐ une enquête   ☐ une conversation entre amis
b. Les personnes interrogées parlent :
☐ des commerces et des services de leur village   ☐ des spécialités gastronomiques de leur village

4 Écoutez à nouveau.

a. Les habitants parlent de leur village :
– Ils parlent de quels commerces ?
– Où font-ils leurs courses ? Pourquoi ?
b. **Tendez l'oreille.** Levez la main quand la voix monte (↗) à la fin de la phrase.

5 Observez ces phrases.

Dans mon village, il n'y a plus de boulangerie.
Je ne mange jamais de croissants.
a. Qu'est-ce qui ressemble à **ne ... pas** dans ces deux phrases ?
b. Maintenant, est-ce qu'il y a une boulangerie dans le village ? Et avant ?
Est-ce que la personne mange des croissants le matin, le midi, le soir, le week-end... ?
c. Mettez ces phrases à la forme affirmative. Par quel article remplacez-vous **de** ?

▶ **la forme négative (2)** → Vérifiez et exercez-vous : 1-2 p. 101

UNITÉ 5 • Goûter à la campagne

Le festival du Mot, c'est quoi ?

6 Lisez le document. Vrai ou faux ?

	Vrai	Faux
1. Le festival du Mot se passe en hiver.	☐	☒
2. Il dure une semaine.	☐	☐
3. Il y a des animations artistiques.	☐	☐
4. Le thème du festival est la langue française.	☐	☐
5. Ce n'est pas possible de manger.	☐	☐

💡 **Stratégie**
Quand je lis un texte, je prends un stylo pour souligner les chiffres, les dates, les mots clés.

7 Lisez ces textos entre Rita et Élisa.

a. Que fait Élisa ?
☐ Elle invite Rita à Paris.
☐ Elle invite Rita à la Charité-sur-Loire.

b. Que fait Rita ?
☐ Elle accepte l'invitation.
☐ Elle refuse l'invitation.

8 Lisez une deuxième fois.

a. Est-ce que Rita peut aller au festival ce week-end ? Pourquoi ?
b. Est-ce qu'elle sait à quelle heure est le train ?
c. Est-ce qu'elle doit apporter à manger ?

9 Observez ces phrases.

Viens avant 12 h.   Allons au festival du Mot !   Dégustez les spécialités locales.

a. Repérez les verbes. Où est le sujet ?
b. Quelle est la terminaison des verbes dans ces phrases ?
c. De quel mode s'agit-il ?

▶ **l'impératif affirmatif** → Vérifiez et exercez-vous : 3-4 p. 101
▶ **manger** → Précis p. 198

Communication

Accepter une invitation
• D'accord !
• Ça marche !

Refuser une invitation
• Désolé(e)
• Impossible !

Parlez de l'info !

10 On peut trouver quels commerces dans un village ?

11 Et vous, quels festivals connaissez-vous ?

S'INFORMER / RÉAGIR
Bon appétit !

La recette du jour

Chez Lupita
La cuisine d'une parisienne d'adoption

Samedi 22 septembre

Aujourd'hui, un **brunch franco-mexicain** pour toute la famille.

Côté salé • omelette mexicaine, pommes de terre, jambon ou saucisses, pain, beurre et fromage.

Côté sucré • salade de fruits, fromage blanc, gâteaux nature et au chocolat, confiture, trio de viennoiseries (croissant, pain au chocolat, brioche).

Côté boissons • jus d'oranges pressées, thé ou café.

Ma spécialité : l'omelette mexicaine !

Ingrédients (pour 6 personnes)
- une douzaine d'œufs
- 2 oignons
- 3 tomates coupées en cubes
- 1 poivron rouge ou vert
- 200 g de champignons
- un paquet (250 g) de fromage râpé
- une pincée de sel
- un peu de poivre

Préparation (15 minutes)

Dans un saladier, faites une omelette : cassez les œufs, fouettez avec une fourchette, salez et poivrez. Il faut laver et couper les légumes en petits cubes. Faites-les sauter 5 minutes à la poêle, mélangez bien puis versez les œufs battus en omelette avec le fromage. Faites cuire 5 minutes de plus. Présentez l'omelette dans un plat et servez chaud !

---

1 Lisez le document.

a. Il s'agit :
☐ d'un blog de cuisine
☐ du site d'un restaurant

b. Qu'est-ce qu'un brunch ?
☐ une spécialité franco-mexicaine
☐ un repas mi-sucré, mi-salé

2 Lisez le document une deuxième fois.

a. Complétez la liste de courses à partir des quantités mentionnées dans la recette.
EXEMPLE : *Des oignons → 2 oignons*

Des œufs → … Des champignons → … Des tomates → … Du fromage râpé → …

b. Que faut-il faire pour préparer ce plat ? Remettez les étapes dans l'ordre.
… Laver et couper les légumes
… Servir chaud
1 Casser et fouetter les œufs
… Faire cuire le tout à la poêle
… Présenter dans un plat

3 Observez cette phrase.

Il faut une douzaine d'œufs, des tomates, deux oignons, du sel, un peu de poivre, 250 g de fromage mais pas de jambon !

a. Soulignez les mots et expressions qui permettent d'indiquer une quantité.
b. Pour chaque ingrédient, dites si la quantité est : précise, imprécise ou nulle.
c. Quels ingrédients est-il impossible de compter ?

▶ **les articles partitifs et les quantités** → Vérifiez et exercez-vous : 5-6 p. 101

Mots et expressions

Les aliments
- les légumes (m.)
- l'oignon
- la tomate
- les œufs (m.)
- le fromage
- …………
- …………

Mots et expressions

Les ustensiles
- un plat
- un saladier
- une fourchette
- …………
- …………

UNITÉ 5 • Goûter à la campagne

Combien ça coûte ?

4 Écoutez les documents.

a. Chez quels commerçants les clients font-ils leurs courses ?
b. Quels produits achètent-ils ?

Stratégie
Je ne cherche pas à tout comprendre. Je repère des chiffres, des dates ou des mots clés.

5 Réécoutez les documents pour retrouver les demandes des clients. Complétez les phrases.

• Pour demander quelque chose :
Je voudrais… J'aimerais… Il me faut…
• Pour demander le prix :
C'est… ? Combien… ?

6 Écoutez de nouveau.

a. Vrai ou Faux ?

	Vrai	Faux
1. Un kilo d'oranges coûte 5,80 euros.	☐	☐
2. Le client demande une baguette pas trop cuite.	☐	☐
3. Le client paye ses achats en espèces à la boulangerie.	☐	☐
4. Le boucher n'a plus d'escalopes.	☐	☐
5. La femme paye par chèque.	☐	☐

b. **Tendez l'oreille.** Dites combien de fois vous entendez le son [ɑ̃].

7 Observez ces phrases.

– J'ai des poulets rôtis.
– Très bien. J'en voudrais un.

a. Peut-on remplacer *j'en voudrais un* par *je voudrais un poulet rôti* ?
Et des kiwis, vous en avez ?
b. Le pronom *en* remplace quels mots dans cette phrase ?
c. Où se place le pronom *en* ?

▶ **le pronom *en* de quantité** → Vérifiez et exercez-vous : 7-8 p. 101
▶ **acheter/payer** → Précis p. 197/198

Mots et expressions

L'argent
• le prix
• la monnaie
• une carte bancaire
• un chèque
• les espèces (f.)
……………………
……………………

Réagissez !

8 Vous avez 15 euros pour préparer un repas pour deux personnes. Vous voulez faire une salade composée. Vous allez au marché pour acheter des tomates, des pommes de terre, des œufs… Demandez les prix aux commerçants et précisez la quantité que vous voulez.

Agissez !

9 Votre ami(e) a adoré votre dîner. Il/Elle vous demande des précisions sur votre plat principal pour publier la recette sur son blog. Écrivez votre recette (les ingrédients et les instructions pour la préparation).
EXEMPLE : *Pour préparer une quiche lorraine, il faut 5 œufs…*

POINT ÉTAPE

→ 📖 Cahier d'activités, **unité 5**

Lexique

Les commerces

1 **Devinettes**

Se joue à trois.
• Vous pensez à un lieu de votre quartier que vous appelez *bidule*.
EXEMPLE : *le coiffeur = le bidule*.
• Les autres personnes vous posent des questions pour deviner le lieu.
EXEMPLE : *On peut acheter du poulet au bidule ? Il y a des fleurs chez bidule ?*
• Vous répondez par oui ou par non.
Le premier qui trouve le lieu a gagné !

💡 **Stratégie**
La sonorité d'un mot peut m'aider à le mémoriser. Je le répète haut et fort.

Les aliments

2 **Jeu de rapidité**

Par deux, nommez le plus rapidement possible tous les aliments présents dans le réfrigérateur.

Des recettes

3 **Jeu de mémorisation.**

Se joue en groupe.
• La première personne dit : *Pour préparer une salade niçoise, il faut du riz.*
• La seconde répète et ajoute un ingrédient avec une quantité : *Pour préparer une salade niçoise, il faut du riz et quatre œufs durs.*
• La troisième continue : *Pour préparer une salade niçoise, il faut du riz, quatre œufs durs et une boîte de thon.*
• La quatrième personne continue, et ainsi de suite !

Phonétique

▶ L'intonation interrogative 🔊 52

1 Écoutez et observez.

Il est bou**cher** ↘.
Ma voix descend sur la dernière syllabe d'une affirmation.

Il est boucher ↗ ?
Ma voix monte sur la dernière syllabe d'une interrogation (sans mot interrogatif).

2 Écoutez et dites ce que vous entendez.
a. ☐ Il est fleuriste. ☐ Il est fleuriste ?
b. ☐ Elle est boulangère. ☐ Elle est boulangère ?
c. ☐ Il fait ses courses ici. ☐ Il fait ses courses ici ?
d. ☐ Elle vend des fruits. ☐ Elle vend des fruits ?

3 Écoutez et répétez.
a. Vous avez des oranges ?
b. Et avec ceci ?
c. Vous payez par chèque ?
d. Il vend des fleurs.
e. Il vend des fleurs ?
f. Pour cette recette, il faut du lait.
g. Pour cette recette, il faut du lait ?

▶ [a] - [ã] 🔊 53

1 Écoutez et observez.

[a]   [ã]

Langue médiane ↔   *Langue médiane* ↔
Lèvres tirées   *Lèvres arrondies* ●
et arrondies ●   *Bouche très ouverte*
Bouche très ouverte   *L'air passe par la bouche*
L'air passe par la bouche   **et par le nez**
   Attention ! on ne prononce pas le [n] !

2 Écoutez et dites ce que vous entendez.
a. ☐ bas ☐ banc c. ☐ sa ☐ sans
b. ☐ la ☐ lent d. ☐ ma ☐ ment

3 Écoutez et répétez.
a. Il va à la banque.
b. Il va à la boulangerie.
c. Il mange un croissant. Il en mange un.
d. – Vous payez comment ?
e. – Je paye par chèque.
f. – Je paye en espèces.

Grammaire

▶ La forme négative (2)

→ **Vérifiez vos réponses** (act. 5 p. 96)

a. *ne … plus* et *ne … jamais* ressemblent à *ne … pas*. Ce sont des formes négatives.
b. Dans ces phrases, les formes négatives n'ont pas exactement le même sens.
Il n'y a plus de boulangerie. → Maintenant c'est fini, la boulangerie a fermé. Mais avant, oui !
Je ne mange jamais de croissants. → Pas le matin, pas le midi, pas le soir, pas le week-end… jamais !
c. *Dans mon village, il n'y a plus de boulangerie.* → Dans mon village, il y a **une** boulangerie.
Je ne fais jamais de courses au village. → Je fais **des** courses au village.
Les articles **un**, **une**, **des** à la forme affirmative deviennent **pas de** à la forme négative.

❶ Répondez aux questions à la forme négative.

EXEMPLE : – *Tu as encore faim ?* – *Non, je n'ai plus faim.*
1. Vous mangez du poisson tous les jours ?
2. On peut acheter des glaces à la poste ?
3. J'ai encore soif. Et toi ?
4. Dans votre famille, on boit de la limonade ?
5. Tu bois du café avant d'aller dormir ?

❷ Quelles sont vos habitudes alimentaires ? Préparez cinq questions. Vous les posez à votre voisin(e) et vous répondez aussi à ses questions.

EXEMPLES : *Est-ce que tu manges de la soupe à la banane ? On boit du lait au dîner chez toi ?*

▶ L'impératif affirmatif

→ **Vérifiez vos réponses** (act. 9 p. 97)

a. Il n'y a pas de sujet. Le pronom sujet n'apparaît jamais à l'impératif.
b. *Viens* = 2ᵉ personne du singulier de *venir*. *Allons* = 1ʳᵉ personne du pluriel de *aller*. *Dégustez* = 2ᵉ personne du pluriel de *déguster*. Il y a 3 personnes : *tu, nous, vous*.
c. Il s'agit de l'impératif (= présent de l'indicatif mais sans le sujet).

❸ Reformulez les phrases à l'impératif. Dites à votre ami(e) ce qu'il faut pour faire un pique-nique écologique.

EXEMPLE : *Pour faire un pique-nique écologique, achète des fruits et légumes de saison !*
1. Acheter des fruits et légumes de saison.
2. Oublier les assiettes jetables et préférer la vaisselle en verre.
3. Laisser la voiture au garage et partir à bicyclette.
4. Profiter de la nature et faire une promenade.

❹ Comment rester en bonne santé ? Par deux, écrivez 5 conseils à l'impératif.

EXEMPLE : *Mangez cinq fruits et légumes par jour !*

▶ Les articles partitifs et les quantités

→ **Vérifiez vos réponses** (act. 3 p. 98)

a. *Il faut une douzaine d'œufs, des tomates, deux oignons, du sel, un peu de poivre, 250 g de fromage mais pas de jambon !*
Chaque quantité peut-être suivie d'un nom **comptable** ou **non comptable**.
b. Quantité précise : *une douzaine, deux, un peu, 250 g*.
Quantité imprécise : *des, du*.
Quantité nulle : *pas de*.
Pour indiquer une quantité imprécise, on utilise les articles partitifs : *du/de la/de l'*.
c. Il est impossible de compter le sel et le poivre.
EXEMPLE : *du sel* → je ne peux pas compter le sel. *deux oignons* → je peux compter les oignons (un, deux, trois…).

❺ Remplacez l'article défini par une quantité précise, imprécise ou nulle.

EXEMPLE : *Le chocolat* → *Je voudrais une tablette de chocolat.*
1. Le fromage → Elle doit acheter…
2. Les œufs → Je ne mange pas…
3. La confiture → Je voudrais…
4. L'eau → Vous buvez…

❻ Qu'est-ce que vous prenez pour le petit déjeuner ? Décrivez votre petit déjeuner à votre voisin(e). Votre repas est-il différent en semaine et le week-end ?

▶ Le pronom *en* de quantité

→ **Vérifiez vos réponses** (act. 7 p. 99)

a. Oui, on peut remplacer *j'en voudrais un* par *je voudrais un poulet rôti*. Le pronom *en* permet de remplacer *poulet rôti*. On indique la quantité avec *un*.
b. Dans cette phrase, le pronom *en* sert à remplacer *kiwis*. La quantité n'est pas précisée ici.
c. Le pronom *en* se place entre le sujet et le verbe.

❼ Remettez les mots dans l'ordre pour reconstituer les phrases. Attention à la place du pronom *en*.

EXEMPLE : avons/beaucoup/en/nous → *Nous en avons beaucoup.*
1. en/elle/deux/prend → …
2. achètent/en/ils/paquet/un → …
3. kilos/il/faut/trois/en → …
4. en/vous/combien ?/voulez → …
5. peu/en/j'/un/voudrais → …

❽ Qu'est-ce que c'est ? Répondez à cette devinette et écrivez-en trois autres avec votre voisin(e).

C'est une boisson. On en boit presque tous les jours.
On en prend souvent au petit déjeuner. On en consomme aussi au travail.
Qu'est-ce que c'est ?

→ **Point Récap** p. 107

S'EXPRIMER
ATELIERS D'EXPRESSION ORALE

Commander au restaurant

Doc. 1

Chez Claude Jean

Nos formules

1 plat	12 €
1 entrée + 1 plat	15 €
1 entrée + 1 plat + 1 dessert	18 €

Entrées

Escargots de Bourgogne
Terrine de campagne
Entrée du jour
Assiette de crudités
Jambon de pays
Salade d'endives au roquefort

Plats

Saumon au four
Steak haché sauce au poivre
Plat du jour
Poulet fermier rôti
Spaghettis bolognaises
Côtes d'agneau grillées

Desserts

Ananas frais
Coupe de glace
Dessert du jour
Crème de marron vanillée
Tarte aux pommes
Fondant au chocolat

Doc. 2

Doc. 3

Vous désirez ?

1 Observez la photo.
a. Où se passe la scène ?
b. Que voyez-vous ?

2 Regardez le menu et écoutez les dialogues.
a. Quels plats commandent les clients ?
b. Qu'est-ce qu'ils prennent comme boisson ?
c. Quel est le problème avec le dessert ?
d. Les clients sont-ils satisfaits ?

3 Commandez au restaurant.
a. À quelles occasions allez-vous au restaurant ?
b. Préférez-vous commander des plats à la carte ou choisir une formule ?
c. Vous allez dîner chez Claude Jean. Commandez.

Communication

Commander au restaurant

Le serveur :
- Vous avez choisi ?
- Qu'est-ce que vous prenez...
  - comme entrée ?
  - comme plat ?
  - comme dessert ?
- Je vous recommande le plat du jour
- Que désirez-vous boire ?

Le client :
- Quel est le plat du jour ?
- Pour moi, le saumon au four.
- Je vais prendre les escargots.
- L'addition, s'il vous plaît !

UNITÉ 5 • Goûter à la campagne

Donner son appréciation

1 Top Chrono !

a. Observez la bande dessinée.
Donnez un titre à chaque image.
b. Notez 10 mots et expressions utiles pour préparer le dialogue.
EXEMPLE : *Oh, une limace dans ma salade !*

2 Préparation

a. Formez des groupes de trois et choisissez chacun un rôle (deux clients et un serveur).
b. À partir de la bande dessinée, vous préparez les dialogues entre les trois personnes.
c. Faites attention à monter la voix sur la dernière syllabe quand vous posez une question.
Prononcez. Relevez tous les mots contenant le son [ã] dans les dialogues préparés et entraînez-vous à les prononcer.
Écoutez et prononcez. *Le sage change en s'assagissant.*

3 À vous !

Jouez cette scène devant le groupe classe.

Communication

S'exprimer à table
- Bon appétit !
- C'est très chaud !
- Vous voulez du pain ?
- Tu peux/Vous pouvez me passer le sel, s'il te/vous plaît ?
- Tu en veux/Vous en voulez encore ?

Donner son appréciation
- C'est délicieux ! (+)
- Je me régale ! (+)
- Ce n'est pas assez cuit. (−)
- Beurk ! c'est dégoutant ! (−)

S'EXPRIMER
ATELIER D'ÉCRITURE

Écrire une invitation

1 Réaction

1. Observez l'affiche et répondez.
a. La page de ce réseau social présente :
☐ une publicité pour une discothèque   ☐ un nouveau film   ☐ un événement musical et culinaire
b. Connaissez-vous la Disco Soupe ?

2. Lisez le document et répondez. Vrai ou Faux ?

	Vrai	Faux
1. Il s'agit d'une invitation	☐	☐
2. À la Disco Soupe, on cuisine et on écoute de la musique.	☐	☐
3. Les soupes, salades et jus de fruits sont gratuits.	☐	☐
4. Le festival de Thau accueille la Disco Soupe.	☐	☐

2 Préparation

Regardez bien l'affiche et le texte.
Soulignez les informations utiles pour aller à la Disco Soupe :
la date, l'heure, le lieu et quelques détails pratiques.

3 Rédaction

Vous souhaitez inviter vos amis à une fête (un anniversaire, par exemple).
Écrivez un message d'invitation sur votre page Facebook.
Vous devez donner un maximum d'informations sur l'événement.

Communication

Inviter quelqu'un
- Je vous/t'invite à ma/une fête de…
- Vous pouvez/Tu peux venir ?
- Rendez-vous à 12 h.
- Merci de confirmer avant le 5 mai.

UNITÉ 5 • Goûter à la campagne

L'ATELIER 2.0

Organiser un pique-nique

Vous allez organiser un pique-nique et préparer une affiche pour annoncer l'événement.

1 On s'organise

En classe, faites la liste des thèmes possibles de pique-nique.
Par exemple : la couleur rouge pour un pique-nique « tout rouge ». Vous pouvez également organiser un pique-nique international
ou végétarien.

2 On se prépare

Chaque sous-groupe fait le choix d'un thème de pique-nique et discute de la préparation du projet. Complétez les différentes rubriques de cette fiche. Qui fait quoi ?
Ensuite, préparez votre affiche.

- ✹ Plats préparés : ...
- ✹ Ingrédients et leur quantité : ...
- ✹ Boissons : ...
- ✹ Où faire les achats ? ...
- ✹ Équipements et ustensiles à apporter : ...

3 On présente à la classe

Chaque groupe présente son projet. La classe écoute, discute des différentes propositions et vote pour l'idée qu'elle préfère.

4 On publie

La classe publie les affiches annonçant le pique-nique sur l'espace de son choix : mur(s), blog...

POINT RÉCAP'

Lexique / Communication

Les services et commerces
- une boucherie
- une boulangerie
- une épicerie
- le salon de coiffure
- une banque
- une pharmacie
- une librairie-papeterie
- un supermarché

Les aliments
- les fruits (m.)
- les légumes (m.)
- la viande
- le poisson
- les œufs (m.)
- le beurre
- le sucre
- le fromage

Les ustensiles
- une fourchette
- un couteau
- un verre
- une assiette
- un saladier
- un frigo
- une poêle
- un plat

L'argent
- la monnaie
- un billet
- une pièce
- le prix
- une carte bancaire
- un chèque
- les espèces

GOÛTER À LA CAMPAGNE

Inviter quelqu'un - Accepter/Refuser une invitation
- Vous pouvez venir/Tu peux venir ?
- Viens/Venez …
- J'ai le plaisir de vous inviter à…
- Rendez-vous à 12 h.
- Merci de confirmer avant le 5 mai.
- On se retrouve à 12 h.
- D'accord ! (+)
- Ça marche ! (+)
- Désolé(e). (−)
- Impossible ! (−)

Commander au restaurant

Le serveur :
- Vous avez choisi ?
- Qu'est ce que vous prenez ? Et comme dessert ?
- Je vous recommande le plat du jour
- Que désirez-vous boire ?

Le client :
- Quel est le plat du jour ?
- Pour moi, un saumon au four.
- Je vais prendre les escargots.
- L'addition, s'il vous plaît !

S'exprimer à table
- Bon appétit !
- C'est très chaud !
- Qui veut du gâteau ?
- J'ai très faim.
- Vous voulez du pain ?
- Je vais reprendre une part.
- Tu peux/Vous pouvez me passer le sel, s'il vous plaît ?
- Tu/Vous en voulez encore ?

Donner son appréciation
- C'est délicieux ! (+)
- Je me régale ! (+)
- Qu'est-ce que c'est bon ! (+)
- Ça manque de sel. (−)
- Ce n'est pas assez cuit. (−)
- C'est trop sucré. (−)
- Beurk ! C'est dégoutant ! (−)

Activité RÉCAP'

Vous allez préparer un jeu de rôles à partir de la situation « organiser un repas ».

1 À partir de ce schéma, faites quatre groupes dans la classe. Chaque groupe choisit un objectif (inviter quelqu'un, s'exprimer à table…) et va proposer un jeu de rôles à la classe en utilisant le vocabulaire.

2 Choisissez :
- un personnage (un membre de la famille, un(e) client(e), un serveur) ;
- une situation (invitation à dîner, à table chez des amis, un repas au restaurant…)

Décidez qui est qui, qui fait quoi. Jouez !

UNITÉ 5 • Goûter à la campagne

Grammaire

▶ La forme négative (2)

EXEMPLE : *Je ne bois pas d'alcool.*
La **négation** est en **deux mots**, il s'agit le plus souvent de : *ne … pas*. *Ne* se place avant le verbe et *pas* après le verbe.

La négation peut exprimer des sens différents :
• *ne … plus* : c'est la fin d'un état ou de quelque chose.
EXEMPLE : *– Tu as encore faim ?*
  – Non, je n'ai plus faim. (Mais avant, oui.)
• *ne … jamais* : c'est une certitude.
EXEMPLE : *– Il met du sucre dans son café ? – Non, il ne met jamais de sucre !* (Certainement pas.)

Attention :
– devant un nom, on utilise **pas de/plus de/jamais de** ;
– à l'oral, le **ne** est souvent supprimé.

→ Précis, P. 191

▶ Les articles partitifs et les quantités

• **La quantité indéterminée – Les articles partitifs**
On emploie *du/de la/de l'* + des noms **non-comptables** :
– *du* + nom masculin : *du* **sel** ;
– *de la* + nom féminin : *de la* **viande** ;
– *de l'* + nom qui commence par une voyelle : *de l'***eau**.

Attention : à la forme négative, on utilise **pas de**.
EXEMPLES : *– Elle boit de l'eau fraîche ?*
  *– Non, elle ne boit **pas d'**eau fraîche.*
  – Il y a du beurre dans le frigo ?
  *– Non, il n'y a **pas de** beurre.*
  – Il faut de la mayonnaise ?
  *– Non, **pas de** mayonnaise !*

• **La quantité déterminée**
La quantité peut-être exprimée par :
– un groupe nominal + *de* : *un kilo de, une tranche de, un litre de…*
– un adverbe + *de* : *peu de, assez de, beaucoup de, trop de…*
EXEMPLES : *Un kilo de **carottes**, s'il vous plaît ! Il y a trop de **monde** ici.*

Attention : devant une voyelle, *de* devient *d'* : *un verre d'eau.*

→ Précis, P. 193

▶ L'impératif affirmatif

La **forme impérative** permet de donner des instructions, des conseils, des directives.
EXEMPLE : *Mélange les ingrédients et mets la préparation au frigo.*
Les trois formes de l'impératif sont identiques aux trois formes du présent sans les pronoms sujets.

Présent	Impératif
Je mange	
Tu manges	Mange !
Il/Elle mange	
Nous mangeons	Mangeons !
Vous mangez	Mangez !
Ils/Elles mangent	

Attention : il n'y a pas de **s** final à la deuxième personne du singulier pour les verbes terminés en –er.
EXEMPLE : *Tu coupes les tomates*
  → Coupe les tomates !

→ Précis, P. 196

▶ Le pronom *en* de quantité

Le pronom *en* remplace des quantités déterminées et indéterminées introduites par des articles partitifs, des adverbes de quantité…
EXEMPLES : *– Vous voulez **du fromage** ?*
– Oui, j'en veux bien.
*– Il boit **beaucoup de café** ?*
– Non, il n'en boit pas.
En se place juste avant le verbe.

→ Précis, P. 194

SE COMPRENDRE

ACTU CULTURE

La gastronomie française, une question de goût...

EN QUELQUES DATES

1765 Boulanger ouvre le premier restaurant rue des Poulies à Paris.

1803 Mot « Gastronomie » Publication de l'*Almanach des gourmands* de Alexandre Grimod de La Reynière

1809 *Cours gastronomique* de Charles Louis Cadet de Gassicourt

1848 *Physiologie du goût*, Brillat Savarin

1974 *Le Mangeur du XIXe siècle* modernise la question des habitudes alimentaires.

2010 Le repas gastronomique à la française est protégé par l'Unesco.

EN QUELQUES LIGNES

Art de la table, art du bien manger et bien boire

Le repas gastronomique est destiné à célébrer les moments les plus importants de la vie : naissances, mariages, anniversaires, succès, retrouvailles.

En quelques chiffres

Les aliments préférés des Français

1 Le chocolat
2 La pomme de terre
3 La pomme

Les Français consomment 7 kg de chocolat par an.

À L'AFFICHE

Top 5 des cuisiniers français

1 Alain Ducasse
2 Joël Robuchon
3 Paul Bocuse
4 Georges Blanc
5 Jean-André Charial

Livres à lire

Alain Ducasse
Nature - Simple, Sain et Bon ; 190 recettes pour bien se nourrir au quotidien.

À boire et à manger à Paris

L'arpège, Paris 7^e
Septime, Paris 11^e
Pierre Sang, Paris 11^e
Frenchie, Paris 2^e

---

1 Lisez les informations et répondez aux questions.

1. Qu'est-ce que la gastronomie française ?
2. De quand date-t-elle ?
3. Quand est-ce que le repas gastronomique a-t-il été protégé par l'Unesco ?
4. Connaissez-vous des restaurants français ?

Et aussi…

Alain DUCASSE

En quelques dates

2012	Ouverture de son restaurant à Doha
2011	Ouverture de son restaurant à Saint-Pétersbourg
2008	Ouverture de son restaurant à Osaka
1956	Naissance à Castel Sarrazin dans une ferme landaise

En quelques chiffres

120 millions d'euros
19 étoiles
27 restaurants dans le monde

Restaurants à Paris
Palace Plaza Athénée
Louis XV

École de cuisine d'Alain Ducasse
64, rue du Ranelagh
75016 PARIS

Le Louis XV, Monaco
Premier restaurant d'hôtel à être récompensé des 3 étoiles du guide rouge

Dans la bouche de…

« Il faut ouvrir nos portes à tous les amateurs de cuisine. Leur faire connaître, éprouver, comprendre les coulisses de ces bons plats qui arrivent sur la table. »

Drôle d'expression

« *Manger sur le pouce* »

contexte Hier, j'avais trop de travail, j'ai mangé sur le pouce.

2 Lisez les informations et répondez aux questions.

1. Qui est Alain Ducasse ?
2. À votre avis, qu'est-ce qu'une étoile pour un restaurant ?
3. Combien a-t-il d'étoiles ?
4. Citez un cuisinier célèbre dans votre pays.

3 Lisez l'expression et répondez.

1. Dessinez l'expression.
2. D'après le contexte, l'expression *Manger sur le pouce*, veut dire :
a. J'ai mangé très rapidement.
b. J'ai mangé avec les doigts.
3. Avez-vous une expression similaire dans votre langue ?

Du côté des Suisses

Le musée Suisse de la gastronomie se trouve au château de Schadau au sud du lac de Thoune. Il présente le célèbre fromage d'alpage ou fromage de montagne. Il n'est fabriqué qu'en été avec du lait de vache, de chèvre ou de brebis. D'autres spécialités : la saucisse de veau, le Züri-Geschnetzeltes et le fameux chocolat suisse !

S'ÉVALUER
PRÉPARATION AU DELF A1

🔊 Les documents sonores sont téléchargeables sur le site www.didierfle.com/saison.

PARTIE 1 — Compréhension de l'oral

EXERCICE 1

Vous allez entendre 2 fois un document. Vous avez 30 secondes de pause entre les 2 écoutes puis 30 secondes pour vérifier vos réponses. Lisez les questions. Vous êtes en France. Vous entendez une émission à la radio. Répondez aux questions. 🔊

1. Qu'est-ce qui passionne les Français ?
☐ la mode   ☐ la télévision   ☐ la gastronomie
2. Qu'est-ce que les Français aiment faire ? Écrivez 2 réponses.
......
......
3. D'après le journaliste, qu'est-ce qui fait partie intégrante de l'identité des Français ?
☐ les sorties   ☐ les repas   ☐ la famille
4. Comment parle-t-on de la cuisine à la télévision ?
......
5. Que peut-on trouver dans les blogues consacrés à la gastronomie ? Donnez 1 réponse.
......
6. Que pouvez-vous faire dans les sites participatifs ?
☐ noter les restaurants   ☐ écrire des recettes
☐ donner des informations   ☐ poser des questions
7. D'après le journaliste, qu'est-ce qui pose problème aujourd'hui ?
......

PARTIE 2 — Compréhension des écrits

Vous lisez l'article suivant sur Internet.

PUBLIÉ LE 23/03/2012 À 13h21

Dans l'axe principal de Saint-Maurice, à Lille, de nouveaux commerçants s'installent pour la plus grande joie des habitants énervés de voir les locaux commerciaux occupés par les banques et les salons de coiffure.

Enfin un boucher ! Depuis le départ du dernier boucher parti en retraite il y a quelques années, la rue du Faubourg-de-Roubaix attendait le retour d'un commerce de viande.

L'arrivée de Djawad Jakiri, habitant du quartier depuis trois ans, est donc très attendue puisqu'il compte ouvrir une boucherie à la place de la librairie « Toute la Presse », fermée depuis plusieurs semaines suite au départ en retraite de son propriétaire. « Je vais proposer des plats à emporter, des poulets rôtis le dimanche matin et, dans le futur, on compte lancer des livraisons pour les personnes âgées et les handicapés ».

Une nouvelle presse-magazines. Qui ne connaît pas Monsieur Ho ? Arrivé en France en 1977, ce Cambodgien a ouvert en 1982 un vidéo club, puis le restaurant Haway en 1990, au 155 de la rue du Faubourg-de-Roubaix. Comme le vidéo-club ne marche plus, Monsieur Ho a décidé d'ouvrir un magasin de presse à la place. Et il a demandé à son fils Koeuy de s'occuper du magasin.

Inutile de préciser que les clubs vidéo ne marchent plus et c'est pourquoi son père lui a proposé de reprendre le local pour le transformer en magasin de presse. « On va rénover et agrandir le local pour proposer tous les journaux, plus de 1 500 références de magazines, des jeux de la Française des Jeux et un espace cadeaux ». Et puis, Koeuy Ho va garder un distributeur automatique de DVD « pour les habitués ».

UNITÉ 5 • Goûter à la campagne

Répondez aux questions.

1. Quel titre pouvez-vous donner à cet article ?
☐ Le petit commerce de proximité est de retour à Lille
☐ Les supermarchés aident les petits commerces
☐ La grande distribution tue-t-elle le petit commerce ?
2. Pour quelle raison les habitants du quartier sont-ils énervés ?
......
3. Où Djawad Jakiri va-t-il ouvrir son commerce ?
☐ dans une banque
☐ dans une boucherie
☐ dans un magasin de presse
☐ dans un salon de coiffure

4. Qu'est-ce que Djawad Jakiri va proposer aux personnes âgées ?
......
5. Qui va s'occuper du magasin de presse ?
☐ Djawad Jakiri
☐ Monsieur Ho
☐ Madame Ho
☐ Le fils de M. Ho
6. Où le magasin de presse va-t-il être installé ?
......

PARTIE 3 — Production écrite

Vous allez organiser un pique-nique pour votre anniversaire. Vous écrivez un courriel à vos amis pour les inviter. Vous donnez le lieu, la date et l'heure du rendez-vous. Écrivez 60 à 80 mots.

PARTIE 4 — Production orale

EXERCICE 1 – Entretien
Répondez aux questions suivantes à l'oral.

☐ Où allez-vous faire vos courses ?
☐ Où vivez-vous ? Pour quelle raison ?
☐ Dans quel magasin allez-vous le plus souvent ?
☐ Comment payez-vous vos achats ?
☐ Quel plat savez-vous le mieux cuisiner ?

EXERCICE 2 – Échange d'informations
Posez des questions en utilisant les mots ci-dessous.

épicerie   poisson   repas   restaurant   boire

EXERCICE 3 – Jeu de rôles
Choisissez un sujet. Jouez la situation avec l'examinateur.

Sujet 1
Vous voulez organiser une fête avec un ami. Vous parlez ensemble de l'organisation du repas. Vous choisissez le menu et vous décidez de la liste des invités, du jour et de l'heure du repas.

Sujet 2
Vous allez au restaurant pour dîner. Vous posez des questions au serveur avant de passer votre commande et vous commandez.
Voici quelques idées pour vous aider :

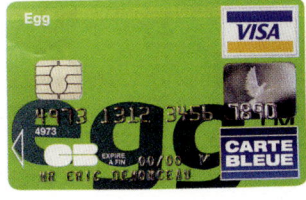

Unité 6

Voyager dans sa ville

S'INFORMER

DÉCOUVRIR
- Les Bruxellois
- Les bons plans de Bruxelles

RÉAGIR
- Localiser un lieu
- Comparer des activités

S'EXPRIMER

ATELIERS D'EXPRESSION ORALE
- Se repérer sur un plan
- Demander des précisions

ATELIER D'ÉCRITURE
- Raconter sa ville sur un blog

L'ATELIER 2.0
▶ Créer un mini-guide de sa ville

S'ÉVALUER
- DELF A1 - Épreuve blanche

On en parle ?
Avez-vous déjà voyagé comme ça ?
Avez-vous déjà accueilli des voyageurs dans votre ville ?
Et vous, vous aimez voyager dans votre ville ?

S'INFORMER

DÉCOUVRIR
Visite à Bruxelles

Bruxelles en vidéo ▶❙❙ 7

1 Qu'est-ce que vous voyez ?

Comment est-ce que vous trouvez cette ville ?
Est-ce que vous êtes déjà allé(e) à Bruxelles ?
Que connaissez-vous de Bruxelles ?

LE + INFO
Savez-vous qu'à Bruxelles il y a aussi une rivière qui s'appelle la Senne ?

Ils parlent de Bruxelles

💡 **Stratégie**
Je repère les indices sonores (jingle, bruits de fond...) qui m'aident à retrouver le contexte et le type de discours.

2 Écoutez et répondez. 56

a. C'est quoi ? ☐ une émission à la télévision ☐ une émission à la radio ☐ un micro-trottoir
b. Qui parle ? ☐ des touristes ☐ des habitants de Bruxelles

3 Écoutez encore une fois. 56

a. Qui parle de quoi ? Associez une personne à une photo de Bruxelles.

1. Sarah
2. Fatima
3. Léon

b. À votre avis, la journaliste pose quelles questions ?
☐ Vous habitez où dans Bruxelles ?
☐ Quel est votre monument préféré à Bruxelles ?
☐ Comment trouvez-vous Bruxelles ?

4 Écoutez une dernière fois. 56

a. À Bruxelles, il y a : ☐ l'Atomium ☐ le musée de la BD ☐ la Grand-Place
b. Bruxelles, c'est : ☐ international ☐ animé ☐ dynamique
c. **Tendez l'oreille.** Dites si vous entendez [i], [y] ou les deux. 57

Mots et expressions

La ville
• un centre-ville
• un quartier
• une place
• une rue
....
....

5 Observez ces phrases.

Bruxelles est une ville animée.
La ville possède de beaux monuments.
C'est une ville agréable.

a. Dans chaque phrase, soulignez les adjectifs. À quoi servent-ils ?
b. Le plus souvent, où l'adjectif est-il placé dans la phrase ?
c. Connaissez-vous des adjectifs qui se placent avant le nom ? Lesquels ?

▶ **la place des adjectifs** → Vérifiez et exercez-vous : 1-2 p. 119

Communication

Décrire une ville
• Bruxelles est une ville animée.
• Bruxelles, c'est sympa et dynamique.
• À Bruxelles, il y a beaucoup de parcs.
• La ville possède de beaux monuments.

UNITÉ 6 • Voyager dans sa ville

On fait quoi ?

VISITER BRUXELLES

On mange quoi ?

Pour savoir où manger à Bruxelles. Les restaurants, les prix et ce qu'on y mange.

Plus d'info >

VISITER BRUXELLES

On y va comment ?

Pour se déplacer facilement : carte de la ville, plan de quartier, itinéraire audio et moyens de transports (tramway, bus…).

Plus d'info >

VISITER BRUXELLES

C'est quoi ?

Pour connaître l'histoire des monuments (palais, cathédrale…), la vie des musées et écouter des balades sonores.

Plus d'info >

6 Écoutez et répondez. 58

a. C'est où ?   ☐ dans un office de tourisme   ☐ dans une agence de voyages
b. Que fait la personne ?   ☐ elle cherche des idées
                            ☐ elle demande des précisions

7 Écoutez encore une fois. 58

a. Où est-ce que l'homme veut aller ?
b. Quels sont les horaires ?
c. Est-ce que l'homme habite à Bruxelles ?
d. Qu'est-ce qu'il va acheter ?

8 Lisez les applications. Réécoutez le document. 58

a. Quelle application est-ce que la femme propose à l'homme ?
b. Qu'est-ce vous entendez sur l'application ?
☐ les moyens de transport   ☐ la météo   ☐ l'itinéraire
c. Finalement, comment va-t-il aller au musée ? Pourquoi ?

9 Observez ces phrases.

1. *On va comment au musée ?*
2. *On mange des frites dans les restaurants.*
3. *On y va comment ?*
4. *On y mange des frites.*

a. Dans les phrases 1 et 2, soulignez le lieu.
b. Observez les phrases 3 et 4. Que remplace *y* ?
c. Où se place le pronom *y* ?

▶ **le pronom *y*** → Vérifiez et exercez-vous : 3-4 p. 119

Mots et expressions

Les transports
- le bus
- le métro
- le tram(way)
- ....
- ....

Parlez de l'info !

10 Qu'est-ce que vous savez de Bruxelles maintenant ?

11 Qu'est-ce que vous aimeriez visiter à Bruxelles ?

cent quinze • 115

S'INFORMER
RÉAGIR
Suivez le guide !

Le Vieux-Lyon

1 Écoutez et répondez.

a. Combien de personnes parlent ? Qui sont-elles ?
b. Où sont-elles ?   c. Que font-elles ?

2 Écoutez de nouveau et entourez, sur le plan, les lieux que vous entendez. Retrouvez l'itinéraire du guide.

Mots et expressions

Les lieux de la ville
- un musée
- une cathédrale
- le palais de justice
- un café
- ....
- ....

Communication

Localiser
- Il est situé à l'ouest de la ville.
- Le pont passe au-dessus de la Saône.
- Il est à côté de la cathédrale.
- En face, il y a la cathédrale.

3 Écoutez de nouveau.

a. Vrai ou Faux ? Justifiez.

	Vrai	Faux
1. Le quartier Saint-Jean est situé à l'est de la ville.	☐	☐
2. On peut visiter la cathédrale Saint-Jean pendant la visite guidée.	☐	☐
3. Un touriste a vu une statue.	☐	☐

b. **Tendez l'oreille.** Dites si vous entendez [s] ou [z].

4 Observez ces phrases.

1. *Nous allons nous arrêter sur la place Saint-Jean. / Nous pouvons entrer dans la cathédrale ?*
2. *Regardez en face de vous : la cathédrale.*
3. *Continuons vers la place Paul Duquaire.*

a. Rappelez-vous ! Dans les phrases (1), quel espace est fermé ? Quel espace est ouvert ?
b. Dans la phrase 2, soulignez le point de repère qui permet de localiser le lieu.
c. Dans la phrase 3, est-ce que l'indication est précise ?

▶ **les prépositions de lieux (2)** → Vérifiez et exercez-vous : 5-6 p. 119
▶ **prendre** → Précis p. 200

UNITÉ 6 • Voyager dans sa ville

Le « pass »-partout !

DÉCOUVRIR LYON   QUE FAIRE   OÙ DORMIR   OÙ MANGER   RÉSERVATION   JE CHERCHE   Ok

ACCUEIL › LYON CITY CARD › DÉCOUVREZ LA LYON CITY CARD

LE PASS INDISPENSABLE

Le pass indispensable

La Lyon City Card est le pass qu'il vous faut pour votre prochain séjour à Lyon

 "Carte Lyon Pass"
Recommandé par Gaspestri, 27 août 13
Opinion Générale **5/5**
"Facile à utiliser, cette nouvelle carte est plus pratique que l'ancienne. Elle permet de visiter plus de monuments, de musées, etc."

 "Avec la carte, je voudrais…"
Non recommandé par Jonathan
Opinion Générale **4/5**
"… accéder à tous les musées. À Lyon, il y a moins de choix qu'à Marseille mais la carte coûte aussi cher. Je suis un peu déçu."

 "Visites guidées très intéréssantes et…"
Recommandé par Nicole, 27 août 13
Opinion Générale **5/5**
"… variées. J'ai pris la carte 72 h. J'ai visité le Vieux-Lyon et la Fourvière. J'ai fait une croisière sur la Saône et une balade à vélo. Je n'ai pas eu le temps de prendre le petit train ! Quand est-ce que Lyon va proposer une carte spéciale pour les Lyonnais ?"

5 Regardez le document.
a. D'où vient cette page ?
b. De quelle ville on parle ?
c. Quel produit est proposé ?
d. Que symbolisent les mains ?

6 Quels sont les avantages et les inconvénients de la carte ?

7 Observez ces phrases.
Cette nouvelle carte est plus pratique que l'ancienne.
Elle permet de visiter plus de monuments.
À Lyon, il y a moins de choix qu'à Marseille.
La carte coûte aussi cher qu'à Marseille.

a. Est-ce que **plus … que** permet de comparer deux éléments ? Lesquels ?
b. Dans les autres phrases, quels sont les deux mots qui permettent de comparer ?
c. Avec un adjectif, on utilise **plus … que** et **moins … que**. Et avec un nom ?

▶ la comparaison → Vérifiez et exercez-vous : 7-8 p. 119

Mots et expressions

Les activités
- visiter un monument
- aller dans un musée
- faire une croisière
- faire un rallye
- prendre le petit train touristique
- ……………
- ……………

Réagissez !

8 *Lyon est une ville située au nord de la France.* Dites à votre voisin(e) que ce n'est pas vrai. Expliquez-lui pourquoi. Imaginez ensuite une fausse phrase pour localiser une ville dans le monde. Votre voisin(e) réagit !

Agissez !

9 Un ami bruxellois souhaiterait venir visiter votre ville. Dans un courriel, il vous demande de comparer Bruxelles à votre ville. Vous écrivez quelques lignes à ce sujet.
EXEMPLE : *Il y a plus d'habitants à Bruxelles que dans ma ville.*

POINT ÉTAPE

→ Cahier d'activités, unité 6

Lexique

> **Stratégie**
> Pour mémoriser un mot, je peux l'associer à un geste ou à un mouvement du corps.

La ville et les lieux

1 Devinettes
- C'est un lieu d'exposition des tableaux. C'est un…
- C'est un espace public ouvert. C'est une…
- C'est une voie de circulation. C'est une…
- C'est une grande église. C'est une…
- C'est un morceau de la ville ou un morceau d'orange. C'est un…

Les transports

2 Jeu de rapidité
Par deux, retrouvez le plus rapidement possible six moyens de transport à utiliser dans une ville ou quand on voyage.

Les activités

3 Mimes
Se joue à trois.
- Vous pensez à une activité à faire dans une ville.
- Vous mimez cette activité.
- Le premier qui trouve a gagné !
Et ainsi de suite.

Phonétique

▶ [i] - [y] 🔊 61

1 Écoutez et observez.

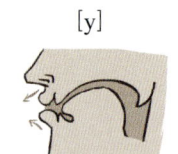

[i]
Langue en avant
Lèvres tirées ━
Bouche très fermée

[y]
Langue en avant
Lèvres arrondies ●
Bouche très fermée

2 Écoutez et dites ce que vous entendez.
a. ☐ vie ☐ vue
b. ☐ si ☐ su
c. ☐ dit ☐ du
d. ☐ lit ☐ lu

3 Écoutez et répétez.
a. une ville – une petite ville
b. une rue – une petite rue
c. une visite - une visite de musée
d. un lieu public

▶ [s] - [z] 🔊 62

1 Écoutez et observez.

[s]   [z]

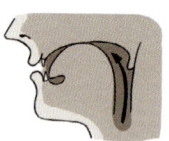

Langue en avant
Pas de vibrations (♩)   Vibrations des cordes vocales (♪)
Pour sentir la vibration, mettez votre main sur votre cou et prononcez « sss… » puis « zzz… ».

2 Écoutez et dites si ce que vous entendez est identique ou différent.
a. ☐ = ☐ ≠   c. ☐ = ☐ ≠
b. ☐ = ☐ ≠   d. ☐ = ☐ ≠

3 Écoutez et répétez.
a. nous savons - nous avons
b. vous savez - vous avez
c. en face - en phase
d. au bord de la Saône - au bord de la zone

Grammaire

UNITÉ 6 • Voyager dans sa ville

▶ La place des adjectifs

→ **Vérifiez vos réponses** (act. 5 p. 114)
a. *Bruxelles est une ville animée. La ville possède de beaux monuments. C'est une ville agréable.* Les adjectifs servent à enrichir les noms (description, couleur, nationalité…).
b. Le plus souvent, l'adjectif se place après le nom.
c. Certains adjectifs, comme *beau* se placent avant le nom.

1 Complétez ces phrases pour enrichir chaque nom.
noir – colorée – belles – grand – vieille – jolie – américaine – anciennes – couvert – bon
1. À Marseille, il y a un …… marché ……
2. As-tu vu cette …… statue …… ?
3. Regarde, c'est une …… voiture …… !
4. J'ai mangé un …… gâteau au chocolat ……
5. À Bruxelles, il y a de …… maisons ……

2 C'est comment ? Décrivez à votre voisin(e) une ville ou une région que vous aimez.
EXEMPLE : *Strasbourg, c'est une grande ville très animée. À Noël, il y a un joli marché avec de jolies cabanes en bois.*

▶ Le pronom *y*

→ **Vérifiez vos réponses** (act. 9 p. 115)
a. 1. *On va comment au musée ?*
2. *On mange des frites dans les restaurants.*
3. *On y va comment ?* → *Y* remplace *au musée.*
4. *On y mange des frites.* → *Y* remplace *dans les restaurants.*
b. Le pronom *y* remplace un lieu.
c. Il se place avant le verbe.

3 Notez si le groupe souligné peut être remplacé par *y*. Si oui, écrivez la phrase.
EXEMPLE : *Je vais dans cet hôtel à chaque fois que je vais à Paris.* → *J'y vais à chaque fois que je vais à Paris.*
1. Ils vont au Québec l'hiver prochain.
2. L'année dernière, elle a visité l'Est des États-Unis.
3. Il a découvert le Maroc.
4. Ils habitent dans cet appartement depuis 2001.
5. Elle téléphone à ses parents tous les soirs.
6. Les enfants sont allés chez leurs grands-parents pendant les vacances.

4 C'est où ? Répondez à cette devinette. Puis, créez quelques devinettes avec votre voisin(e).
EXEMPLE : *C'est une capitale européenne. On y mange des tapas.*

▶ Les prépositions de lieux (2)

→ **Vérifiez vos réponses** (act. 4 p. 116)
a. *Nous allons nous arrêter sur la place Saint-Jean.* (= espace ouvert)
Nous pouvons entrer dans la cathédrale ? (= espace fermé)
b. *Regardez en face de vous : la cathédrale.*
c. *Continuons vers la place Paul Duquaire.* (Ce n'est pas très précis.)

5 Regardez ce plan de table et complétez les phrases.

1. Jean est …… Karine et …… Louise.
2. Emma est …… Jean et …… Louise.
3. Marc est …… Karine et …… Paul.
4. Paul est …… Louise et …… de Karine.

6 Vous décrivez votre quartier à votre voisin(e) qui dessine un plan sur une feuille de papier. Vérifiez !
EXEMPLE : *J'habite dans une petite rue en face de l'église. À côté de chez moi, il y a une boulangerie. À gauche, il y a une maison. À droite, un magasin de chaussures…*

▶ La comparaison

→ **Vérifiez vos réponses** (act. 7 p. 117)
Cette nouvelle carte est plus pratique que l'ancienne.
Elle permet de visiter plus de monuments.
a. *Plus … que* permet de comparer deux éléments. Ici, on compare une ancienne carte et une nouvelle carte.
b. *Plus de, moins de, aussi que* sont d'autres comparatifs.
c. On utilise *plus … de* avec un nom.

7 Faites des phrases pour comparer les deux éléments.
EXEMPLE : *Entrée au musée : 5,50 €/au château : 6,50 €. Visiter le musée coûte moins cher que le château.*
1. Location 1 : 5 chambres/Location 2 : 3 chambres.
2. Camping : 15 € la nuit/Hôtel : 40 € la nuit.
3. Belgique : 11 millions d'habitants/France : 65 millions
4. Mont Blanc : 4 807 m d'altitude/Kilimandjaro : 5 895 m
5. Température : Lille 5 °C/Marseille 15 °C

8 Quelles sont les 3 activités que vous aimeriez faire quand vous visitez une ville ? Nommez-les et comparez-les !
EXEMPLE : *un rallye – une croisière – un géocaching. Un rallye est plus sportif qu'une croisière. Une croisière est plus calme qu'un rallye mais moins amusant qu'un géocaching.*

→ **Point Récap p. 125**

S'EXPRIMER
ATELIERS D'EXPRESSION ORALE

Se repérer sur un plan

Doc. 1

Doc. 2

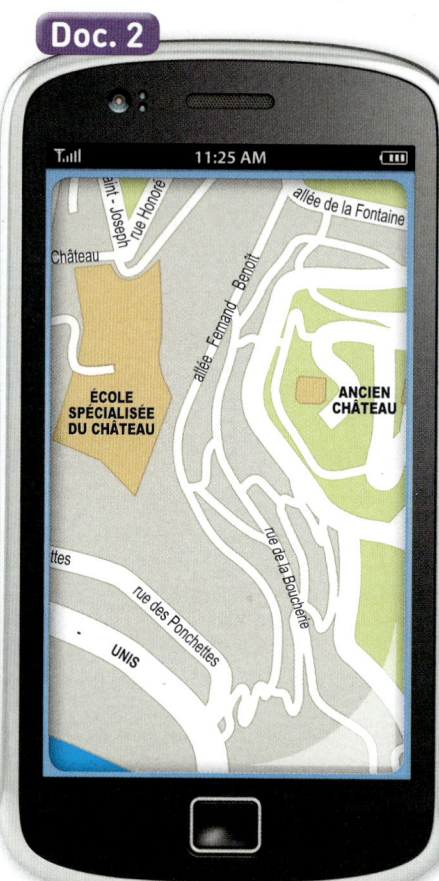

Communication

Se repérer sur un plan
- Prenez à droite. →
- Prenez à gauche. ←
- Tournez à… ↶
- Continuez tout droit. ↑

- À côté de…
- À droite (de)/À gauche (de)
- En face (de)
- Devant ≠ derrière

Le Géocaching est une chasse au trésor gratuite à l'extérieur. Les joueurs essaient de retrouver des objets cachés à l'aide de leur téléphone (Smartphone) ou de leur GPS.

Doc. 3

1 Regardez et écoutez ces documents.

a. Qu'est-ce que le géocaching ?
b. Est-ce que je peux faire cela dans une maison ?
c. Quand on fait du géocaching, que faut-il avoir ?
d. Quel est le problème de la personne ?
e. Où doit-elle aller ?

2 Repérez-vous dans une ville.

a. Pour aider cette personne, dessinez sur le plan une route possible.
b. Comparez avec votre voisin(e) sans regarder son plan. Exprimez-vous !

Demander des précisions

Angers, un nouveau visage urbain

 LE TEMPS D'UNE VISITE...

NOUVEAU
Visite guidée en Tramway
7 € /pers* - 1h30

Embarquement immédiat !
Rendez-vous avec votre guide à l'Office de tourisme et découvrez un nouvel espace urbain, inscrit au cœur d'un patrimoine architectural exceptionnel.

Rallye au cœur de la Cité
12 € /pers* - 2h00

Une visite-jeu dans le centre historique, magnifiquement restauré, avec remise de diplôme. Un moment à partager en famille, entre amis...

Rallye du chocolat
16 € /pers* - 2h00

Réservé aux gourmands uniquement !

Visite panoramique en train touristique
5,50 € /pers* - 40 min

40 minutes de visite commentée à bord du petit train touristique d'Angers pour découvrir le centre historique, le quartier de la Doutre, ses rues et ses maisons pittoresques...

UNITÉ 6 • Voyager dans sa ville

1 Top chrono !
a. Lisez la brochure.
b. À votre avis, d'où vient cette brochure ?
c. Qu'est-ce qu'on peut faire à Angers ?

2 Préparation
a. Vous préparez ensemble des questions générales à poser quand on va dans un office de tourisme.
b. Avec votre voisin(e), choisissez chacun un rôle : le touriste et l'employé de l'office de tourisme.
c. **Prononcez.** Notez les liaisons et relevez les mots contenant [z], [s], [i] et [y] dans les questions que vous avez préparées et entraînez-vous à les prononcer.
Écoutez et prononcez. 1. *Ulysse imite une minute Alice.* 2. *Nous savons que nous avons un zoo plein de sots.* 🔊 64

3 À vous !

Rôle du touriste :
Vous allez à l'office de tourisme d'Angers pour savoir ce qu'il y a d'intéressant à faire/voir à Angers.
Vous demandez des précisions sur « le rallye du chocolat ».
EXEMPLES : *Quels monuments est-ce que vous allez voir ? Qu'est-ce que vous allez faire ?*

Rôle de l'employé :
Vous répondez aux questions posées.
Vous donnez des précisions sur les activités à faire.

Communication

Demander des précisions
- Je voudrais avoir quelques précisions.
- Ça ouvre à quelle heure ?
- Ça coûte combien ?
- Est-ce que c'est loin ?
- Comment est-ce que je peux y aller ?

💡 **Stratégie**
Pour renforcer mon message, je pense à utiliser des gestes.

S'EXPRIMER
ATELIER D'ÉCRITURE

Raconter sa ville sur un blog

Bordeaux et vous
Famille
Jeunes
Seniors
Nouveaux arrivants

05/01/2014
Regard neuf et découverte du quartier Saint-Augustin... Une nouvelle population avec plus de jeunes, plus de gens. Un regret : le voisinage. « On ne se dit même plus Bonjour ! ». C'est un quartier dynamique et plus moderne dans son architecture. Il y a une belle église aujourd'hui et aussi une grande place avec beaucoup d'enfants. J'y vais de temps en temps pour me promener. J'aime regarder les enfants jouer comme avant...

> Lire la suite

1 Réaction

1. Regardez l'illustration.
a. C'est où ?
b. Dans le titre du site, qui est *je* ?
c. À qui *je* raconte sa ville ?

2. Lisez le document et répondez.
a. Qu'est-ce que c'est « raconter sa ville » ?
b. Que fait la personne ?
☐ Elle donne des dates pour raconter l'histoire de son quartier.
☐ Elle compare le quartier d'aujourd'hui avec le passé.
☐ Elle décrit un itinéraire.
c. Qu'est-ce qui a changé ?

2 Préparation

a. Complétez ce tableau.

Décrire sa ville	le quartier	les gens
avec des noms	...	...
avec des adjectifs	...	...
avec des sentiments	...	...

b. Vérifiez vos réponses avec votre voisin(e).

3 Rédaction

Sur le blog « Je raconte ma ville », écrivez un petit texte pour raconter votre ville.
Décrivez les monuments, les rues, l'ambiance et les gens.
Dites ce que vous aimez ou ce que vous n'aimez pas.
Enrichissez votre texte avec des adjectifs.

UNITÉ 6 • Voyager dans sa ville

L'ATELIER 2.0

Créer un mini-guide de sa ville

Vous allez créer le mini-guide avec les bons plans de votre ville.

1 On s'organise

Choisissez une rubrique.

À VOIR	BOUGER	DÉGUSTER	À FAIRE
• Les monuments • Les musées • Les églises	• À vélo • À pied • Sur l'eau	• Prendre un verre • Déjeuner/dîner • Rallye gourmand	• Le train touristique • Une croisière • Une visite guidée

2 On se prépare

Chaque sous-groupe réfléchit à des formules afin de faire une proposition à la classe. Réfléchissez en groupe à la rubrique à compléter.
Et maintenant, qui fait quoi ?

3 On présente à la classe

Chaque groupe présente ses propositions à la classe à l'aide de photos, cartes, plans et itinéraires. La classe écoute, discute des différentes propositions et décide du programme final. Échangez et créez le mini-guide.

4 On publie

La classe publie son projet sur l'espace de son choix : mur(s), blog....

cent vingt-trois • 123

POINT RÉCAP'

Lexique / Communication

La ville
- le quartier
- le centre-ville
- la place
- la rue
- le passage
- le pont

Les transports
- le métro
- le bus
- le tram(way)
- le bateau
- le vélo
- le train

Les lieux de la ville
- un musée
- une cathédrale
- le palais de justice
- un café
- une église
- la poste
- l'office de tourisme

Les activités
- visiter un monument
- aller dans un musée
- faire une croisière
- faire un rallye
- prendre le petit train touristique
- faire du géocaching

VOYAGER DANS SA VILLE

Localiser
- Il est situé à l'ouest de la ville.
- Le pont passe au-dessus de la Saône.
- Il est à côté de la cathédrale.
- En face, il y a la cathédrale.

Demander des précisions
- Je voudrais avoir quelques précisions.
- Ça ouvre à quelle heure ?
- Ça coûte combien ?
- Est-ce que c'est loin ?
- Comment est-ce que je peux y aller ?

Se repérer sur un plan
- Prenez à droite →
- Prenez à gauche ←
- Tournez à... ↶
- Continuez tout droit. ↑

- À côté de...
- À droite (de)/ à gauche (de)
- En face (de)
- Devant ≠ derrière

Décrire une ville
- Bruxelles est une ville animée.
- Bruxelles, c'est sympa et dynamique.
- À Bruxelles, il y a beaucoup de parcs.
- La ville possède de beaux monuments.

Activité RÉCAP'

Vous allez faire une mini-improvisation sur la thématique « voyager dans sa ville ».

1 Faites quatre groupes dans la classe.

2 Choisissez :
- un personnage (personne âgée, touriste, jeune visiteur, enfant...) ;
- un problème (vous êtes perdu(e), vous manquez d'informations, vous ne connaissez pas votre ville...) ou une activité (rallye, géocaching, balade...) ;
- un lieu (à l'office de tourisme, à la gare, dans la rue...).

3 Décidez qui est qui, qui fait quoi. Jouez !

Grammaire

La place des adjectifs

En général, on place l'adjectif **après le nom**.
Lyon est une ville sympa et animée.

Mais certains adjectifs se placent **avant le nom** :
petit, grand, bon, mauvais, jeune, vieux, joli, beau, vrai, faux…
EXEMPLE : *C'est une petite ville dynamique.*

Attention, les adjectifs qui expriment la forme, la couleur et l'origine se placent **après le nom**.
EXEMPLE : *Un bus vert.*

→ Précis, P. 192

Le pronom *y*

On mange quoi dans ce restaurant ?
On y mange des frites.

Le pronom *y* remplace un complément de lieu introduit par *à, chez, dans, en…*

Y se place juste avant le verbe ou l'auxiliaire.

Attention, quand il y a deux verbes, *y* se place entre les deux.
EXEMPLE : *Je vais y aller demain.*

→ Précis, P. 194

La comparaison (1)

• Pour comparer deux éléments avec un adjectif, on peut utiliser :
plus (+)
moins (−)   adjectif   que
aussi (=)

EXEMPLES : *Ce musée est moins grand que l'autre.*
Le métro est plus rapide que le bus.
Bruxelles est aussi animée que Paris.

• Pour comparer deux éléments avec un nom, on peut utiliser :
plus (+)
              de   nom
moins (−)

EXEMPLES : *Il y a plus de monuments à Lyon que dans ma ville.*
Il y a moins de bateaux que de vélos.

Attention, il n'est pas possible d'utiliser *aussi* avec un nom. À la place, on utilise autant de.
EXEMPLE : *La ville a autant de bus que de tramways.*

→ Précis, P. 195

Des prépositions de lieu

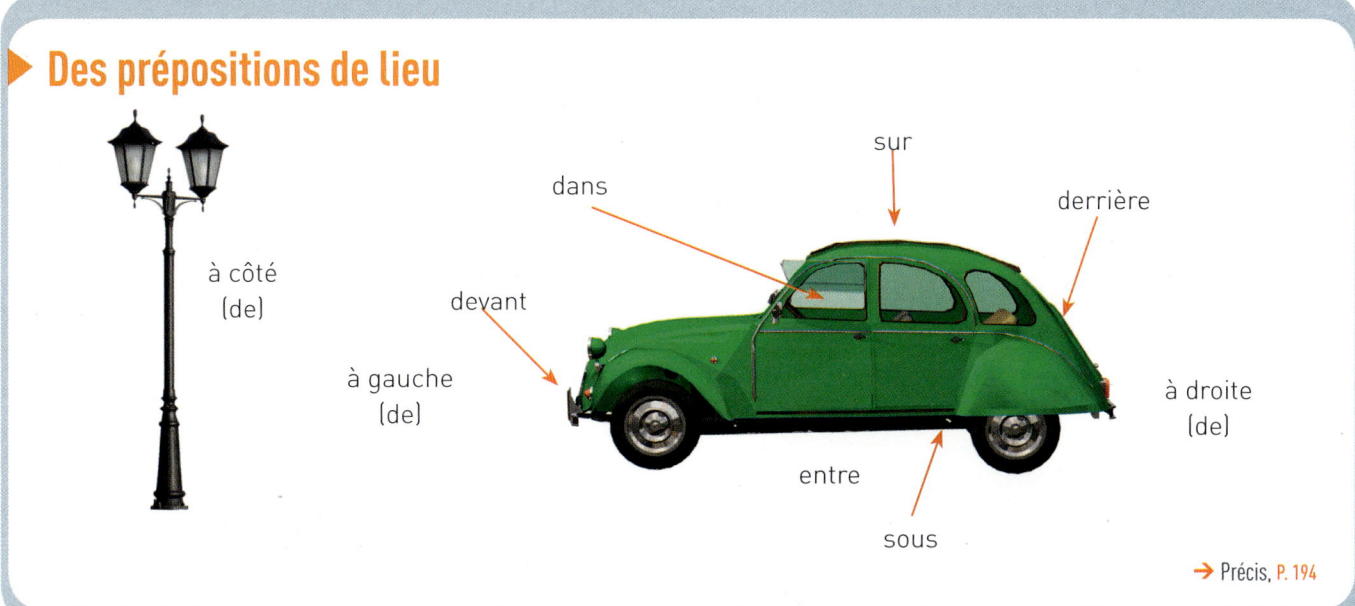

à côté (de) — dans — sur — derrière — devant — à gauche (de) — entre — sous — à droite (de)

→ Précis, P. 194

SE COMPRENDRE

ACTU CULTURE

La Belgique, carrefour de l'Europe

LA BELGIQUE
en bref

11 082 744 habitants
Capitale : Bruxelles
Fête nationale : 21 juillet
Langues nationales : le néerlandais, le français et l'allemand
Monnaie : Euro
3 régions : Région flamande, Région wallonne, Région de Bruxelles-Capitale

LES SYMBOLES

Drapeau
noir, jaune, rouge

QUELQUES MUSÉES
à voir en Belgique

- **Belfort :** la tour d'une hauteur de 83 mètres à Bruges
- **L'Académie Royale des Beaux-Arts** d'Anvers
- **Centre Belge de la Bande Dessinée**
- **Musée Magritte**, le peintre surréaliste belge
- **Musée des Beaux-Arts** de Gand
- **Mini-Europe :** l'Europe en miniature
- **Groeningemuseum**, 6 siècles de peinture flamande
- **Musée d'Art sur Mer :** l'histoire fascinante de l'art moderne et contemporain belge

↪ Pour un petit pays, la Belgique compte un nombre impressionnant de villes d'art. Bruges, Bruxelles, Anvers, Mons, Liège, Gand : chacune de ces villes réserve de belles découvertes !
Elle est aussi au cœur des institutions européennes.

Les institutions européennes

- Conseil européen
- Banque centrale européenne
- Banque européenne d'investissement
- Comité économique et social
- Comité des régions
- Commission européenne
- Conseil de l'Union européenne
- Cour des comptes
- Cour de justice
- Parlement européen

1 Quiz. Vrai ou Faux ?

1. La Belgique a deux langues nationales.
2. La Belgique est un pays d'art.
3. Le musée des Beaux-Arts de Gand parle de l'Europe.
4. Il y a 10 institutions de l'Europe à Bruxelles.
5. Magritte est un chanteur belge.

Les réponses

1.F, 2.V, 3.F, 4.V, 5.F

Et aussi...

COMMENT ON DIT ?
Prononciation

- « ui » est souvent prononcé « oui » → « Et pouis ».
- En Wallonie, le son « ène » est très souvent nasalisé en « ain-ne ».
- « tié » ou « tien » sont encore parfois prononcés « tché », « mitché » ou « tchin » « maintchin ».

Les mots à savoir

brusselaire (Bxl) : bruxellois-e
dix-heures : grignotage du matin
déjeuner : repas du matin
dimanche : argent de poche
dîner : repas de midi
souper : repas du soir
jatte : bol, tasse
quartier : appartement
rester : habiter
S'il-vous-plaît ! : voici !
tantôt : tout-à-l'heure

En Suisse et en Belgique, on dit...

septante : soixante dix
nonante : quatre-vingt-dix

Bruges
En quelques pas

La *Venise du Nord* belge de la région flamande avec 15 000 habitants et ses nombreux canaux. La ville, classée au Patrimoine de l'Unesco, est très romantique et poétique.
Prenez le *heritage walk* pour visiter Bruges et suivez l'ours de Bruges qui se trouve au dos des panneaux avec le plan de la ville.

À MANGER
Le chocolat

Le chocolat Belge est une spécialité gastronomique très célèbre.

Les chocolatiers belges à connaître :
Callabaut, Godiva, Pierre Marcolini, Wittamer, Galler, Neuhaus

Drôle d'expression

contexte On ne peut pas sortir, il drache !

3 Lisez cette expression belge et répondez aux questions.
1. Dessinez l'expression.
2. D'après le contexte, l'expression *Il drache* veut dire :
   a. J'ai mal quelque part.
   b. Il pleut beaucoup.
3. Avez-vous une expression similaire dans votre langue ?
4. Faites des phrases pour utiliser cette expression et des mots belges.

2 Que savez-vous de la Belgique ?
1. Quelles sont les spécialités belges ?
2. Quels sont les points communs avec la France ?
3. Comment appelle-t-on la ville de Bruges ? Pourquoi ?

DANS LES COULISSES
de la mode belge

Avec l'héritage artistique et historique du commerce de textile, les deux grandes villes de la mode en Belgique sont Bruxelles et Anvers. Le style anversois est souvent qualifié d'avant-gardiste, le style bruxellois est connu pour son romantisme et son caractère ludique.

Use It Pour connaître les meilleurs plans alternatifs et visiter Gand, Bruxelles, Anvers, Bruges, Leuven et Malines autrement, rendez-vous sur le site : **www.use-it.be**.

S'ÉVALUER

ÉPREUVE BLANCHE DELF A1

Niveau A1 du *Cadre Européen Commun de Référence pour les Langues*

🔊 Les documents sonores sont téléchargeables sur le site www.didierfle.com/saison.

PARTIE 1 — Compréhension de l'oral — 25 points

Pour répondre aux questions, cochez (☒) la bonne réponse ou écrivez l'information demandée.

EXERCICE 1 — 4 points

Vous allez entendre 2 fois un document. Vous avez 30 secondes de pause entre les 2 écoutes puis 30 secondes pour vérifier vos réponses. Lisez les questions.

Vous entendez ce message sur votre répondeur. Répondez aux questions. 🔊

1. Qu'est-ce que Julia propose à Kathia ? 1 point
   ☐ faire des courses ☐ faire une sortie ☐ faire du sport
2. Que devez-vous faire pour accompagner Julia ? ...... 1 point
3. Où est-ce que Julia va chercher Kathia ? ...... 1 point
4. À quelle heure commence le spectacle ? 1 point

   ☐ 10:00   ☐ 11:00   ☐ 12:00

EXERCICE 2 — 5 points

Vous allez entendre 2 fois un document. Vous avez 30 secondes de pause entre les 2 écoutes puis 30 secondes pour vérifier vos réponses. Lisez les questions.

Vous êtes à la gare de Nice. Vous entendez une annonce. Répondez aux questions. 🔊

1. Quel est le numéro du train ? 1 point
   ☐ 5467   ☐ 5476   ☐ 5477
2. Le train va à… ☐ Vichy   ☐ Paris   ☐ Lille 1 point
3. À quelle heure part le train ? ...... 1 point
4. Qu'est-ce qu'il ne faut pas faire dans la gare ? ...... 2 points

EXERCICE 3 — 6 points

Vous allez entendre 2 fois un document. Vous avez 30 secondes de pause entre les 2 écoutes puis 30 secondes pour vérifier vos réponses. Lisez les questions. Monsieur Durant, qui travaille avec vous, vous laisse un message sur votre répondeur. Vous écoutez ce message. Répondez aux questions. 🔊

1. Lundi, où allez-vous ? 1 point
   ☐ à Lille   ☐ à Paris   ☐ à Bruxelles
2. Où est la réunion ? 1 point
   ☐ dans un restaurant   ☐ dans votre bureau   ☐ dans un hôtel
3. Qu'est-ce qu'on vous demande de faire ? ...... 2 points
4. À quelle heure commence la réunion ? ...... 2 points

UNITÉ 6 • Voyager dans sa ville

EXERCICE 4

10 points   2 points par bonne réponse

Vous allez entendre 5 petits dialogues correspondant à 5 situations différentes. Il y a 15 secondes de pause après chaque dialogue. Notez, sous chaque image, le numéro du dialogue qui correspond. Puis vous allez entendre à nouveau les dialogues et pouvez compléter vos réponses. Regardez les images. Attention, il y a 6 images (A, B, C, D, E et F) mais seulement 5 dialogues. 🔊

A — Situation n°……
B — Situation n°……
C — Situation n°……

D — Situation n°……
E — Situation n°……
F — Situation n°……

PARTIE 2   Comprehension des écrits   *25 points*

Markus,

Je travaille toute la journée. Peux-tu aller faire les courses ? Achète du jambon, des œufs et du fromage pour ce soir.
Est-ce que tu peux aller à la banque pour prendre de l'argent, j'ai besoin de 30 euros pour l'école ? Passe aussi acheter 2 gros pains à la boulangerie. N'oublie pas de récupérer les enfants à la piscine à 17 h. Je rentre à 20 h. Fais manger les enfants.
Merci beaucoup,
À ce soir,
Bises
Marie

EXERCICE 1

**Pour répondre aux questions, cochez (☒) la bonne réponse ou écrivez l'information demandée.
Marie laisse le message suivant à Markus. Lisez le message et répondez aux questions.**

1. Que fait Marie aujourd'hui ? …… *1 point*
2. Qu'est-ce que Markus doit acheter ? *1 point*

☐   ☐   ☐

3. Qu'est-ce que Markus doit faire à la banque ? *1 point*
☐ retirer des espèces
☐ apporter un chéquier
☐ chercher une carte bancaire

4. À quelle heure Markus doit-il aller à la piscine ?
……   *1 point*

5. Qu'est-ce que Markus doit acheter à la boulangerie ?
……   *2 points*

cent vingt-neuf • 129

EXERCICE 2   *6 points*

**Vous trouvez ce message sur la porte de l'office du tourisme.
Lisez-le. Répondez aux questions.**

> Chers touristes,
>
> Attention, depuis le 1er décembre, l'office du tourisme est fermé pour travaux.
>
> Pendant les travaux, vous pouvez vous renseigner à l'hôtel des Artistes. L'équipe de l'office du tourisme vous y accueille de 9 h à 19 h, du lundi au samedi. Vous pouvez aussi consulter notre site Internet : www.office_tourisme_lyon.fr
>
> Pour aller à l'hôtel des Artistes, à partir de l'office du tourisme, continuez à gauche le long de la place Bellecourt. Devant le fleuve, tournez à droite quai des Célestins. L'hôtel des artistes se situe dans la deuxième rue à droite.
>
> L'office du tourisme va ouvrir le 15 décembre.
>
> Merci de votre compréhension.
>
> **L'équipe de l'office du tourisme**

1. Où sont les travaux ?   *1 point*
   ☐ dans la rue   ☐ dans la mairie   ☐ dans l'office du tourisme
2. À quelle heure ouvre l'office du tourisme ? ……   *1 point*
3. Où se trouve l'équipe de l'office du tourisme ?   *1 point*
   ☐ dans un magasin   ☐ dans une mairie   ☐ dans un hôtel
4. L'office du tourisme va ouvrir quel jour ? ……   *1 point*
5. Dessinez, sur le plan, le chemin pour aller de l'office du tourisme à l'hôtel des Artistes.
   Faites une croix ☒ pour montrer où se trouve l'hôtel.   *2 points*
   (2 points si le chemin est tracé, 0 point s'il n'y a que le lieu d'arrivée.)

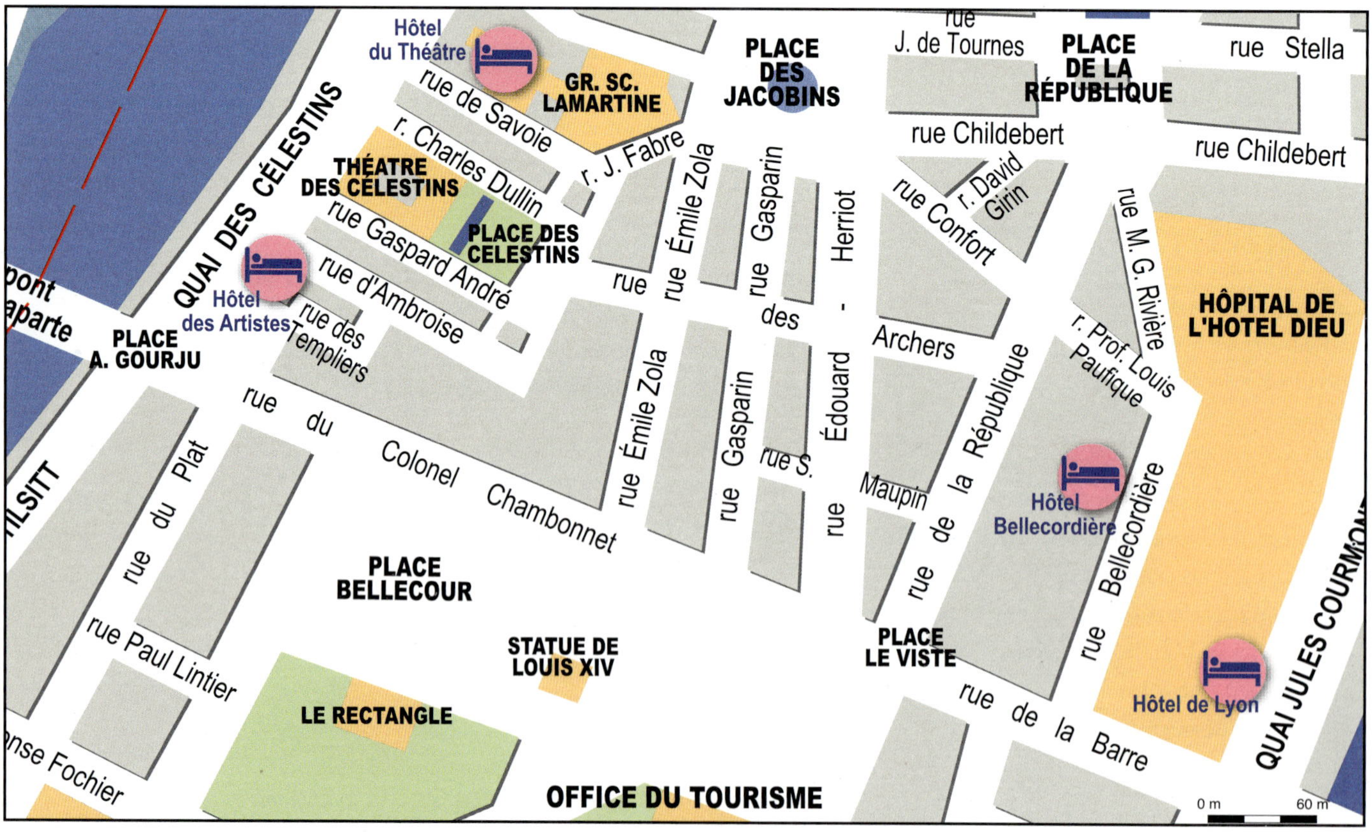

EXERCICE 3 *6 points*

Vous lisez ces annonces dans le journal. Répondez aux questions.

SPORT

Association « Football club »
propose cours de football **pour enfants de 3 à 6 ans**, le mercredi après-midi.
☞ Contactez **M. JUNG** au **06 78 89 76 65**.

Une nouvelle façon de faire du sport

Le club « Sport et nature » vous propose de nombreuses activités : escalade, randonnée, vélo tout au long de l'année.
Visitez notre site Internet : **www.sportnature.fr**
ou rendez-vous au 115 rue de la Gare à Marseille.

CULTURE

École de danse

recherche professeurs de tango et de rock pour les vacances d'hiver
Tel : 01 56 78 89

Vous aimez la musique, vous jouez d'un instrument, vous chantez,

venez participer à la prochaine rencontre musicale de la ville.

 Inscrivez-vous à la mairie avant le 15 mai.

DIVERS

Cherche personne pour **petits travaux** de jardinage et de bricolage à mon domicile.
Appelez-moi au 04 56 67 78 99.
Gustavo RELATO

---

1. Quel est le travail proposé pendant les vacances d'hiver ? *1 point*
……

2. Quel numéro de téléphone vous devez appeler pour inscrire votre enfant au football ? *1 point*
……

3. Pour aller à la rencontre musicale, quand devez-vous vous inscrire ? *1 point*
……

4. Quelle activité propose le club « Sport et nature » ? *2 points*
☐ du football
☐ de la randonnée
☐ du jardinage
☐ de la danse

5. Quel numéro devez-vous appeler pour faire du bricolage ? *1 point*
……

S'ÉVALUER

EXERCICE 4 *7 points*

Vous lisez ce document dans le journal de la ville. Répondez aux questions.

Ludothèque « Boîte à jouer »

La ludothèque « Boîte à jouer » vous accueille dans ses nouveaux locaux situés au 15 rue du Bourg. Elle propose de très nombreux jeux pour tous les âges. De 0 à 99 ans, venez vous amuser ou emprunter des jeux ! Vous serez bien conseillé(e).

ADHÉSION : 12,26 € /an/famille (prêt de 2 jeux par famille pour une durée de 2 semaines)

HORAIRES D'OUVERTURE :

prêt et jeux sur place :
lundi : 16 h 45 > 18 h 30
mardi : 16 h 45 > 18 h 30

mercredi : 10 h > 12 h/15 h > 18 h
jeudi : 16 h 45 > 18 h 30
vendredi : 16 h 45 > 18 h 30

accueil des 0-3 ans avec leur parents :
le lundi : 10 h > 11 h – le vendredi : 15 h 15 > 16 h 15 – uniquement sur inscription.

Pour vous inscrire, apportez une photo d'identité et votre pièce d'identité (carte d'identité ou passeport). Téléphonez au 03 20 08 44 16 pour prendre rendez-vous.

1. Cet article s'adresse : *1 point*
   ☐ aux enfants de l'école   ☐ aux habitants de la ville   ☐ aux employés de la mairie
2. Que pouvez-vous trouver à la ludothèque ?...... *1 point*
3. Combien coûte l'inscription ?...... *1 point*
4. Qu'est-ce qu'il faut apporter pour s'inscrire ? *1 point*

☐   ☐   ☐

5. Qu'est-ce qu'il faut faire pour s'inscrire ?...... *2 points*
6. Est-ce que vous pouvez jouer sur place ? Justifiez votre réponse en copiant une partie du texte....... *2 points*

PARTIE 3   Production orale   25 points

EXERCICE 1 – Entretien

Répondez aux questions suivantes à l'oral.

☐ Quel est votre sport préféré ? Pourquoi ?
☐ Qu'est-ce que vous adorez faire le week-end ?
☐ Quelle est la première chose que vous faites en vous réveillant ?
☐ Aimez-vous la routine ? Pourquoi ?
☐ Quel loisir pratiquez-vous ? Pour quelle raison ?

EXERCICE 2 – Échange d'informations

Posez des questions en utilisant les mots ci-dessous.

sport   piscine   hiver   adorer   dormir

EXERCICE 3 – Jeu de rôles
Choisissez un sujet. Jouez la situation avec l'examinateur.

Sujet 1
Vous êtes avec un ami français. Vous voulez passer le week-end à Bruxelles. Vous parlez de l'organisation du week-end. Vous choisissez ensemble le programme du week-end : transport, hébergement, visites…
Voici quelques idées pour vous aider :

Sujet 2
Vous êtes à Genève. Vous ne connaissez pas cette ville. Vous allez à l'office du tourisme pour demander des informations sur la ville et sur ce que vous pouvez voir. Vous interrogez l'employé de l'office du tourisme.

PARTIE 4 — Production écrite — 25 points

EXERCICE 1
10 points
Vous voulez vous inscrire à la ludothèque. Complétez le formulaire.

EXERCICE 2
15 points
Vous travaillez toute la journée. C'est un(e) ami(e) qui garde vos enfants. Vous écrivez un message à votre ami(e) pour lui demander de faire des choses pendant votre absence. Écrivez 40 à 50 mots.

Fiche de renseignements

NOM : ....

Prénom : ....

Date de naissance : ....

Nationalité : ....

Situation de famille : ....

Nombre d'enfant(s) : ....

Rue : ....

Code postal : ....

Ville : ....

Numéro de téléphone : ....

Profession : ....

Unité 7

Faire du neuf avec du vieux

S'INFORMER

DÉCOUVRIR
- Des objets du passé
- La brocante de Courpière

RÉAGIR
- Exprimer l'interdiction
- Décrire des objets

S'EXPRIMER

ATELIERS D'EXPRESSION ORALE
- Exprimer l'accord/le désaccord
- Exprimer l'obligation, l'interdiction

ATELIER D'ÉCRITURE
- Vendre un objet sur Internet

L'ATELIER 2.0
▶ Réaliser un scrapbook

S'ÉVALUER
- DELF A2

On en parle ?
Quels objets voyez-vous ?
Qu'est-ce qui s'est passé ?
Quel est l'objectif de cette photo ?

S'INFORMER

DÉCOUVRIR
Où trouver de vieux objets ?

La brocante en vidéo 🎬 8

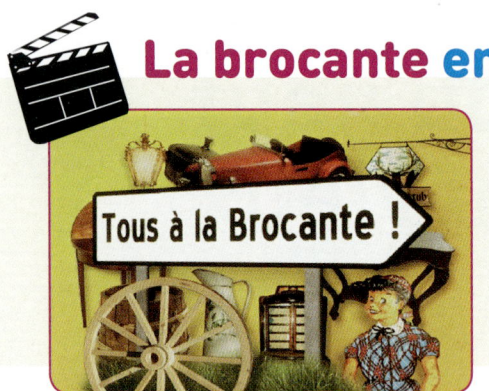

1 Qu'est-ce que vous voyez ?

Comment s'appelle ce type de vidéo ?
À votre avis, de quoi parle l'émission ?
Quels objets reconnaissez-vous ?

LE + INFO
Savez-vous que les Français organisent souvent des « vide-greniers » ? Les Québécois les appellent des « ventes de garage ».

Qu'est-ce qu'on vend ?

2 Écoutez et répondez. 🔊 65

a. Où se passe la scène ?
b. Que font les trois personnes ? Pourquoi ?
c. De quels objets parle la famille Castel ?

3 Écoutez à nouveau. 🔊 65

a. Quels objets sont : ☐ en bon état   ☐ un peu abîmés   ☐ en mauvais état
b. Complétez le tableau.

Souvenirs	Objets	Quand ?
On écoutait de la musique.	vinyles, tourne-disque	tous les week-ends
Tu écrivais ton courrier.	…	…
Tu écoutais les infos.	…	…
J'allais à l'école.	…	…

c. **Tendez l'oreille.** Levez la main quand vous entendez le son [u]. 🔊 66

Mots et expressions

L'état des objets
- une machine à écrire en bon état
- un vélo d'occasion
- un vinyle en mauvais état
- ……………
- ……………

4 Observez ces phrases.

J'allais tous les jours à l'école à vélo. Je faisais des kilomètres avec ce vélo.
Tous les soirs, tu écrivais ton courrier.
Avec mes amis, on écoutait de la musique tous les week-ends.

a. D'après vous, la famille Castel parle :
☐ d'habitudes dans le passé   ☐ de faits présents   ☐ de projets à venir
b. Soulignez les verbes. Prononcez-les. Que remarquez-vous ?
c. Retrouvez les infinitifs de ces verbes. Quelle personne au présent permet de trouver le radical du verbe à l'imparfait ? Essayez !

▶ **l'imparfait (2)** → Vérifiez et exercez-vous : 1-2 p. 141

Mots et expressions

Le temps (2)
- toute la journée
- tous les jours
- ……………
- ……………

UNITÉ 7 • Faire du neuf avec du vieux

Trouver son bonheur à la brocante

22 juin 2013 — **COURPIÈRE ET SA RÉGION** ■ *édition locale*

Une journée à la brocante de Courpière

La semaine dernière, le village de Nérondes a organisé une grande brocante.

La commune de Courpière a suivi l'exemple et hier, les brocanteurs sont arrivés très tôt à Courpière.

Maëva parle de sa journée à la brocante : « Je n'ai pas vu d'antiquités mais j'ai acheté cette petite horloge rectangulaire en argent. »

Mehdi, lui aussi, a fait des affaires au marché aux puces : « C'est un miroir ovale. Il mesure 1 m de haut et 50 cm de large. Il est en bois, il est très lourd ! »

Sébastien et ses amis brocanteurs ont passé une bonne journée : « L'année dernière, on a vendu moins d'objets ! »

Enfin, Léa, grande amoureuse des brocantes, est repartie avec beaucoup d'objets :

« J'adore chiner ! Avant-hier, je suis allée à Dalet pour un vide grenier. Ce matin, j'ai trouvé des jouets en bois, un grand sac en cuir et une petite table carrée en métal. Par contre, je n'ai pas trouvé de vieux jeux de société ou de cartes postales… ».

C'était une belle journée à Courpière, rendez-vous l'année prochaine ! ■

> 💡 **Stratégie**
> Avant de lire un texte, je commence par lire le titre pour préparer le contexte. Qu'est ce que je connais sur le sujet ?

Mots et expressions

Les indicateurs de temps
• hier
• la semaine dernière
• l'année dernière
• ....
• ....

5 Lisez l'article.

a. De quoi parle-t-il ?
b. Combien de personnes sont interrogées pour l'article ?
c. Trouvez un synonyme de brocante.
d. Entourez les objets que Maëva, Mehdi et Léa n'ont pas trouvés :
• des jeux de société • des lampes • des antiquités • des vinyles
• de la vaisselle • des cartes postales.
e. Pour chaque objet acheté, retrouvez la forme, la couleur, la matière, la taille, le poids quand c'est possible.
EXEMPLE : Maëva → une horloge : rectangulaire, en argent, petite.
Mehdi → un miroir : ……
Léa → un jouet : …… – un sac : …… – une table : ……

6 Observez ces phrases.

La semaine dernière, le village de Nérondes a organisé une grande brocante.
Hier, les brocanteurs sont arrivés très tôt.
Avant-hier, je suis allée à Dalet. Je n'ai pas vu de jeux de société.

a. Dans chaque phrase, relevez le mot qui donne une indication de temps.
b. Soulignez les verbes. À quel temps sont-ils ?
Quelle est la règle pour l'accord du participe passé ?
c. Dans la dernière phrase, où sont placés les deux éléments de négation ?

▶ **le passé composé (2)** → Vérifiez et exercez-vous : 3-4 p. 141
▶ **faire** → Précis p. 200

Communication

Décrire un objet
• Il/Elle mesure 1 mètre de haut et 50 cm de large.
• C'est lourd ≠ C'est léger.
• C'est en cuir/en bois.
• C'est ovale/carré/rectangulaire…

Parlez de l'info !

7 Où est-ce qu'on peut trouver de vieux objets ?

8 Quels objets peut-on trouver lorsqu'on aime chiner ?

S'INFORMER
RÉAGIR
La récup, c'est facile !

Faire revivre les objets

1 Observez le document.

a. D'où vient ce document ?   b. Qu'est-ce qu'on apprend à faire ?

2 Lisez la fiche.

a. Observez les images et retrouvez les outils utiles pour la fabrication de l'objet.
b. Pour réussir la création, relevez :
• les actions qu'il faut faire : *nettoyez une porte…*
• les actions qu'il ne faut pas faire : *ne mettez pas de colle…*

3 Observez ces phrases et comparez.

N'utilisez pas de scotch de mauvaise qualité !   Mesurez la taille des carreaux.
Nettoyez votre vieille porte.   Ne mettez pas de colle.

a. Trouvez les phrases à la forme négative. Entourez la négation. Où est-elle placée ?
b. L'impératif à la forme négative sert à exprimer :
☐ une interdiction ☐ une obligation ☐ une autorisation

▶ **l'impératif à la forme négative** → Vérifiez et exercez-vous : 5-6 p. 141

Mots et expressions

Le bricolage
• une paire de ciseaux
• la colle
• un marteau
....
• coller
• couper
....

Faire des affaires sur Internet

4 Observez le document.
a. De quoi s'agit-il ?
b. Retrouvez le nom du site, les noms des vendeurs, les objets vendus.

5 Écoutez la première partie.
a. Pourquoi Mickaël appelle son ami Joris sur Skype ?
b. Quel est le problème de Mickaël ?

6 Écoutez la suite de la discussion.
a. Soulignez les mots ou les morceaux de phrases que vous entendez :
clavier – souris – tu fermes la page - fenêtre – me connecter - site Internet – tu mets en ligne - lien – mail – cliquer – mot de passe.
b. Remettez ces actions dans l'ordre.
... ouvrir la page
... cocher la case « J'accepte les conditions générales du site. »
... valider un mail
... signer les termes et conditions
... cliquer sur le lien
... taper nom/prénom
... choisir un mot de passe
c. **Tendez l'oreille.** Levez la main quand vous entendez le son [R].

7 Observez ces phrases.
1. Cette guitare fait un son. 2. Ce son va vous étonner.
→ 3. Cette guitare fait un son **qui** va vous étonner !

1. Jus de chaussettes est un polar. 2. Vous allez adorer ce polar.
→ 3. Jus de chaussettes est un polar **que** vous allez adorer !

a. Dans les phrases 3, quels mots relient les phrases 1 et 2 ?
b. Qu'est-ce qu'ils remplacent ? Pourquoi ?
c. Dans les phrases 2, les mots soulignés sont-ils sujets ou compléments ?

▶ **les pronoms relatifs *qui* et *que*** → Vérifiez et exercez-vous : 7-8 p. 141

Mots et expressions

L'informatique
- se connecter à un site Internet
- cliquer sur un lien avec la souris
- ouvrir une page Internet/une nouvelle fenêtre
- recevoir/envoyer un mail
....
....

Réagissez !

8 Votre ami(e) souhaite se débarrasser de ses affaires, vous voulez les récupérer. Interdisez à votre ami(e) de jeter, donner ou vendre ses affaires.

Agissez !

9 Décrivez un objet que vous avez acheté sur le site « Leboncoin ».

POINT ÉTAPE

→ 📖 Cahier d'activités, **unité 7**

Lexique

Les objets de la brocante

1 Devinettes

Se joue à 4.
• Un joueur pense à un objet.
• Les autres lui posent des questions pour deviner de quel objet il s'agit.
• Le joueur doit répondre par oui ou par non.
EXEMPLE : – *C'est un objet en métal ?*
– *Oui !*

Le bricolage

2 Dessinez, c'est gagné !

Se joue à deux équipes.
• Chaque équipe fait une liste de mots sur le bricolage.
• Un joueur d'une équipe dessine un des mots au tableau.
• L'autre équipe doit deviner en moins de 30 secondes.
• Si elle réussit, elle marque un point. Et ainsi de suite.

L'informatique

3 Le pendu

Se joue à deux équipes.
• Chaque équipe fait une liste de mots ou expression liés à l'informatique.
• Un joueur d'une équipe va au tableau et met autant de traits que de lettres dans son mot.
EXEMPLE : _ _ _ _ _ _ _ _ _ _ *(ORDINATEUR)*
L'autre équipe propose des lettres. L'étudiant au tableau complète.
Au bout de 10 erreurs, l'équipe a perdu.

💡 **Stratégie**
Pour voir si j'ai compris un mot, j'essaie de l'expliquer en français de façon simple.

Phonétique

▶ [y] - [u] 🔊 70

1 Écoutez et observez.

[y]   [u]

Langue en avant ←
Lèvres arrondies ●
Bouche fermée

Langue en arrière →
Lèvres arrondies ●
Bouche fermée

2 Écoutez et dites ce que vous entendez.

a. ☐ tu   ☐ tout   c. ☐ du   ☐ doux
b. ☐ vu   ☐ vous   d. ☐ lu   ☐ loue

3 Écoutez et répétez.

a. tous les jours – tu courais tous les jours
b. une journée – tu as couru une journée
c. tous les jours – avant, tu venais tous les jours
d. une journée – l'an dernier, tu es venu une journée

▶ [R] - [l] 🔊 71

1 Écoutez et observez.

[R]   [l]

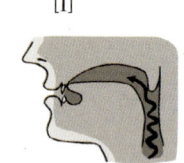

Langue en avant ←
touche les dents du bas.
(Attention à ne jamais soulever la langue !) L'arrière de la langue touche l'arrière du palais.

Langue en avant ←
touche le haut du palais.

2 Écoutez et dites ce que vous entendez.

a. ☐ lu   ☐ rue   c. ☐ loux   ☐ roux
b. ☐ lit   ☐ rit   d. ☐ long   ☐ rond

3 Écoutez et répétez.

a. il coud – il court – il courait – il a couru
b. il court tous les jours
c. il loue – il ouvre – il ouvrait – il a ouvert
d. il ouvre tous les jours

Grammaire

▶ L'imparfait (2)

→ **Vérifiez vos réponses** (act. 4 p. 136)

a. La famille Castel parle d'habitudes dans le passé, elle raconte des souvenirs.
b. J'<u>all</u>ais tous les jours à l'école à vélo. Je <u>fais</u>ais des kilomètres avec ce vélo. Tous les soirs, tu <u>écriv</u>ais ton courrier. Avec mes amis, on <u>écout</u>ait de la musique tous les week-ends. Les terminaisons pour *je*, *tu* et *on* se prononcent de la même façon.
c. *all*ais → aller ; *fais*ais → faire ; *écriv*ais → écrire ; *écout*ait → écouter.
C'est la 1re personne du pluriel *nous* qui permet de retrouver le radical du verbe à l'imparfait.

1 Transformez les phrases à l'imparfait et trouvez une suite comme dans l'exemple.
EXEMPLE : *Aujourd'hui, nous faisons des kilomètres en voiture !*
→ *Quand j'étais jeune, je faisais des kilomètres à vélo.*
1. **Aujourd'hui**, vous écrivez des mails. → Avant, vous…
2. **Aujourd'hui**, les jeunes sortent en discothèque. → Dans les années 60, ils…
3. **Aujourd'hui**, le grand-père Castel écoute des CD. → Avant, il…
4. **Aujourd'hui**, on regarde la télé. → Avant, on…

2 Parlez de vos souvenirs d'enfance à votre voisin(e).
EXEMPLE : *Quand j'étais petit(e), je jouais aux jeux de société.*

▶ Le passé composé (2)

→ **Vérifiez vos réponses** (act. 6 p. 137)

La semaine dernière, le village de Nérondes <u>a organisé</u> une grande brocante. **Hier**, les brocanteurs <u>sont arrivés</u> très tôt. **Avant-hier**, je <u>suis allée</u> à Dalet. Je <u>n'ai pas vu</u> de jeux de société.
a. Les mots en gras donnent une indication de temps.
b. Les verbes soulignés sont au passé composé. Avec l'auxiliaire *être*, les participes passés s'accordent avec le sujet.
c. *Ne* se place avant l'auxiliaire, *pas* après l'auxiliaire.

3 Transformez ces phrases au passé composé. Changez les éléments en gras.
EXEMPLE : *Aujourd'hui*, je trie des affaires dans mon grenier !
→ *Hier*, j'ai trié des affaires dans mon grenier.
1. **Aujourd'hui,** je vais aux puces de Saint-Ouen à Paris.
2. **Cette année,** je cherche des habits d'occasion.
3. **Samedi prochain,** je vais acheter un vinyle.
4. **Aujourd'hui,** elle ne part pas tôt pour aller chiner.

4 À vous ! Vous avez cinq minutes pour raconter à votre voisin(e) une histoire originale au passé composé avec les mots suivants :

hier matin – vélo – docteur – lit – chat – gentil – la semaine dernière – soleil – bus – utiliser – avoir *(eu)* – boire *(bu)* – mettre *(mis)* – acheter – voir *(vu)*.

▶ L'impératif à la forme négative

→ **Vérifiez vos réponses** (act. 3 p. 138)

N'utilisez **pas** de scotch de mauvaise qualité !
Ne mettez **pas** de colle.
a. Le *ne* est placé en début de phrase, *pas* est placé après le verbe.
b. L'impératif à la forme négative sert à exprimer une interdiction.

5 Lisez ces phrases qui expriment l'interdiction. Transformez à l'impératif à la forme négative.
EXEMPLE : *Il ne faut pas jeter les objets qui sont en bon état !*
→ *Ne jetez pas les objets en bon état !*
1. Il ne faut pas acheter d'ordinateurs d'occasion !
2. Tu ne dois pas revendre tes vieux objets !
3. Il ne faut pas toucher les objets fragiles !
4. Il ne faut pas vendre d'antiquités sur Internet !

6 Observez les panneaux d'interdiction affichés sur la porte d'un magasin de décoration. Formulez des phrases pour interdire.

▶ Les pronoms relatifs *qui* et *que*

→ **Vérifiez vos réponses** (act. 7 p. 139)

a. *Qui* et *que* relient les phrases.
b. Ils remplacent *son* et *polar* pour éviter la répétition.
c. Dans les phrases 3, *son* est sujet et *polar* est complément.

7 Reliez les phrases.
EXEMPLE : *Tu aimes bien le magazine* Décomaison. *J'ai acheté le magazine* Décomaison. → *J'ai acheté le magazine* Décomaison *que tu aimes bien.*
1. Tu aimes bien ce vinyle. Je te donne ce vinyle.
2. Voici le groupe Recuptout. Ce groupe a organisé l'atelier « Recycler ensemble ».
3. Je connais un homme. Il a créé un site de revente.
4. Il y a des objets abîmés ou cassés. Il ne faut pas vendre les objets abîmés ou cassés.

8 Décrivez un objet en utilisant : *c'est un objet qui…* ou *c'est un objet que…* Les apprenants devinent de quel objet il s'agit.
EXEMPLE : *C'est un objet que tout le monde a. C'est un objet qui permet de communiquer. C'est un objet qui a des touches.* → *C'est un téléphone portable ? un ordinateur ?*

→ **Point Récap p.147**

S'EXPRIMER
ATELIERS D'EXPRESSION ORALE

Exprimer l'accord/le désaccord

Doc. 1

Doc. 2

Lutter contre le gaspillage
MERCREDI 03 JUILLET 2013

RECUP' • Se nourrir d'aliments trouvés dans les poubelles des supermarchés ? Récupérer des meubles dans les rues ? S'habiller avec des vêtements démodés trouvés dans les poubelles ? C'est le but des « gratuivores » ou en anglais « freegans ».
C'est surtout un choix pour beaucoup de Genevois « gratuivores ». Leur mission ? Lutter contre le gaspillage de la société de « surconsommation ». Il faut rappeler qu'une famille jette en moyenne 25 kg de nourriture par an. Les fruits et les légumes qui n'ont pas une belle apparence finissent souvent aux ordures même si on peut les consommer sans problèmes !

Doc. 3
▶ Pour ou contre la récupération ? 🔊

Mots et expressions

La récupération
- une poubelle
- les ordures
- la surconsommation
- éviter le gaspillage
- jeter ≠ garder
- réduire les déchets

1 Regardez et écoutez les documents.

a. Quel est le sujet de ces documents ?
b. Quel est le message de l'affiche et des « gratuivores » ?
c. Que font les « gratuivores » ? Pourquoi ?
d. Dans le document 3, qui est pour la récupération ? Qui est contre ? Pourquoi ?

2 Exprimez l'accord/le désaccord.

a. Est-ce que vous pensez qu'il y a trop de gaspillage dans le monde aujourd'hui ?
b. Et vous, vous êtes pour ou contre les « gratuivores » ?

Communication

Exprimer l'accord/le désaccord
- Je suis pour/contre.
- Je suis d'accord avec toi/vous.
- Tout à fait, tu as/vous avez raison.
- Non, je ne suis pas d'accord.
- Je ne suis absolument pas d'accord !

UNITÉ 7 • Faire du neuf avec du vieux

Exprimer l'obligation, l'interdiction

concours *réponse à tout !*

La mairie de Chateaudet propose un concours de publicités contre le gaspillage.
Ces publicités s'appellent « Réponse à tout ».
Vous devez trouver des idées de questions (dans les bulles) et de réponses sous forme d'obligation ou d'interdiction.

..... ?
Votre réponse :

..... ?
Votre réponse :

..... ?
Votre réponse :

..... ?
Votre réponse :

1 Top chrono !

a. Observez les images et trouvez un mot pour chaque image.
b. Comparez avec votre voisin(e) et choisissez un mot pour les affiches.

2 Préparation

Par deux, choisissez une affiche. L'un(e) d'entre vous pose une question, l'autre répond avec l'interdiction ou l'obligation
EXEMPLE : – Qu'est-ce que je fais avec mes vieux objets ?
– Ne jetez pas vos vieux objets ! Il faut donner ou revendre vos vieux objets !
b. **Prononcez.** Relevez les mots contenant les sons [y], [u], [ʀ] et entraînez-vous à les prononcer.
Écoutez et prononcez. *L'aurore à l'heure où les rêves s'envolent.*

3 À vous !

Jouez vos saynètes devant la classe.

Communication

Exprimer l'obligation, l'interdiction

- Vous devez recycler.
- Il faut donner ses vieux objets.
- Vous ne devez pas jeter.
- On ne doit pas gaspiller.
- Il ne faut pas surconsommer.
- Ne pas jeter !

S'EXPRIMER

ATELIER D'ÉCRITURE

Vendre un objet sur un site Internet

LES PROS DU NET

Revendre sur Internet : les conseils de notre équipe

Vous n'aimez pas vos cadeaux de Noël ?

Ces objets peuvent servir à d'autres personnes ! Revendez vos objets sur Internet et gagnez de l'argent.

Quelques conseils pour préparer une annonce efficace…

▸ Rédigez l'annonce : donnez un maximum d'informations.
▸ Mettez une photo dans votre annonce. Si vous n'avez pas de photo, faites une description précise de l'objet.
▸ Fixez le prix.
▸ Précisez comment vous remettez l'objet (par courrier, à domicile).

Voici un exemple d'annonce ▸

Grille-pain d'occasion en bon état : 10 euros

Je vends mon grille-pain qui fonctionne très bien. Il n'est plus sous garantie mais il n'est pas abîmé.
C'est un grille-pain rectangulaire de taille moyenne, il est un peu lourd car il est vieux. Il est rouge et blanc.
10 euros, prix à négocier.
Le grille-pain se trouve à Boulogne. Si vous ne pouvez pas venir, je l'envoie par courrier (+ 7 euros de frais de port).
Si vous êtes intéressé, contactez-moi au 06 52 56 98 74 ou via le site Les bonnes affaires.

Marc

1 Réaction

1. Lisez l'article et répondez.
a. D'où vient le document ?   **b.** Pourquoi revendre ses affaires sur Internet ?   **c.** Quel est le but de l'annonce ?

2 Préparation

1. Relisez l'annonce de Marc et complétez le tableau.

Les informations générales sur l'objet	Une description précise de l'objet	Le prix	Autres renseignements
en bon état *il fonctionne très bien* …	…	…	…

2. À partir de l'exemple d'annonce, mettez les éléments suivants dans l'ordre :

… les contacts   … présentation générale de l'objet à vendre   … prix
… titre de l'annonce   … description de l'objet   … la signature
… l'endroit où se trouve l'objet

3. Réfléchissez à un objet d'occasion à vendre.
Faites une liste des informations que vous allez donner.

💡 **Stratégie**
J'écris des phrases simples et j'utilise des mots de liaison comme *et* et *mais*.

3 Rédaction

Écrivez une annonce pour revendre un objet d'occasion sur le site « Les bonnes affaires ».
Suivez les conseils des Pros du net.

UNITÉ 7 • Faire du neuf avec du vieux

L'ATELIER 2.0

Réaliser un scrapbook

Vous allez réaliser le scrapbook de la classe.

1 On s'organise

En groupe de trois ou quatre personnes, faites une liste d'objets de votre passé qui vous rappellent de bons souvenirs (objets d'enfance, d'adolescence, de vacances…). Partagez vos souvenirs dans le groupe.

2 On se prépare

Chaque groupe choisit un seul objet. Ensemble, vous allez trouver une histoire sur cet objet : vous devez raconter des souvenirs.

3 On présente à la classe

Chaque groupe présente son objet à la classe. Décrivez ces objets : donnez le maximum d'informations. Ensuite, racontez vos souvenirs inventés sur cet objet. La classe choisit la meilleure histoire.

4 On publie

La classe publie le scrapbook sur l'espace de son choix : mur(s), blog… en ajoutant des photos d'objets si c'est possible. Vous pouvez publier individuellement.

POINT RÉCAP'

Lexique / Communication

Le temps (2)
- toute la journée, toute la soirée, toute la matinée
- tous les soirs, tous les jours, tous les week-ends
- toutes les semaines
- avant-hier
- hier
- la semaine dernière
- l'année dernière

La récupération
- une poubelle
- les ordures
- la surconsommation
- éviter le gaspillage
- jeter ≠ garder
- réduire les déchets

L'informatique
- se connecter à un site Internet
- cliquer sur un lien avec la souris
- ouvrir une page Internet/une fenêtre
- recevoir/envoyer un mail
- taper un texte
- mettre en ligne
- valider

L'état des objets
- un vélo d'occasion
- un vinyle en mauvais état
- une machine en bon état
- une radio cassée
- une carte postale abîmée
- un vieux livre

Le bricolage
- une paire de ciseaux/des ciseaux
- un cutter
- la colle
- un marteau
- le/du scotch
- une perceuse
- une pince
- coller
- couper

FAIRE DU NEUF AVEC DU VIEUX

Décrire un objet
- Ça mesure 1 m de haut et 50 cm de large.
- C'est lourd ≠ C'est léger.
- C'est en cuir/en porcelaine/en tissu.
- C'est ovale/carré/rectangulaire.

Exprimer l'obligation, l'interdiction
- Vous devez recycler.
- Il faut donner.
- Vous ne devez pas jeter.
- On ne doit pas gaspiller.
- Il ne faut pas surconsommer.
- Ne pas jeter !

Exprimer l'accord/le désaccord
- Je suis pour/contre.
- Je suis d'accord avec toi/vous.
- Tout à fait, tu as/vous avez raison.
- Non, je ne suis pas d'accord.
- Je ne suis absolument pas d'accord !

Activité RÉCAP'

Vous êtes à une vente aux enchères : on vend des objets à un public, on donne un prix (par exemple : 10 €), le public peut faire monter le prix proposé (15 €). À la fin, le vendeur vend l'objet à la personne qui a proposé le prix le plus haut.

1 Faites deux groupes : un groupe vendeur et un groupe acheteur.

2 Le groupe vendeur propose un objet à vendre : vous décrivez l'objet, vous parlez de son état. Vous donnez un prix pour l'achat de l'objet.

3 Le groupe acheteur essaie d'en savoir plus sur cet objet en posant des questions. Les acheteurs intéressés proposent des prix pour acheter l'objet.

4 Jouez les scènes devant la classe.

UNITÉ 7 • Faire du neuf avec du vieux

Grammaire

▶ L'imparfait (2)

On utilise **l'imparfait** pour raconter des souvenirs ou des habitudes du passé.
• Avec l'imparfait, on peut faire une comparaison entre le passé et le présent.
EXEMPLE : Quand j'*étais* jeune, j'*écoutais* des vinyles. (habitudes du passé)
Maintenant, j'écoute des MP3.

• L'imparfait se forme avec :
le radical du présent de l'indicatif à la personne *nous* + les terminaisons
-ais, -ais, -ait, -ions, -iez, -aient.

Attention
• Le verbe **être** est une exception : j'étais, tu étais, il était, nous étions, vous étiez, ils étaient.
• Pour les radicaux qui se terminent en *i* il faut bien prononcer deux fois *i*.
EXEMPLE : Nous étudions (présent) → Nous étud*ii*ons (imparfait)

→ Précis, P. 196

▶ Le passé composé (2)

• Pour parler au passé, on utilise souvent des indicateurs de temps : *hier, avant-hier, la semaine dernière, lundi dernier, l'année dernière…*
EXEMPLE : *Hier*, les brocanteurs **sont arrivés** à 7 h.
Avec le passé composé, on raconte plusieurs actions du passé.

• Les verbes qui se terminent par –er ont un participe passé en –é.
EXEMPLE : Lundi dernier, j'ai achet*é* une antiquité.
• Il y a des participes passés en :
– *u* : voir → v**u**, venir → ven**u**, lire → l**u**, perdre → perd**u**, croire → cr**u**, savoir → s**u**
– *i* : finir → fin**i**
– *it* : écrire → écr**it**
– *is* : mettre → m**is**
– *ert* : ouvrir → ouv**ert**

• À la forme négative, le passé composé se forme avec : **ne** + auxiliaire + **pas** + participe passé
EXEMPLE : Je *n'ai pas trouvé* de vélo

→ Précis, P. 196

▶ L'impératif à la forme négative

On utilise **l'impératif à la forme négative** pour exprimer :
• un interdit
EXEMPLE : Ne touchez pas la vaisselle, c'est fragile !
• une mise en garde (qui peut être précédée d'*Attention*) :
EXEMPLE : Attention, ne vendez pas d'objets abîmés ou cassés !

À l'oral, il est possible d'entendre :
Viens pas ! au lieu de Ne viens pas !

→ Précis, P. 196

▶ Les pronoms relatifs *qui* et *que*

On utilise les **pronoms relatifs** pour lier deux phrases.
• *Qui* permet de remplacer un sujet (chose ou personne).
EXEMPLE : La récup est un sujet d'actualité. Ce sujet d'actualité intéresse beaucoup de monde.
→ La récup est un sujet d'actualité *qui* intéresse beaucoup de monde.

• *Que* permet de remplacer un objet (ou COD) :
EXEMPLE : Voici un livre. J'aime beaucoup ce livre.
→ C'est un livre *que* j'aime beaucoup.

Attention, devant une voyelle, *que* devient *qu'*, *qui* ne change pas.

→ Précis, P. 194

SE COMPRENDRE

ACTU CULTURE

L'invention, un destin commun

QUELQUES INVENTIONS FRANÇAISES DU PASSÉ

La machine à vapeur

1690 Le physicien Denis Papin invente la première machine atmosphérique à vapeur.

1712 C'est ce principe que le mécanicien anglais Thomas Newcomen utilisera pour créer la première machine à vapeur industrielle.

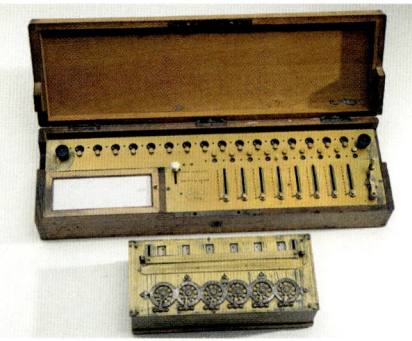

La machine à calculer

1645 À 19 ans, Blaise Pascal conçoit une machine d'arithmétique à 6 chiffres pour permettre à son père de calculer les impôts. Elle permet de faire des additions et des soustractions.

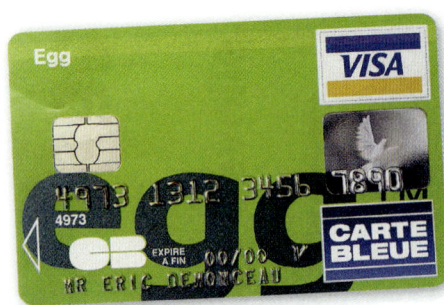

La carte à puce

1974 Inventée par Roland Moreno. Elle fait partie avec le Minitel, le Concorde et le TGV des grandes inventions françaises.

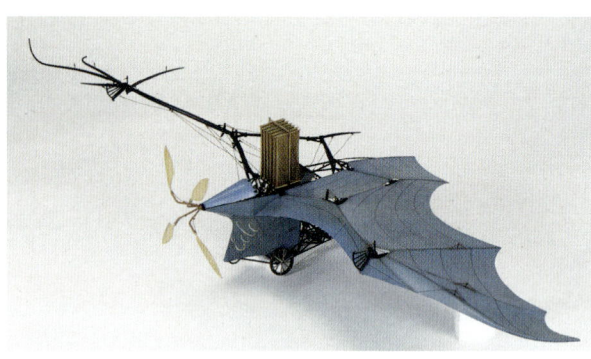

L'avion

1890 L'ingénieur Clément Ader décolle d'une vingtaine de centimètres sur une distance de 49 mètres. Ce sera le premier « avion » (du latin *avis* – oiseau) qu'il appelle *Éole*. Il a une hélice en bambou et pèse 300 kg.

Le cinématographe

1895 Les frères Lumière Louis et Auguste, inventent le cinématographe, une caméra de 5 kilos à peine qui permet de projeter et de tourner des films.

28 décembre 1895 Au Salon indien du Grand Café de Paris, les frères Lumière projettent le premier film de l'histoire du cinéma *La sortie de l'usine Lumière à Lyon*.

1 Quiz. Vrai ou Faux ?

1. La machine a vapeur a été inventée par un anglais.
2. L'ancêtre de la calculatrice date du 17e siècle.
3. Les Américains ont inventé le cinéma.
4. Le premier avion a été baptisé *Éole*.
5. Le cinématographe permettait de tourner des films.

Les réponses

1.F, 2.V, 3.F, 4.V, 5.V

UNITÉ 7 • Faire du neuf avec du vieux

Et aussi...

Futur en Seine
Le festival du monde numérique de demain

En quelques chiffres

2009 Création du festival
71 prototypes
80 manifestations
700 adhérants

En quelques lignes

Futur en Seine est un festival mondial qui présente au *Cent quatre* une centaine de prototypes.
Il s'agit des dernières innovations numériques françaises et internationales.
C'est le festival des bonnes nouvelles et des bonnes idées !

Depuis 2009, 71 prototypes ont été fabriqués en 5 ans comme *All eyes on Paris* (une simulation en 3D pour redécouvrir Paris) ou *E-motions* (une plateforme qui utilise la gestuelle du corps et du visage pour compléter la voix et donner de l'émotion aux machines).

Drôle d'expression

« *C'est la goutte d'eau qui fait déborder le vase !* »

contexte Je n'ai rien dit jusqu'à aujourd'hui. Mais cette fois, c'est la goutte d'eau qui fait déborder le vase !

3 Lisez l'expression et répondez aux questions.

1. Dessinez l'expression.
2. D'après le contexte, l'expression *C'est la goutte d'eau qui fait déborder le vase* veut dire :
a. Une action en trop qui déclenche la colère de quelqu'un.
b. J'ai renversé un vase et je dois nettoyer l'eau qui a débordé.
3. Avez-vous une expression similaire dans votre langue ?
4. Faites des phrases pour utiliser cette expression.

2 Que savez-vous de l'innovation ?

1. Qu'est-ce que Futur en Seine ?
2. Quand le festival a-t-il été créé ?
3. Qui a inventé la première automobile ?

DANS LES COULISSES
de l'innovation

1770 Le premier véhicule automobile, une invention franco-belge

Entre 1760 et 1771, l'ingénieur militaire français Joseph Cugnot crée le premier véhicule automobile, une machine à vapeur à deux cylindres qui va jusqu'à 4 km à l'heure. C'est un jésuite belge Ferdinand Verbiest qui a dessiné le véhicule entre 1668 et 1672.

S'ÉVALUER
PRÉPARATION AU DELF A2

Les documents sonores sont téléchargeables sur le site www.didierfle.com/saison.

PARTIE 1 — Compréhension de l'oral

EXERCICE 1

Vous allez entendre 2 fois un document. Vous avez 30 secondes de pause entre les 2 écoutes puis 30 secondes pour vérifier vos réponses. Lisez les questions. Vous êtes en France. Vous entendez cette émission à la radio. Répondez aux questions.

1. De quel événement parle la journaliste ?
......

2. Quand a lieu l'événement ?
☐ tous les jours
☐ toutes les semaines
☐ tous les week-ends
☐ tous les ans

3. Quand se termine l'événement ?
......

4. Qui vend des produits pour la maison ?
☐ les particuliers
☐ les commerçants
☐ les professionnels

5. Pourquoi les gens vendent-ils leurs objets personnels ?
......

6. Est-ce que les vendeurs gagnent beaucoup d'argent ? Oui/non : justifiez votre réponse en écrivant une phrase du texte.
OUI / NON : ......

PARTIE 2 — Compréhension des écrits

Lisez l'article.

Leboncoin.fr, nouveau géant des petites annonces

Depuis 5 ans, ce site de vente en ligne permet de vendre très facilement tout type d'objet (une paire de chaussure, des livres, une voiture…) ou de proposer de nombreux services (acheter une maison, louer un appartement pour les vacances, trouver une baby-sitter…).

Ce site Internet n'est pas très moderne, ses couleurs ne sont pas géniales mais ce n'est pas grave ! Malgré ce look un peu vieillot, le site est rapidement devenu n° 1 des vide-greniers numériques en France. Les sites comme EBay ou De particulier à particulier sont très inquiets par ce succès.

Pourquoi le site du Bon coin marche-t-il aussi bien en France ?
Pour 3 raisons.
Tout d'abord, parce qu'on trouve de tout sur le Leboncoin.fr (vêtements d'enfant, meubles, villa avec jardin…). La gratuité, ensuite : le vendeur n'a rien à payer pour mettre son annonce en ligne. La simplicité, pour terminer : trois clics suffisent pour obtenir le numéro d'un vendeur ou mettre en vente un objet. Chaque mois, il attire 12 millions de visiteurs uniques. Dans les moteurs de recherche, l'expression « bon coin » est devenue la deuxième expression la plus populaire du Web francophone, derrière Facebook.

Répondez aux questions.

1. Que pouvez-vous trouver sur le site Internet Leboncoin.fr ?
......

2. Depuis combien de temps le site existe-t-il ?
☐ 3 ans ☐ 4 ans ☐ 5 ans

3. D'après le journaliste, qu'est-ce qui est négatif sur le site Internet ?
......

4. Combien coûte la mise en ligne d'une annonce ?
......

5. Quelles sont les 3 qualités du site Internet ?
......

6. Quel est le site le plus consulté par les internautes francophones ?
☐ Leboncoin.fr   ☐ EBay
☐ Facebook   ☐ De particulier à particulier

PARTIE 3 — Production écrite

Vous avez trouvé une petite annonce sur Internet qui propose un vélo d'occasion. Vous écrivez au vendeur car vous voulez acheter ce vélo. Posez-lui des questions et proposez-lui un rendez-vous.

VÉLO D'OCCASION À VENDRE

Prix : 90 €

Code postal : 59152

Description :
Vends vélo marque Optim'alp. Vélo Tous Terrains Comme Neuf. Acheté en 2009. Prix en magasin : 120 euros - À retirer sur Villeneuve d'Ascq et environs

Me contacter par mail : micka@mail.com

PARTIE 4 — Production orale

EXERCICE 1 – Entretien
Répondez aux questions suivantes à l'oral.

☐ Que pensez-vous du recyclage ?
☐ Comment participez-vous au recyclage ?
☐ Êtes-vous déjà allé(e) dans une brocante ? Racontez.
☐ Qu'avez-vous fait hier soir ?
☐ Aimez-vous les objets d'occasion ? Pourquoi ?

EXERCICE 2 – Monologue suivi
Choisissez un sujet. Vous vous exprimez sur le sujet.

Sujet 1
Dans quel type d'habitation aimeriez-vous vivre ? Décrivez-la.

Sujet 2
Quel(s) moyen(s) de transport utilisez-vous le plus ? Dites lequel vous préférez et pourquoi.

EXERCICE 3 – Jeu de rôles
Choisissez un sujet. Jouez la situation avec l'examinateur.

Sujet 1
Vous habitez en France. Dans votre rue, votre voisin ne respecte pas le tri des déchets. Vous allez le voir pour en parler avec lui. Vous lui expliquez les points positifs du recyclage et vous essayez de le convaincre.

Sujet 2
Vous êtes avec un ami français. Vous voulez aller à la brocante qui est organisée dans votre ville. Vous organisez le programme de la journée avec votre ami. Vous décidez de l'heure et du lieu du rendez-vous. Voici quelques idées pour vous aider :

Unité 8

Changer d'air

S'INFORMER

DÉCOUVRIR
- Les études à l'étranger
- Un travail à l'étranger

RÉAGIR
- Dire comment on se sent
- Exprimer un but

S'EXPRIMER

ATELIERS D'EXPRESSION ORALE
- Parler du temps qu'il fait
- Exprimer une opinion

ATELIER D'ÉCRITURE
- Décrire un projet

L'ATELIER 2.0
▶ Réaliser une newsletter

S'ÉVALUER
- DELF A2

On en parle ?
Où est-ce qu'ils sont ?
Ça vous fait penser à quoi ?
Que veut dire « changer d'air » ?

S'INFORMER

DÉCOUVRIR
De nouvelles expériences

Partir étudier à l'étranger en vidéo 🎬 9

1 Qu'est-ce que vous voyez ?

C'est où ?
Que font les jeunes ?
Quels pays connaissez-vous ?

LE + INFO
Savez-vous que les étudiants français du programme Erasmus partent souvent en Espagne ou au Royaume-Uni ?

Faire ses études à l'étranger

2 Observez le document. De quoi s'agit-il ?

3 Écoutez et répondez. 🔊 74
a. Il s'agit : ☐ d'une interview   ☐ d'une publicité
b. On parle de quoi ?
c. Combien de personnes parlent ?

4 Écoutez à nouveau et dites s'il s'agit de Marine, Moussa ou Aliénor. 74

...... va partir faire un stage au Japon.
...... a eu a « mention bien » au bac.
...... va partir avec le programme Erasmus.
...... a fait des demandes de stage en Inde.

5 Écoutez. 74

a. Vrai ou faux ? Justifiez.

	Vrai	Faux
1. Erasmus est un programme pour les lycéens.	☐	☐
2. Le bac est un examen universitaire.	☐	☐
3. Pour valider un diplôme dans une école d'ingénieur, il faut faire un stage.	☐	☐

b. **Tendez l'oreille.** Dites le nombre de syllabes que vous entendez. 🔊 75

Mots et expressions

Les études
• un diplôme
• le baccalauréat
• une matière : les maths
• un examen
....
....

6 Observez ces phrases.

Je viens de passer mon bac.
Je viens de recevoir une réponse positive pour un stage.

a. Ces deux phrases parlent du :

passé proche du présent   futur proche du présent
          ✗   ✗
                        PRÉSENT

b. Dans les phrases, trouvez le verbe au présent.
c. De quoi est suivi ce verbe ?

▶ **le passé récent** → Vérifiez et exercez-vous : 1-2 p. 159

UNITÉ 8 • Changer d'air

Changer de vie

Programme du mardi 27 août 2013

20h45 - 21h35 **TVterroir** Documentaire
Un œil sur la société : les expatriés
| Documentaire réalisé par Georges Mouirou | France | Date de sortie : 2012 (Durée : 49 min)

Résumé Changer de vie ? Ils l'ont fait !
Ils sont partis de leur pays pour construire une nouvelle vie, ailleurs, à l'étranger.
Ils étaient facteur, graphiste, boulanger, enseignant ou employé de bureau et ils ont tout quitté pour vivre une expérience internationale.
Ce soir, découvrez huit profils francophones : ils ont tenté la vie d'expatrié afin de découvrir une nouvelle langue, une nouvelle culture.

Si vous avez manqué le début…

Léon, ancien coiffeur à Limoges est aujourd'hui le manager d'un restaurant de cuisine française dans le Nevada, aux États-Unis.

Hannah était au chômage. Elle est partie de Berne pour aller travailler en Asie. Elle souhaite apprendre très vite le coréen afin de s'installer en Corée du Sud. Elle veut réaliser son rêve : créer son entreprise et devenir chef d'entreprise.

Erwan, ancien garagiste, et Stéphanie, ancienne vendeuse, sont partis en Nouvelle-Zélande afin de devenir agriculteurs.

Georges, à la retraite depuis deux ans, était prof de maths à Paris. Il a décidé de partir vivre au Mexique afin de profiter du soleil et d'un climat plus chaud.

7 Observez le document.

a. Qu'est-ce que c'est ?
b. Cherchez les informations pour compléter les phrases.
1. Le programme commence à…
2. Il dure…
3. Georges Mouirou est…
4. Ce programme est diffusé sur…
5. Le titre du programme est « … ».

Mots et expressions

Les professions (2)
- un(e) coiffeur(-se)
- un(e) vendeur(-se)
- un(e) professeur(s)
....
....

8 Lisez le document et complétez le tableau.

Personnes	Profession d'avant	Nouvelle profession
Léon	coiffeur	manager d'un restaurant de cuisine française
…	…	…
…	…	…
…	…	…

💡 **Stratégie**
Quand je lis un texte, j'essaie d'abord de repérer le thème général avec les mots que je reconnais ou avec les mots qui ressemblent aux langues que je connais.

9 Observez ces phrases.

Ils ont tout quitté pour vivre une expérience internationale.
Erwan et Stéphanie sont partis en Nouvelle-Zélande afin de devenir agriculteurs.

a. Pour quoi est-ce qu'ils ont tout quitté ? Et Erwan et Stéphanie ?
b. D'après vous, est-ce que *afin de* et *pour* veulent dire la même chose ?
c. Qu'est-ce qu'ils expriment ?   ☐ la cause   ☐ le but

▶ le but → Vérifiez et exercez-vous : 3-4 p. 159
▶ *voir* → Précis p. 199

Parlez de l' info !

10 Quelles sont les possibilités pour étudier à l'étranger ?

11 Quelles peuvent être les raisons d'un départ ?

cent cinquante-cinq • 155

S'INFORMER

RÉAGIR
Bien préparer son départ

Suivez le guide !

POUR PRÉPARER SON DÉPART À L'ÉTRANGER, suivez le guide !

Les papiers

La pièce d'identité • Pour voyager à l'étranger, vous aurez besoin de votre passeport. Si vous voyagez avec vos enfants, ils devront amener leur passeport : les douanes le demanderont.

Visa ou non ?
La demande de visa est souvent longue. L'ambassade demandera plusieurs documents pour l'obtenir.

S'assurer pour partir protégé(e) • Vous serez remboursé(e) en cas de problèmes (retard dans les transports, perte de bagages, accidents, vol de papiers...).

L'argent
Changez votre argent avant le départ. Si vous oubliez : pas de panique ! Quand vous arriverez à destination, vous pourrez aller dans un bureau de change.

Les transports
Comment partir ? En avion ? En train ? Réservez en avance et vous paierez vos billets moins chers !

La santé
Avant de partir il faudra faire les vaccins nécessaires. Vous devrez prendre votre carnet de santé et votre CEAM (carte européenne d'assurance maladie) dans votre sac !

Un peu de lecture
Et apprendre la langue du pays ?
Commencez dès maintenant et vous serez capable de communiquer un peu à votre arrivée !
« Qu'est-ce que je mets dans ma valise ? » Pour vous aider, regardez la météo !

1 Observez le document.

a. D'où vient cette page ?
b. Ce document est utile :   ☐ pour préparer un voyage   ☐ pour apprendre une langue   ☐ pour réserver un billet
c. Trouvez les différentes rubriques. *Les transports*...

2 Lisez la page.

a. Retrouvez les documents nécessaires pour partir.
- un visa
- une carte d'identité
- une carte vitale
- un permis de travail
- une carte bancaire
- une attestation d'assurance
- un permis de conduire.
- un billet de train

b. Vrai ou faux ? Justifiez.

	Vrai	Faux
1. On réserve tôt pour avoir les billets les moins chers.	☐	☐
2. Les enfants n'ont pas besoin d'une pièce d'identité.	☐	☐
3. On peut changer son argent avant le départ mais pas à l'arrivée.	☐	☐
4. Il faut prendre une assurance pour être protégé(e).	☐	☐

Mots et expressions

Les formalités pour partir en voyage
- un passeport
- un visa
- la douane
....
....

3 Observez ces phrases.

Quand vous arriverez à destination, vous pourrez aller dans un bureau de change.
Les douanes demanderont une pièce d'identité par personne.
L'ambassade demandera plusieurs documents.

a. Ces phrases expriment :   ☐ une action future sûre ou prévue   ☐ une action future incertaine
b. Peut-on remplacer ces verbes par des verbes conjugués au futur proche ?
c. Pouvez-vous retrouver les terminaisons du futur pour les personnes suivantes ?
Il/Elle → ......   Vous → ......   Ils/Elles → ......

▶ **le futur** → Vérifiez et exercez-vous : 5-6 p. 159

UNITÉ 8 • Changer d'air

Chez le docteur

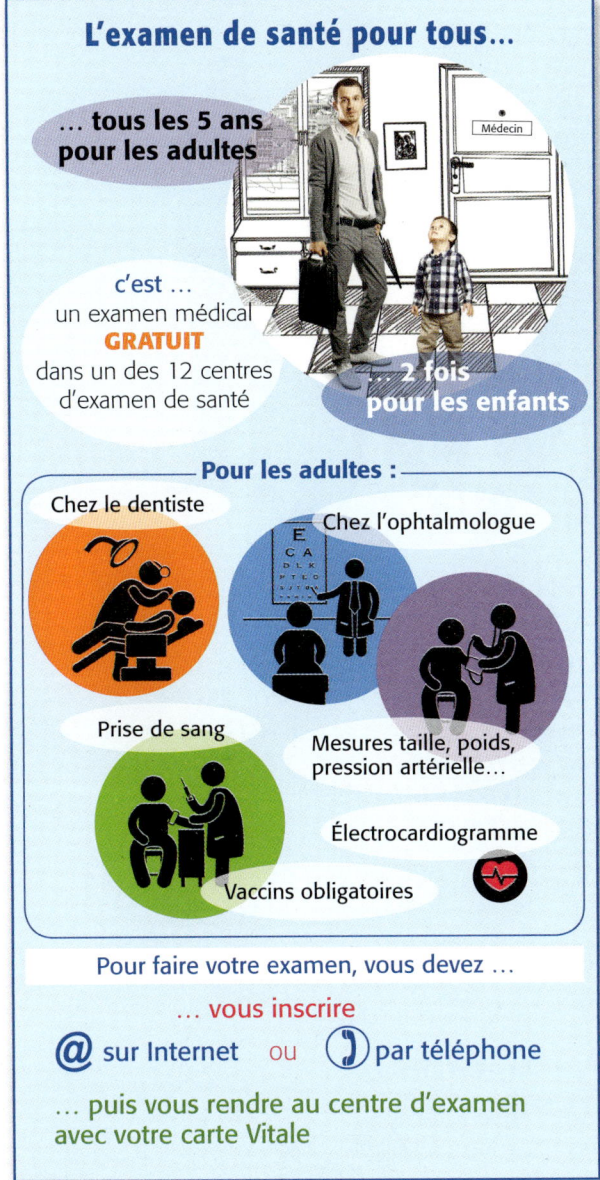

4 Observez le document.
a. Qu'est-ce que c'est ?
b. Quel est le but de ce document ?
☐ d'informer   ☐ de faire de la publicité

Mots et expressions

La santé	Les parties du corps
• le docteur	• la tête
• la carte vitale	• le ventre
• un vaccin	• la gorge
....	....
• guérir	....
• soigner	
....	

5 Écoutez. 🔊 76
a. Qui parle ?
b. Ça se passe où ?
c. Que veut Madame Anaya ?

Communication

Dire comment on se sent
• Je suis malade.
• J'ai mal à la tête.
• J'ai de la fièvre.

6 Écoutez encore. 🔊 76
a. Vrai ou faux ? Justifiez.

	Vrai	Faux
1. Mme Anaya a oublié sa carte vitale.	☐	☐
2. Elle a mal aux dents.	☐	☐
3. Elle doit prendre des médicaments le matin.	☐	☐
4. Mme Anaya est un peu stressée.	☐	☐
5. Le docteur fait tous les vaccins aujourd'hui.	☐	☐

b. **Tendez l'oreille.** Levez la main quand vous entendez le son [ɛ̃]. 🔊 77

7 Observez ces phrases.

*Je vais prendre votre carte vitale, vous **l'**avez ?*
*Les autres vaccins, vous **les** ferez plus tard.*
*Pas de tension ? Je **la** prends pour vérifier.*

a. Que remplacent les mots en gras ?
b. Où sont-ils placés ?
c. Lisez ces phrases. À votre avis, laquelle est la plus correcte ? Pourquoi ?
1. *Voilà l'ordonnance : donnez l'ordonnance à votre pharmacien.*
2. *Voilà l'ordonnance : donnez-la à votre pharmacien.*

▶ **les pronoms COD** → Vérifiez et exercez-vous : 7-8 p. 159
▶ **croire** → Précis p. 200

Réagissez !

8 Votre ami(e) ne se sent pas bien, vous essayez de savoir où il/elle a mal en posant des questions.
EXEMPLE : *Tu as mal au ventre ?*

Agissez !

9 Vous partez travailler à l'étranger, vous faites une liste de toutes les choses importantes à faire avant le départ : *Lundi, j'irai à l'ambassade pour faire ma demande de visa. Mardi...*

POINT ÉTAPE

→ Cahier d'activités, unité 8

Lexique

💡 **Stratégie**
Pour enrichir mon vocabulaire, j'essaie de trouver des synonymes.

Les professions

1 **Le petit bac !**
Se joue à deux équipes.
• Chaque équipe écrit sur un papier une liste de professions par ordre alphabétique.
EXEMPLE : *A comme Avocat ; B comme Boulanger, etc.*
Au bout de 10 minutes, le jeu s'arrête.
Chaque équipe dit ce qu'elle a écrit. On compte les points. (Attention, l'orthographe compte.)

Les formalités pour le voyage

2 **Devinettes**
Se joue à deux.
• Un apprenant pense à une chose à faire avant de partir en voyage.
EXEMPLE : *obtenir son visa.*
• L'autre joueur doit deviner. Il peut poser des questions.

La santé

3 **Association d'idées**
Se joue à deux.
• Un apprenant commence par nommer une partie du corps.
EXEMPLE : *bras*
• Son voisin continue avec un autre mot. Et ainsi de suite.
• Celui qui n'a plus d'idées a perdu !

Phonétique

▶ Le *e* muet 🔊 78

1 Écoutez et observez.

a. Interv**e**nante
*Le **e** est précédé de deux consonnes prononcées ([r] et [v]), je dois le prononcer.*

b. All**e**magne
*Le **e** est précédé d'une consonne prononcée ([l]), je ne suis pas obligé(e) de le prononcer.*

c. J**e** viens – J**e** viens
*En début de phrase, je ne suis pas obligé de prononcer le **e** de **je** et de **ce**.*

2 Écoutez et dites si ce que vous entendez est identique ou différent.

a. ☐ = ☐ ≠   b. ☐ = ☐ ≠   c. ☐ = ☐ ≠

3 Écoutez et répétez.

a. Je vais partir – J**e** vais partir.
b. Je viens de partir – J**e** viens de partir.
c. Je pars en All**e**magne – J**e** pars en All**e**magne.
d. Je pars en Angleterre – J**e** pars en Angleterre.

▶ [E] - [Ɛ̃] 🔊 79

1 Écoutez et observez.

[E]   [Ɛ̃]

Langue en avant ←   Langue en avant ←
Lèvres tirées   Lèvres tirées
Bouche ouverte   Bouche ouverte
L'air passe par la bouche   L'air passe par la bouche
                        et par le nez
                        Attention !
                        On ne prononce pas le [n] !

2 Écoutez et dites ce que vous entendez.

a. c'est sain   c. mais – main
b. paix – pain   d. prochaine – prochain

3 Écoutez et répétez.

a. Je vais – Je viens
b. Je vais voir le médecin.
c. Je vais faire un examen.
d. J'ai eu « mention très bien » !

UNITÉ 8 • Changer d'air

Grammaire

▶ Le passé récent

→ **Vérifiez vos réponses** (act. 6 p. 154)

passé proche du présent
╳————————|————————▶
　　　　　PRÉSENT

a. Ces deux phrases parlent du passé proche du présent : c'est le passé récent.
b. On utilise le verbe *venir* au présent pour former le passé récent.
c. Le verbe *venir* est suivi de « de + verbe à l'infinitif » : *Je viens de passer* mon bac.

1 **Conjuguez les phrases suivantes au passé récent.**
EXEMPLE : *Elle est très heureuse, elle vient de recevoir une réponse positive.*
1. Louis (avoir) …… sa licence d'histoire-géographie.
2. Nous (apprendre) …… que notre fille part en programme Erasmus.
3. Mia et Rémy (faire) …… un stage en Thaïlande.
4. Vous (passer) …… un examen.

2 **Imaginez des réponses aux questions suivantes. Utilisez le passé récent.**
EXEMPLE : – *Ils sont partis à l'étranger ?*
　　　　　 – *Oui, ils viennent de partir à l'étranger.*
1. – Elle a fait des demandes de stage ? – Oui, ……
2. – Tu as déjà commencé les cours au lycée ? – Oui, ……
3. – Elle a fini son école d'ingénieur ? – Oui, ……
4. – Tu as reçu une réponse ? – Oui, ……

▶ Le but

→ **Vérifiez vos réponses** (act. 9 p. 155)

a. Pour construire une expérience internationale ; afin de devenir agriculteur.
b. *Pour* et *afin de* veulent dire la même chose.
c. « *Pour* + verbe » et « *afin de* + verbe » expriment le but.

3 **Reliez les deux phrases en utilisant *pour* ou *afin de*.**
EXEMPLE : *Elle a quitté son pays. Elle veut vivre une autre vie.*
→ *Elle a quitté son pays pour vivre une autre vie.*
1. Il est parti à Hong Kong. Il veut devenir manager d'un restaurant. → ……
2. Les expatriés quittent leur pays. Ils veulent habiter à l'étranger. → ……
3. Geoffroy a quitté son travail. Il veut rejoindre sa femme à Singapour. → ……
4. J'ai créé mon entreprise en Asie. Je veux devenir chef d'entreprise. → ……

4 **Et vous ? Parlez de vos buts dans la vie à l'aide des verbes proposés. Utilisez *pour* ou *afin de* :**
quitter – partir – construire – recommencer – devenir – se marier – voyager – finir – oublier.

▶ Le futur

→ **Vérifiez vos réponses** (act. 3 p. 156)

a. Ces phrases expriment une action future sûre ou prévue.
b. On peut remplacer ces verbes par le futur proche.
c. Les terminaisons du futur : vous → -ez, il/elle → -a, ils/elles → -ont.

5 **Conjuguez les verbes entre parenthèses au futur.**
EXEMPLE : *Quand vous irez en Afrique, vous travaillerez où ?*
1. À l'aéroport, ils (demander) …… une pièce d'identité.
2. Si on commence à apprendre la langue du pays, on (communiquer) …… un peu à l'arrivée.
3. Elle (vérifier) …… les vaccins obligatoires pour partir au Vietnam.
4. Quand vous arriverez aux douanes, vous (montrer) …… votre passeport.

6 **Que devra faire Henri avant son départ ? Utilisez le futur.**
La semaine prochaine :
- ambassade de Russie　　　- assurance
- examen médical　　　　　- bagages
- billets d'avion sur Internet　- changer de l'argent

▶ Les pronoms COD

→ **Vérifiez vos réponses** (act. 7 p. 157)

a. Dans la phrase 1, *l'* remplace *la carte vitale*.
Dans la phrase 2, *les* remplace *les vaccins*.
Dans la phrase 3, *la* remplace *la tension*.
b. *La*, *les* et *l'* sont placés avant le verbe au présent.
c. La phrase 2 est la plus correcte : on ne répète pas deux fois le même mot.

7 **Répondez aux questions en utilisant les pronoms *le*, *la*, *l'* ou *les*.**
EXEMPLE : – *Vous prenez vos médicaments ? – Oui, je les prends.*
1. – Tu connais ce docteur ? – Oui, ……
2. – Vous avez votre carte vitale ? – Oui, ……
3. – Les examens de santé sont gratuits en France ?
– Oui, ……
4. – On fait le vaccin aujourd'hui ? – Oui, ……
5. – Vous avez les résultats de la prise de sang ?
– Oui, ……

8 **Imaginez une phrase avec les pronoms *le*, *la*, *l'* ou *les* en parlant des choses suivantes :**
carte vitale – docteur – médicaments – pharmacien.
EXEMPLE : *Tension → ma tension ? Je la prends chaque jour.*

→ Point Récap p.165

S'EXPRIMER
ATELIERS D'EXPRESSION ORALE

Demander et donner une opinion

Doc. 1

Doc. 2

En 1953, Nicolas Bouvier quitte l'université et part pour un long voyage sans penser au retour : destination Ceylan. Accompagné d'un ami, le peintre Thierry Vernet, il part dans sa Fiat Topolino ; dans le coffre de la minuscule voiture : un magnétophone, les *Essais* de Montaigne, une machine à écrire et un appareil photo.

Trois ans de voyage qui le conduiront en Yougoslavie, Turquie, Iran, Kurdistan, Pakistan, Afghanistan pour finir en Inde et à Ceylan.

À la fin du voyage, il écrit une grande œuvre : *L'usage du monde*.

Nicolas Bouvier devient « chercheur d'images » et découvre le métier de photographe pendant son voyage.

L'album *L'œil du voyageur* regroupe ses photographies prises pendant son voyage de 1953 à 1955.

Aujourd'hui encore, le Suisse Nicolas Bouvier est un des plus grands écrivains voyageurs de notre temps.

Doc. 3

▶ Je pars !

1 Regardez les documents 1 et 2.
a. Qui est Nicolas Bouvier ?
b. Qu'est-ce qu'on peut trouver dans *L'œil du voyageur* ?

2 Écoutez la conversation.
a. Qui parle et où sont-ils ?
b. Quel est le sujet de conversation ?
c. Relevez les opinions de chaque personne.

3 Demandez et donnez votre opinion.
a. Qu'est-ce que vous pensez des grands voyages ?
b. Vous trouvez que le choix de Jauris est une bonne idée ? Donnez votre opinion.

💡 **Stratégie**
Pour répondre efficacement, je suis à l'écoute de ce que mon interlocuteur me dit ou me demande.

Communication

Demander une opinion
- Qu'est-ce que tu en penses ?
- Tu en penses quoi ?
- Tu trouves que c'est une bonne idée ?
- Tu trouves que c'est bien ?

Donner une opinion
- Pour moi, ...
- À mon avis, ...
- Je crois/pense/trouve que...

UNITÉ 8 • Changer d'air

Parler du temps qu'il fait

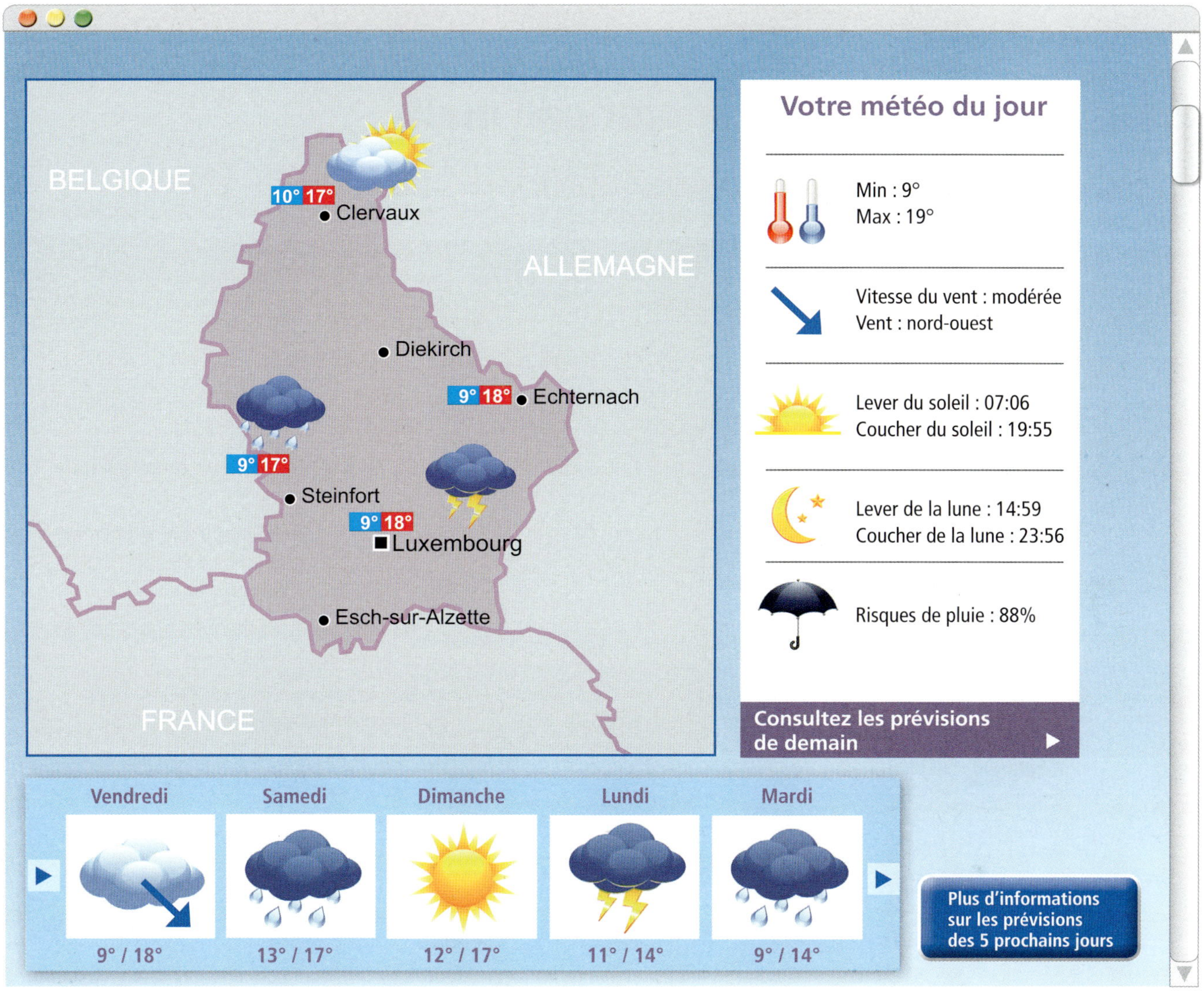

Votre météo du jour

Min : 9°
Max : 19°

Vitesse du vent : modérée
Vent : nord-ouest

Lever du soleil : 07:06
Coucher du soleil : 19:55

Lever de la lune : 14:59
Coucher de la lune : 23:56

Risques de pluie : 88%

Consultez les prévisions de demain

Clervaux 10° 17°
BELGIQUE
ALLEMAGNE
Diekirch
Echternach 9° 18°
Steinfort 9° 17°
Luxembourg 9° 18°
Esch-sur-Alzette
FRANCE

Vendredi	Samedi	Dimanche	Lundi	Mardi
9° / 18°	13° / 17°	12° / 17°	11° / 14°	9° / 14°

Plus d'informations sur les prévisions des 5 prochains jours

1 Top chrono !

a. Qu'est-ce que vous voyez ?
b. Quel temps fait-il aujourd'hui, jeudi ?
c. Et dans votre pays, quel temps fait-il aujourd'hui ?

2 Préparation

a. Par deux, vous choisissez un pays et les villes principales.
b. Écrivez un petit texte sur la météo de demain pour chaque ville.
Exemple : *Demain, à Montréal, il fera – 15° C.*
Il neigera toute l'après-midi.
c. **Prononcez.** Relevez les mots contenant les sons [ɛ̃] et [E] dans votre texte et entraînez-vous à les prononcer.
Écoutez et prononcez. *Il fit faire vingt verres de vin fins.*

3 À vous !

Vous présentez la météo du pays que vous avez choisi devant la classe.

Communication

Parler de la météo
• Il fait beau ≠ mauvais.
• Il fait chaud ≠ froid.
• Il y a du vent/du soleil/des orages/du brouillard.
• Il pleut.
• Il neige.
• Il fait 20° C (degrés).

cent soixante et un • 161

S'EXPRIMER
ATELIER D'ÉCRITURE

Répondre à un appel à projet par mail

Objet	Réponse à appel à projet
pièce(s) jointe(s)	

Bonjour,

Je vous écris pour vous proposer un projet musical.

Je joue du djembé dans un groupe de musique mandingue. Le djembé est un instrument de percussion africaine.

Je voudrais partir au Sénégal avec mon groupe de musique.

Quand nous arriverons là-bas, nous chercherons des lieux (bars, café concerts) pour jouer notre musique.

Nous souhaitons rester au moins six mois.

Le projet permettra de partager notre musique avec d'autres francophones.

J'attends votre réponse avec impatience.

Bien cordialement,

Antonin Lapalle

1 Réaction

1. Regardez l'affiche.
a. De quelle ville provient l'affiche ?
b. Que propose la mairie ?

2. Lisez le mail.
a. Quel type de projet propose Antonin ?
b. Où est-ce qu'il voudrait aller ?
c. Pour quoi faire ?

2 Préparation

Vous allez répondre à l'appel à projet par mail.
a. Choisissez un thème pour votre projet.
b. Préparez votre mail et précisez :
- l'objet du mail ;
- l'idée générale ;
- le lieu du projet ;
- le déroulement du projet ;
- la durée du projet ;
- les résultats souhaités.

3 Rédaction

Vous répondez à l'appel à projet.
N'oubliez pas de prendre congé et de signer !

Communication

Écrire un mail
- **L'objet :** Réponse à appel à projet
- Bonjour/Madame/Monsieur,
- Je vous écris pour...
- Bien cordialement,
- **Signature :** Antonin Lapalle

L'ATELIER 2.0

Réaliser une newsletter

Vous allez réaliser une newsletter pour les expatriés francophones qui viennent dans votre pays.

1 On s'organise

En classe, nommez toutes les infos pratiques pour un expatrié avant son départ et une fois sur place : les formalités, les informations essentielles.

2 On se prépare

En groupe de trois ou quatre personnes, faites une liste des rubriques que vous présenterez dans votre newsletter. Chaque groupe choisit la rubrique qui lui plaît.

Rubriques	
Vie quotidienne	Activité professionnelle
Associations	Difficultés rencontrées
Bons plans	Lien avec la France/garder contact
Vie pratique	Bonnes adresses
Communauté francophone	Météo et climat
Nouveaux arrivants	

Vous devez avoir des rubriques différentes.
Complétez vos rubriques.

3 On présente à la classe

Chaque sous-groupe présente sa rubrique à la classe.

4 On publie

La classe publie sa newsletter sur l'espace de son choix : mur(s), blog….

POINT RÉCAP'

Lexique / Communication

Les études
- le baccalauréat (bac)
- un examen
- avoir une mention
- être diplômé de / avoir un diplôme de...
- un lycée/un lycéen
- l'université
- un étudiant
- faire une demande de stage
- les matières

Les formalités
- une carte d'identité
- un visa
- une carte européenne d'assurance
- la douane
- une ambassade
- un bureau de change

Les parties du corps et la santé
- la tête
- la bouche
- l'oreille
- le bras
- la main
- la jambe
- le pied
- un vaccin
- guérir
- soigner

La vie professionnelle
- un graphiste
- un manager/un directeur
- un enseignant
- un employé (de bureau)
- un chef d'entreprise
- un agriculteur
- être au chômage
- être à la retraite

CHANGER D'AIR

Dire comment on se sent
- aller bien/mal
- se sentir bien/mal
- être malade
- avoir de la fièvre
- être stressé(e)/anxieux(-se)
- avoir mal à + partie du corps
- avoir un rhume
- prendre un médicament

Demander et donner une opinion
- Qu'est-ce que tu en penses ?
- Tu en penses quoi ?
- Tu trouves que c'est une bonne idée ?
- Pour moi, ...
- À mon avis...
- Je trouve/pense/crois que...

Parler de la météo
- Il fait beau ≠ mauvais.
- Il fait chaud ≠ froid.
- Il y a du vent/du soleil/des orages/du brouillard.
- Il pleut.
- Il neige.
- Il fait 20° C (degrés).

Activité RÉCAP'

Vous décidez de partir à l'étranger. Vous choisissez une destination. Vous organisez toutes les étapes avant de partir.

1 Répartissez-vous en cinq groupes :
- le projet de départ ;
- le rendez-vous médical ;
- le rendez-vous à l'ambassade ;
- la rencontre avec l'employeur ;
- la discussion avec les amis.

2 La personne qui part doit consulter les différents intervenants :
- le docteur pour la visite médicale ;
- la personne de l'ambassade pour les formalités ;
- l'employeur pour parler de ses études et de sa vie professionnelle ;
- les amis pour donner leur avis sur le projet.

3 À vous de jouer !

UNITÉ 8 • Changer d'air

Grammaire

▶ Le passé récent

• On utilise le passé récent pour parler d'une action qui vient de se produire.
EXEMPLE : *Youpi ! Je viens juste de recevoir une réponse positive pour mon stage !*

• Le passé récent se forme avec le verbe **venir** conjugué au présent de l'indicatif + **de/d'** + un verbe à l'infinitif.
EXEMPLE : *Il vient d'avoir son bac.*

→ Précis, P. 196

▶ Le but

Pour parler du but, on utilise :
– *pour* + verbe à l'infinitif
– *afin de* + verbe à l'infinitif
EXEMPLES : *Ils sont partis pour construire une nouvelle vie.*
Elle a quitté son travail afin de créer son entreprise au Brésil.

→ Précis, P. 195

▶ Le futur

• On utilise le futur simple pour parler d'une action prévue ou certaine.
EXEMPLE : *Si tu passes à la douane, ils demanderont ton passeport.*

• Le futur se forme avec le verbe à l'infinitif + les terminaisons : *-ai, -as, -a, -ons, -ez, -ont.*
→ *je demanderai.*

• Il existe des futurs irréguliers :
être → *je serai*, avoir → *j'aurai*, faire → *je ferai*, aller → *j'irai*, venir → *je viendrai*.

• Pour certains verbes, il faut enlever le –e final.
EXEMPLE : *mettre* → *je mettrai.*

Remarque :
– Il est souvent possible d'utiliser le futur ou le futur proche.
EXEMPLE : *Demain, j'irai chez le docteur.*
Demain, je vais aller chez le docteur.
– En général, on utilise le futur simple avec une phrase qui commence par *quand*.
EXEMPLE : *Quand vous arriverez à Montréal, vous devrez montrer votre passeport.*

→ Précis, P. 196

▶ Les pronoms simples

• On utilise les pronoms *le, la, l'* et *les* pour remplacer un nom. On évite la répétition.
Attention, *le, la, les* remplacent seulement les noms qui sont déterminés par :
– un adjectif démonstratif (*ce, cet, cette, ces*) ;
EXEMPLE : – *Tu connais ce docteur ?*
– *Oui, je le connais.*
– un adjectif possessif ;
EXEMPLE : – *Tu ne prends pas ton certificat médical ?*
– *Si, si, je le prends.*
– un article défini ;
EXEMPLE : – *Tu vas voir le dentiste ?*
– *Oui, je vais le voir.*

• *Le* remplace un nom masculin.
EXEMPLE : *Je vous donne ce médicament. Vous le prenez le soir.*
• *La* remplace un nom féminin.
EXEMPLE : – *Vous ne prenez pas ma tension docteur ?*
– *Si, je vais la prendre.*
• *L'* remplace un nom masculin ou féminin qui commence par une voyelle.
EXEMPLE : – *Vous avez la carte vitale ?*
– *Oui je l'ai.*
• *Les* remplace un nom pluriel.
EXEMPLE : – *Il faut faire des vaccins ?*
– *Oui, il faut les faire avant le départ.*

→ Précis, P. 194

SE COMPRENDRE

ACTU CULTURE

Découvrir, apprendre et réussir !

En quelques lignes

Fin XIXe : l'école devient laïque, obligatoire et gratuite.

Le système éducatif français est organisé en trois grandes étapes : école, collège et lycée.
- Scolarisation obligatoire de 6 à 16 ans.
- Entrée en maternelle à 2 ou 3 ans.
- Pas d'examen de passage pour entrer en 6e au collège.
- **Les disciplines :** français, mathématiques, histoire-géographie, éducation civique, sciences de la vie et de la terre, technologie, arts plastiques, éducation musicale, éducation physique et sportive, physique-chimie.

Coût des études supérieures en France en 2012-2013

Établissements publics
- 181 € pour les étudiants en licence
- 250 € pour les étudiants en master
- 380 € pour les étudiants en doctorat
- 596 € pour les étudiants en écoles d'ingénieur

Établissements privés
- entre 3 000 € et 10 000 €

Le système scolaire français

Enseignement primaire	École maternelle	Toute petite section	1 an
		Petite section	2 ans
		Moyenne section	3 ans
		Grande section	4 ans
			5 ans
Enseignement primaire	École élémentaire	Cours préparatoire CP	6 ans
		Cours élémentaire CE1	7 ans
		Cours élémentaire CE2	8 ans
		Cours moyen CM1	9 ans
		Cours moyen CM2	
Enseignement secondaire	Collège	6e	10 ans
		5e	11 ans
		4e	12 ans
		3e	13 ans
Diplôme national du brevet			**14 ans**
Enseignement secondaire	Lycée général et technologique	2de générale et technologique	15 ans
		1re générale et technologique	16 ans
		Terminale générale et technologique	17 ans
		Ou	
Enseignement secondaire	Lycée professionnel	2de pro / CAP / BEP en 3 ans	15 ans
		1re pro	16 ans
		Terminale pro	17 ans
Baccalauréat			**18 ans**

1 Lisez les informations et répondez aux questions.
1. Comment est organisé le système scolaire français ?
2. Quel âge a-t-on quand on est en CM2 ?
3. L'instruction est-elle obligatoire à 17 ans ?
4. Combien d'années faut-il pour passer son BEP ?
5. Citez les équivalences avec votre système.

 **des grandes écoles de commerces françaises**
1. HEC
2. ESSEC
3. ESCP Paris
4. EM Lyon
5. Edhec

UNITÉ 8 • Changer d'air

Et aussi...

LES MOOC
Une approche alternative

Un MOOC ?

Vient de l'anglais – Massive open online courses. Cet acronyme signifie « Cours de masse en ligne et gratuit ». Désormais, apprendre n'est plus réservé à une période de la vie.

Les MOOC permettent d'apprendre n'importe quand et gratuitement depuis son ordinateur.

LES MOOC EN FRANCE

ITypa

Acronyme de « Internet, tout y est pour apprendre », ITypa a eu lieu du 4 octobre au 13 décembre 2012. Il a réuni 800 participants. Son but était de construire chez les apprenants un « environnement d'apprentissage personnel ».

France université numérique (FUN)

Janvier 2014

La première plateforme française de cours d'enseignement supérieur gratuits en ligne

But :
- proposer une pédagogie adaptée aux nouvelles générations, les *digital natives*
- intégrer le numérique dans les pratiques enseignantes
- proposer des cours en ligne à distance aux étudiants étrangers
- permettre aux salariés et demandeurs d'emploi de se former

Du côté des Suisses

L'UNIGE ouvre son premier Mooc sur la santé globale

L'Université de Genève lance, le 7 octobre 2013, son premier Cours en ligne et massif (Mooc) sur la santé globale d'une durée de huit semaines. Elle compte déjà 60 000 inscriptions pour son premier cours sur le management des organisations internationales.

D'autres MOOC francophones
- L'EPF Lausanne
- Au Québec, HEC Montréal

2 Quiz. Vrai ou Faux ?

1. Le MOOC est un mot français.
2. Un acronyme est un mot formé avec les initiales de mots.
3. Étudier avec un MOOC permet d'apprendre tout au long de la vie.
4. Les MOOC existent depuis longtemps en France.
5. Les MOOC proposent des cours à distance et en présentiel.

Les réponses

1. F. 2. V. 3. V. 4. V. 5. F

Drôle d'expression

« *Avoir le cœur sur la main.* »

contexte Il a gagné à la loterie et il a tout donné à ses petits-enfants. Il a vraiment le cœur sur la main.

3 Lisez l'expression et répondez.

1. Dessinez l'expression.
2. D'après le contexte, l'expression *Avoir le cœur sur la main* signifie :
a. Ce grand-père a des problèmes de santé.
b. Ce grand-père est très généreux.
3. Avez-vous une expression similaire dans votre langue ?

S'ÉVALUER
PRÉPARATION AU DELF A2

Les documents sonores sont téléchargeables sur le site www.didierfle.com/saison.

PARTIE 1 — Compréhension de l'oral

EXERCICE 1

Vous allez entendre 2 fois un document. Vous avez 30 secondes de pause entre les 2 écoutes puis 30 secondes pour vérifier vos réponses. Lisez les questions. Vous êtes en France. Vous entendez cette émission à la radio. Répondez aux questions.

1. Quel est le sujet de l'émission ? ......
2. Quand faut-il préparer son voyage ?
☐ en janvier   ☐ en mars
☐ en avril   ☐ en septembre
3. Que faut-il faire en mars ? ......
4. À qui pouvez-vous demander des conseils ?
☐ aux étudiants
☐ aux professeurs
☐ aux directeurs d'école
5. Où pouvez-vous obtenir des informations sur le programme Erasmus ? ......
6. Où pouvez-vous entrer en contact avec des étudiants qui sont partis étudier à l'étranger ? ......

PARTIE 2 — Compréhension des écrits

Lisez la page du blog.

> Étudier à l'étranger > Blogs étudiants   Publié par **Maël** | mars 2013
>
> ### Moi Maël, étudiant Erasmus en Suisse pendant 6 mois
>
> Bonjour à tous, je m'appelle Maël, j'ai 21 ans et j'habite dans le Sud de la France. Voici comment j'ai préparé mon départ pour la Suisse.
>
> Je suis parti du 15 août 2012 au 30 janvier 2013, pour un semestre d'études.
>
> J'ai décidé de partir à Genève car la ville se situe en Suisse Romande donc francophone. Je voulais voir comment on enseignait l'apprentissage du français dans un pays francophone. Et bien sûr découvrir un nouveau mode de vie, une nouvelle culture et prendre mon indépendance.
>
> Globalement, je n'ai pas trouvé les démarches difficiles pour partir avec le programme Erasmus. Pour commencer, j'ai assisté à des réunions organisées par le bureau des relations internationales de mon université. Après avoir choisi les pays où je voulais aller (j'ai choisi 3 pays), j'ai constitué mon dossier et je l'ai déposé au bureau des relations internationales. Un mois après, j'ai su que ma candidature avait été acceptée. J'ai dû choisir les matières que j'allais étudier en Suisse en contactant l'université de Genève. Enfin, j'ai préparé mon dossier pour obtenir la bourse Erasmus.

Répondez aux questions.

1. Qui est Maël ?
......
2. Pendant combien de temps est-il parti en Suisse ?
☐ 6 mois
☐ 1 an
☐ 1 an et demi
☐ 6 ans
3. Maël est-il content de son expérience en Suisse ? Justifiez votre réponse en copiant une partie du texte.
OUI / NON   ......
4. Pourquoi Maël est-il parti à Genève ?
......
5. Maël a trouvé que c'était facile de partir avec le programme Erasmus ? Justifiez votre réponse en copiant une partie du texte.
VRAI / FAUX   ......
6. Qu'est-ce que Maël a fait en premier ?
☐ assister à des réunions
☐ contacter une université
☐ demander une bourse
7. Où Maël a-t-il déposé son dossier Erasmus ?
......

PARTIE 3 — Production écrite

EXERCICE 1
Vous venez de faire un stage dans un pays francophone pour améliorer votre pratique du français. Écrivez un courriel à votre responsable pour lui parler de ce que vous avez fait. Vous donnez vos impressions.
60 à 80 mots

EXERCICE 2
Vous venez de recevoir ce mail. Vous répondez à votre responsable pour le remercier. Vous lui demandez des renseignements sur le séjour. Vous lui demandez un rendez-vous.
60 à 80 mots

Objet	Réponse à demande de stage
pièce(s) jointe(s)	

Bonjour,

J'ai le plaisir de vous annoncer que votre demande de stage au Canada a été acceptée. Vous pouvez donc contacter le service des ressources humaines pour organiser votre voyage.

Bien cordialement,

D. LEBRUN, chef d'équipe

PARTIE 4 — Production orale

EXERCICE 1 – Entretien
Répondez aux questions suivantes à l'oral.

☐ Est-ce que vous avez fait des études à l'étranger ? Pourquoi ?
☐ Où avez-vous fait vos études ?
☐ Comment préparez-vous vos voyages ?
☐ Quel temps fait-il aujourd'hui ?
☐ Aimez-vous partir dans des pays exotiques ?

EXERCICE 2 – Monologue suivi
Choisissez un sujet. Vous vous exprimez sur le sujet.

Sujet 1
Où aimeriez-vous partir pour les vacances ? Décrivez votre destination et expliquez votre choix.

Sujet 2
À votre avis, quelle(s) qualité(s) faut-il posséder pour partir vivre dans un pays étranger ? Expliquez pourquoi.

EXERCICE 3 – Jeu de rôles
Choisissez un sujet. Jouez la situation avec l'examinateur.
N'oubliez pas de saluer et d'utiliser les règles de politesse.

Sujet 1
Vous allez effectuer un voyage dans un pays que vous ne connaissez pas du tout et qui est un peu dangereux. Vous allez vous renseigner auprès de votre médecin pour savoir ce qu'il faut faire avant de partir.

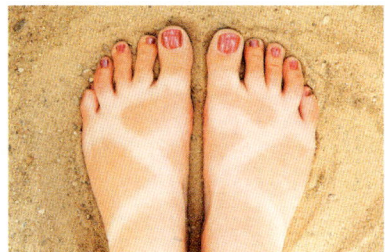 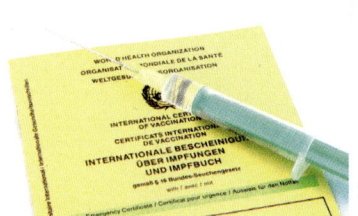 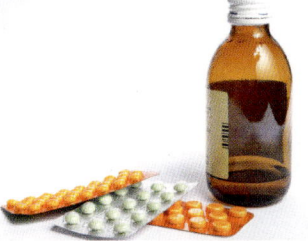 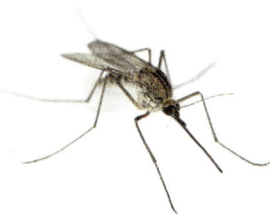

Sujet 2
Vous êtes étudiant(e) dans une université en France. Vous n'êtes pas satisfait(e) de vos études et vous voulez changer de filière. Vous allez voir votre professeur de français pour l'interroger sur les possibilités de changer de filière.

Unité 9

Devenir éco-citoyen

S'INFORMER

DÉCOUVRIR
- La citoyenneté au quotidien
- Les droits du citoyen

RÉAGIR
- Parler d'activités
- Exprimer un souhait

S'EXPRIMER

ATELIERS D'EXPRESSION ORALE
- Exprimer son mécontentement
- Encourager à devenir solidaire

ATELIER D'ÉCRITURE
- Écrire une biographie

L'ATELIER 2.0
▶ Préparer une exposition

S'ÉVALUER
- DELF A2

On en parle ?
Vous sentez-vous éco-citoyen ?
Quelles associations d'actions citoyennes connaissez-vous ?
Êtes-vous membre d'une association ?

S'INFORMER

DÉCOUVRIR
La citoyenneté au quotidien

Le service civique en vidéo ▶️ 10

1 Qu'est-ce que vous voyez ?
De quel genre de film s'agit-il ?
Dans quels domaines peut-on faire un service civique ?
Et vous, avez-vous fait un service civique ? Où ?

LE + INFO
Savez-vous que le service civique est un engagement volontaire ouvert à tous les jeunes de 16 à 25 ans ?

Ils parlent de leurs actions citoyennes

2 Écoutez et répondez. 🔊 82

a. De quoi parlent ces jeunes ?
☐ de leur première expérience professionnelle
☐ de leur expérience comme bénévole
b. Quelle est leur mission ?
Associez une personne à un thème et à une photo.

1 Tania	a. L'aide à la personne âgée
2 Marco	b. La lutte contre le racisme
3 Louise	c. L'humanitaire

Mots et expressions

La solidarité
- l'action humanitaire
- le bénévolat
- aider les autres
- être utile
- ....
- ....

Communication

Exprimer son intérêt
- C'est intéressant.
- Je suis admiratif/admirative !
- C'est super ça !
- Ça m'intéresse.

3 Écoutez encore. 🔊 82
a. Où intervenait Marco ? Qui aidait-il ?
b. Était-ce une expérience positive ou négative ? Pourquoi ?

4 Observez ces phrases.

Avant, Louise ne savait pas quoi faire, elle n'avait pas de projets. Un jour, elle est allée à la mairie et a pris les contacts de différentes associations. Maintenant, elle est bénévole pour l'Asti.

a. Soulignez les verbes. De quels temps s'agit-il ?
b. Repérez les indicateurs de temps. Placez-les sur la ligne du temps :

⟵─X────────X────────X────⟶

c. Quels temps du passé permettent :
☐ d'indiquer le changement de situation, la succession d'actions ?
☐ de décrire la situation, les circonstances ?

▶ **l'imparfait et le passé composé (3)** → Vérifiez et exercez-vous : 1-2 p. 177
▶ *savoir* → Précis p. 199

Les droits du citoyen

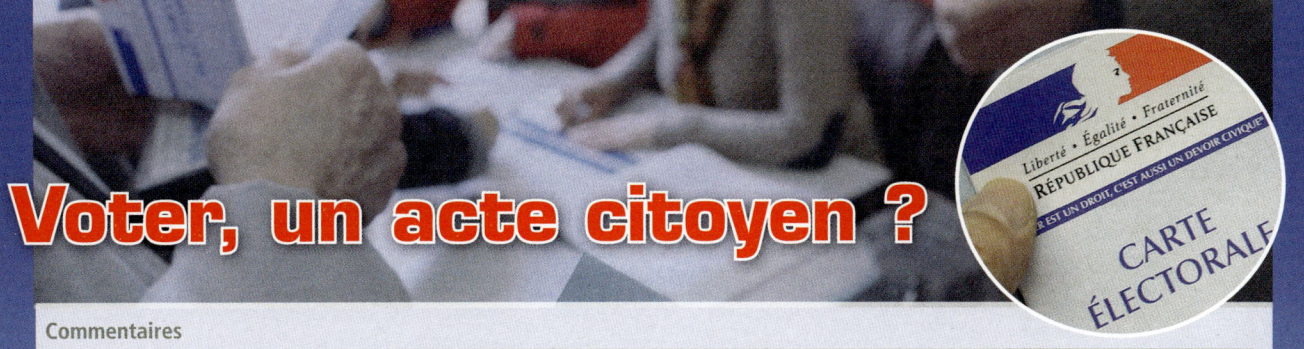

Voter, un acte citoyen ?

Commentaires

Jamila (Bordeaux) ▶ Le droit de vote existe pour les Français depuis 1799 pour les hommes et depuis 1944 pour les femmes. Voter n'est pas obligatoire, mais pour moi, c'est un devoir. Je pense à toutes ces femmes qui n'ont pas pu voter pendant des années. Alors, je participe aux différentes élections : d'abord, à l'âge de 18 ans, j'ai voté pour les élections européennes, puis pour l'élection du président de la République en 2012, et enfin pour les municipales en 2014.

Cécile (Namur) ▶ En Belgique, voter est une obligation. En 1893, la Belgique a été le premier pays à adopter le vote obligatoire. Ce système existe aussi depuis longtemps dans d'autres pays comme l'Australie, la Grèce, la Turquie, et le Brésil, je crois. Pour moi, voter est un acte important mais ce n'est pas suffisant pour être un bon citoyen. Par exemple, pendant 5 ans, j'ai fait partie d'une association pour aider les plus pauvres de mon quartier. Je pense que la vie associative est un élément très important de l'action citoyenne parce qu'elle permet de mieux vivre ensemble.

voir la suite >

5 Observez la photo en haut à droite.

a. Que voyez-vous ?
b. À votre avis, quand est-ce qu'on utilise ce document ?
c. Quelle est la devise de la République française ?

6 Lisez le document.

a. Quel est le thème du tchat ?
b. Jamila et Cécile sont de quelle nationalité ?
c. Le vote est-il obligatoire dans leur pays ?
d. Voter est-il un acte aussi important pour Jamila et Cécile ? Pourquoi ?

7 Relisez puis répondez.

Jamila a déjà voté pour quelles élections ? Complétez.
D'abord, ...
Ensuite, ...
Finalement, ...

8 Observez ces phrases.

Le droit de vote existe pour les Français depuis 1799.
Je pense à toutes ces femmes qui n'ont pas pu voter pendant des années.
Ce système existe depuis longtemps dans d'autres pays.
Pendant cinq ans, j'ai fait partie d'une association.

a. Quels mots permettent d'indiquer une durée ? Soulignez-les.
b. Dans quelles phrases l'action continue encore aujourd'hui ?
c. La durée de l'action est limitée dans quelles phrases ?

▶ depuis/pendant → Vérifiez et exercez-vous : 3-4 p. 177

Mots et expressions

Vie politique et citoyenneté
- le président de la République
- les élections (municipales/européennes)
- le vote
- Liberté, Égalité, Fraternité
....
....

Mots et expressions

Indiquer une chronologie
- d'abord
- puis
- enfin
....
....

Parlez de l'info !

9 Comment être un bon citoyen ?

10 Avez-vous déjà voté ?

cent soixante-treize • 173

S'INFORMER

RÉAGIR
Protégeons l'environnement

Se mettre au vert

accueil   contacts   forum

ÉCOVOLONTARIAT INTERNATIONAL

Partez en mission environnementale avec **Écovolontariat International** !
Nous recherchons des écovolontaires pour l'été. Venez nous rejoindre pendant vos vacances !
L'écovolontaire est concerné par la protection de la nature.
On lui donne une mission et il travaille avec des accompagnateurs et la population locale.

Choisissez votre mission

Protéger les animaux en Guyane
Vous aimez observer la faune et la flore ? Surveillez les espèces animales protégées (singes, dauphins, tortues, caïmans à lunettes…) et participez aux inventaires des espèces végétales (orchidées, hibiscus, plantes carnivores…).

Guide dans la réserve naturelle de Scandola
Ce site unique au monde est situé en Corse, au bord de la mer. Il est particulièrement protégé mais accueille dans le même temps des touristes.
Votre mission ? Informer les touristes. Vous leur parlerez des nombreux oiseaux marins et leur proposerez des visites de la réserve en bateau.

Consultez la liste des missions d'**Écovolontariat International** en cliquant ici et contactez-nous vite !

---

1 Regardez le document.

a. De quelle couleur est-il ? Pourquoi ?
b. Quels noms d'animaux connaissez-vous ?

2 Lisez le document.

a. Que propose le site Écovolontariat International ?
b. Vrai ou Faux ?

	Vrai	Faux
1. L'écovolontaire s'intéresse à la protection de l'environnement.	☐	☐
2. Les missions sont proposées toute l'année.	☐	☐
3. Il faut téléphoner pour obtenir la liste des missions.	☐	☐

c. Où l'écovolontaire peut-il partir en mission et que doit-il faire ?

3 Observez ces phrases.

1. L'écovolontaire est concerné par la protection de la nature.
On <u>lui</u> donne une mission : informer les touristes.
2. Vous <u>leur</u> parlerez des nombreux oiseaux marins et <u>leur</u> proposerez des visites en bateau.

a. Les pronoms soulignés dans ces phrases remplacent quels mots ?
b. Remplacent-ils des noms de chose ou de personne ?
c. Quel est le pronom singulier ? et le pronom pluriel ?

▶ **les pronoms indirects (COI)** → Vérifiez et exercez-vous : 5-6 p. 177

Mots et expressions

L'environnement
- la nature
- la mer
- la réserve naturelle
- la faune et la flore
- ....
- ....

Mots et expressions

Les animaux
- un dauphin
- un oiseau
- un singe
- une tortue
- ....
- ....

UNITÉ 9 • Devenir éco-citoyen

L'environnement, un jeu d'enfant ?

4 Écoutez le document.

a. Qu'entendez-vous ?
☐ une discussion entre deux membres d'une association
☐ une conversation entre deux enseignants
b. Pourquoi et pour qui les deux personnes veulent-elles organiser des activités ?

Communication

Exprimer un souhait
- J'aimerais bien faire un cours.
- Je voudrais transmettre le goût de la nature.
- Ça me plairait d'aller en forêt.
- Il faudrait…

5 Réécoutez et notez quelles activités l'homme et la femme voudraient organiser.

J'aimerais…
Je voudrais…
Ça me plairait de…

6 Écoutez une dernière fois. Relevez les mots ou expressions en relation avec la nature.

7 Observez ces phrases.

1. Je voudrais transmettre à mes élèves le goût de la nature.
2. On placerait une maison pour les oiseaux dans un arbre. Comme ça, les enfants observeraient les différentes espèces et pourraient leur donner à manger.

a. Qu'exprime-t-on dans ces deux phrases ?
Trouvez les deux réponses correctes.
☐ un souhait ☐ un regret ☐ une possibilité ☐ un conseil
b. Est-ce que les actions indiquées sont réalisables ?
c. À quels temps ressemblent le conditionnel ?

▶ **le conditionnel présent** → Vérifiez et exercez-vous : 7-8 p. 177
▶ *connaître* → Précis p. 200

Réagissez !

8 Vous avez envie de passer un week-end au calme, loin de la ville. Que pourriez-vous faire pour vous mettre au vert ?
À deux, parlez de l'endroit idéal et des activités que vous pourriez organiser pendant ce week-end.

Agissez !

9 Vous êtes un(e) passionné(e) de nature et d'animaux. Votre ami(e) français(e) vous invite chez lui/elle pendant les vacances. Dans un mail, exprimez le souhait de découvrir la faune et la flore de sa région.

POINT ÉTAPE

→ Cahier d'activités, unité 9

Lexique

La citoyenneté

1 Règles de vie en commun

La classe est divisée en deux.
• Un groupe doit nommer 5 droits et un autre groupe doit citer 5 devoirs.
Exemples : *Nos droits : l'accès à l'éducation, vivre dans de bonnes conditions…*
Nos devoirs : respecter la loi, aider une personne en difficulté…
• Continuez le jeu avec les 5 droits et devoirs de la classe !

💡 **Stratégie**
Pour enrichir mon vocabulaire, je cherche des mots de la même famille.

La nature et l'environnement

2 Association d'idées

Se joue à plusieurs.
• Dites un mot ou une expression sur le thème de la nature et de l'environnement. Exemple : *une forêt*.
• La personne suivante continue sur le même thème et dit *un arbre*.
• La troisième personne ajoute par exemple *vert*.
• La quatrième personne continue avec *l'écologie*, et ainsi de suite.
Attention : on ne doit pas répéter les mots plusieurs fois dans la même partie !

Les animaux

3 Jeu de mémorisation

Je suis allé(e) au parc animalier et j'ai vu…
Se joue en groupe.
• La première personne lit la phrase et imagine un animal qu'elle a pu voir au zoo.
• Une deuxième personne répète la même phrase et ajoute un deuxième animal.
• La personne suivante répète et ajoute un troisième animal.
• Vous pouvez continuer le jeu avec les animaux de compagnie si vous le souhaitez !

Phonétique

▶ **Le jeu des sons** • Lancez les dés et jouez. Le premier arrivé a gagné !

13 Avancez de 2 cases. ↓	**12** Trouvez un mot avec le son [ɔ̃].	**11** *Prononcez !* Ulysse imite une minute Alice.	**10** Reculez → de 3 cases.	**9** 84 *Choisissez !* ☐ ton plat ☐ ton plan	**8** 84 *Choisissez !* ☐ un jus ☐ un jeu
14 *Prononcez !* Il fit faire vingt verres de vin fins	**ARRIVÉE**	**22** Je passe mon tour.	**21** 84 *Choisissez !* ☐ la lame ☐ la rame	**20** Trouvez un mot avec le son [ɛ̃].	**7** Passez votre tour.
15 Passez votre tour.	**16** Trouvez un mot avec le son [ɑ̃].	**17** 84 *Choisissez !* ☐ cent bains ☐ cent bancs	**18** *Prononcez !* Ursule l'ours russe assure !	**19** ← Reculez de 4 cases.	**6** *Prononcez !* Le sage change en s'assagissant.
DÉPART	**1** 84 *Choisissez !* ☐ un élève ☐ une élève	**2** *Prononcez !* Le ton de tonton monte.	**3** Avancez → de 2 cases.	**4** 84 *Choisissez !* ☐ le théâtre ☐ les théâtres	**5** Trouvez un mot avec le son [y].

Grammaire

▶ L'imparfait et le passé composé (3)

→ **Vérifiez vos réponses** (act. 4 p. 172)
a. Il s'agit de l'imparfait *(savait, avait)*, du passé-composé *(est allée, a pris)* et du présent *(est)*.
b.
```
×────────────×────────────×──────►
avant      un jour     maintenant
```
c. Le passé-composé permet d'indiquer le changement de situation : *Un jour, elle est allée...* L'imparfait sert à décrire la situation passée, les circonstances : *Avant, Louise ne savait pas quoi faire, elle n'avait pas de projets.*

1 Conjuguez les verbes au passé composé ou à l'imparfait dans ce texte.

Quand je (être) ...... petite, je (vivre) ...... à Madagascar. Mes parents (travailler) ...... pour une ONG là-bas. Pour aller à l'école, je (devoir) ...... traverser une rivière parce qu'il n'y (avoir) ...... pas de pont. On (voir) ...... souvent des crocodiles. C'(être) ...... très dangereux... Un jour, un crocodile (essayer) ...... d'attaquer mon frère et moi : l'animal (s'approcher) ...... puis (commencer) ...... à tourner autour de nous. Nous (courir) ...... très vite pour sortir de l'eau. Heureusement, nous (être) ...... plus rapide que lui. Quelle aventure !

2 Passé composé ou imparfait ? Trouvez la bonne réponse puis, par deux, préparez trois phrases sur le même modèle. Vous les lirez à la classe qui choisira la réponse correcte.

1. Quand elle a rencontré Simon,...
☐ il faisait son service civique.
☐ il a fait son service civique.
2. Quand j'étais enfant,...
☐ j'avais peur des chiens.
☐ j'ai eu peur des chiens.

▶ Depuis/pendant

→ **Vérifiez vos réponses** (act. 8 p. 173)
a. Les prépositions *depuis* et *pendant*.
b. Dans les première et troisième phrases, *depuis* indique la continuité de l'action dans le présent. L'action a commencé dans le passé et continue aujourd'hui.
c. Dans les deuxième et quatrième phrases, *pendant* permet d'indiquer que la durée est limitée. On connaît le début et la fin.

3 *Depuis* ou *pendant* ? Complétez les phrases.

EXEMPLE : *Elle est à Rome **depuis** une semaine.*
1. Louis fait un stage à Montréal ...... l'été dernier.
2. Je vote ...... l'âge de 18 ans.
3. Elle a été bénévole ...... combien de temps ?
4. Le Président a travaillé ...... les vacances.
5. ...... quand est-il Premier ministre ?

4 Par deux, préparez quatre questions : deux questions avec *depuis combien de temps* et deux autres questions avec *pendant combien de temps*. Vous poserez ensuite vos questions à vos voisins.

EXEMPLES : *Depuis combien de temps* tu étudies le français ?
*Tu es parti(e) en vacances **pendant combien de temps** cet été ?*

▶ Les pronoms indirects (COI)

→ **Vérifiez vos réponses** (act. 3 p. 174)
a. *Lui* remplace *l'écovolontaire* et *leur* remplace *les touristes*.
b. Les pronoms COI remplacent des noms de personne.
c. *Lui* est un pronom singulier et *leur* est un pronom pluriel.

5 Répondez à ces questions en utilisant *lui* ou *leur*.

EXEMPLE : – *Tu as donné à manger aux animaux ?*
– *Oui, je **leur** ai donné à manger.*
1. – Tu as laissé un message à Rita ? – Oui, ...
2. – Il a dit bonjour à ses collègues ? – Oui, ...
3. – Cette mission plaît à Félix ? – Oui, ...
4. – Le chef parle souvent aux stagiaires ? – Oui, ...
5. – Tu téléphones souvent à ton fils ? – Oui, ...

6 Écrivez cinq devinettes puis lisez vos phrases à la classe.

Vous pouvez utiliser les verbes suivants : *demander, répondre, envoyer, téléphoner, expliquer, dire, raconter, conseiller, proposer, donner, acheter...*
EXEMPLE : *On leur demande de l'argent.* → *aux banquiers, à nos parents...*

▶ Le conditionnel présent

→ **Vérifiez vos réponses** (act. 7 p. 175)
a. On exprime un souhait (phrase 1) et une possibilité (phrase 2).
b. Les actions sont réalisables dans l'avenir.
(*Je voudrais transmettre à mes élèves le goût de la nature : je pense que c'est possible.*)
c. Le conditionnel a le même radical que le futur et les terminaisons de l'imparfait.

7 Complétez ces phrases en mettant les verbes au conditionnel.

EXEMPLE : *J'aimerais être en vacances.*   aimer
1. Ils ...... visiter une réserve naturelle.   vouloir
2. Ce ...... bien d'être plus solidaire.   être
3. Cet été, je ...... bien en Australie.   aller
4. Il y ...... encore 1 750 pandas au Tibet.   avoir
5. Vous ...... partir en Asie ?   préférer

8 Devenir éco-responsable, c'est possible ? Écrivez quelques propositions. Que diriez-vous à un(e) ami(e) qui vous demande des idées pour devenir plus éco-responsable dans les domaines suivants : la nature, les transports, l'alimentation, les vacances et la maison ?

EXEMPLE : *Dans la forêt, tu ne dois pas allumer un feu, tu pourrais brûler les arbres et tuer des animaux.*

→ **Point Récap p.183**

S'EXPRIMER

ATELIERS D'EXPRESSION ORALE

Exprimer son mécontentement

Doc. 1

Les papiers, c'est dans la POUBELLE !

Doc. 2

Les déchets, c'est dans la poubelle !

Que dit la loi ?

Il est interdit d'abandonner ou de jeter dans les lieux publics tous papiers, journaux et objets.
À Caen…
On compte environ 1 400 poubelles dans les rues pour les piétons. Pensez à elles !

Comment faire ?

Si vous faites partie de ceux qui mangent un sandwich le midi…
Quand votre repas est terminé : déposez le papier d'emballage gras dans une poubelle ! Si, par hasard, vous n'avez pas de poubelle à proximité, faites quelques pas supplémentaires ou alors…
Gardez votre déchet dans votre poche et jetez-le dans votre propre poubelle !

Doc. 3

Enquête sur l'écologie au jour le jour

1 Observez l'image et lisez le texte.

a. Décrivez l'image. À qui est-elle destinée ?
b. Quel est le sujet du texte ?

2 Écoutez la conversation.

a. Qu'est-ce que le journaliste aimerait savoir pour son enquête ?
b. Quels sont les différents points de vue des personnes interviewées ?
c. Sont-elles satisfaites de la situation ? Pourquoi ?
d. Combien de temps les différents déchets mettent-ils à disparaître ?

3 Exprimez votre mécontentement.

a. Comment réagissez-vous quand une personne jette quelque chose par terre ?
b. À votre avis, comment préparer les enfants à devenir des adultes respectueux de la nature ?

Communication

Exprimer son mécontentement
- Je ne suis pas content(e) du tout !
- C'est inadmissible.
- Il ne faut pas exagérer quand même !
- Trop, c'est trop !
- Ça ne va pas du tout comme ça.

UNITÉ 9 • Devenir éco-citoyen

Encourager quelqu'un à devenir solidaire

– Restos du Cœur –

Oye !
En ce moment, il y a l'opération des " restos du Cœur " sur internet, le principe est le même que l'an dernier :
1 clic = 1 don pour les restos du Cœur

Moi je sais juste cuisiner des sushis, makis, mais c'est pas très utile...
Donc je me suis dit que ce serait sympa de partager cette action avec vous ! Pour aider vous savez ce que vous avez à faire :

CLIQUEZ ICI

1 Top chrono !

a. Observez l'illustration. Qu'est-ce que les « Restos du cœur » à votre avis ?
b. Comment pouvez-vous faire un don aux « Restos du cœur » ?

Communication

Encourager quelqu'un
- C'est une bonne idée, vas-y !
- Allez, pense aux autres !
- Tu pourrais faire un don.
- Fais un geste !
- Fais une bonne action.
- Un peu de courage !

💡 Stratégie
Quand je ne peux pas continuer ma phrase parce qu'il me manque un mot, j'explique ce que je veux dire autrement.

2 Préparation

a. Formez des groupes de deux et choisissez chacun un rôle :
– une personne solidaire et généreuse qui fait des dons à diverses associations ;
– une personne égoïste et individualiste.
b. Préparez un dialogue.
La personne solidaire va encourager l'autre à changer d'attitude.
EXEMPLE : *Tu pourrais faire un effort et penser aux autres ! Il y a des gens qui ont besoin d'aide. Je connais une association...*

3 À vous ! 💬
Jouez cette scène devant le groupe classe.

S'EXPRIMER
ATELIER D'ÉCRITURE

Écrire une biographie

Olympe de Gouges est née en 1748 à Montauban dans une famille modeste, d'un père boucher et d'une mère servante.
À l'âge de 17 ans, elle s'est mariée avec Louis Aubry, et deux ans plus tard, ils ont eu un enfant. Mais quelques mois après, son mari est mort. Femme libre, elle est partie avec son fils s'installer à Paris pour changer de vie. Très vite, elle a commencé à écrire ses premiers textes et est devenue une femme de lettres célèbre. À partir de 1780, elle a publié des romans et des pièces de théâtre.

Olympe de Gouges était une écrivaine courageuse et engagée dans des combats politiques en faveur de l'égalité des sexes.
La Révolution Française lui a donné l'occasion de montrer combien elle était en avance sur son temps. Son texte, la Déclaration des droits de la femme et de la citoyenne (1791), est considéré comme l'un des fondements du féminisme. Elle a pris pour modèle la Déclaration des droits de l'Homme et du Citoyen, et a affirmé que « la femme naît et demeure égale à l'homme en droits » (art. 1er).
Arrêtée le 20 juillet 1793, elle est morte guillotinée le 3 novembre 1793.

1 Réaction

1. Observez l'illustration.
a. Décrivez le portrait.
b. À votre avis, à quelle époque cette femme a-t-elle vécu ? Pourquoi ?
c. Selon vous, que faisait-elle ?

2. Lisez le document et répondez.
a. À quoi sert ce type de texte ?
b. Qui était Olympe de Gouges ?
c. Où a-t-elle vécu ?
d. Quel événement historique majeur a-t-elle connu ?

2 Préparation

1. Observez les verbes. Quels temps peut-on utiliser pour écrire une biographie ?
2. Repérez dans le texte les différentes parties de la biographie d'Olympe de Gouges : son enfance/sa famille, sa profession/sa vie, ce qui fait que c'est une femme célèbre.
3. Relisez le document. Soulignez les indicateurs de temps utiles pour rédiger la vie de quelqu'un au passé.

Communication

Raconter au passé
- Olympe de Gouges est née **en 1748**.
- **Deux ans plus tard,** ils ont eu un enfant.
- **Quelques mois après,** son mari est mort.
- Elle a publié **à partir de 1780**.

3 Rédaction

1. Notez les noms de deux ou trois personnages à action citoyenne forte de votre pays et leurs actions les plus importantes. Choisissez celui ou celle que vous préférez.
2. À votre tour, écrivez une biographie.

💡 Stratégie
Pour enrichir ma production, je n'hésite pas à mélanger les connaissances des unités précédentes et mes connaissances de cette unité.

UNITÉ 9 • Devenir éco-citoyen

L'ATELIER 2.0

Préparer une exposition

Vous allez préparer une exposition sur le thème :
« Les gestes éco-citoyens ».

1 On s'organise

Le sujet de l'exposition permet d'aborder de nombreuses thématiques. Les gestes éco-citoyens sont des gestes de tous les jours, solidaires et respectueux des êtres humains et de l'environnement. Vous pouvez les pratiquer dans différents contextes :

En vacances   **À l'école**   **Au travail**   **À la maison**

Votre exposition proposera des idées de comportements et des gestes éco-citoyens à adopter au quotidien pour être plus solidaire avec les autres.
Exemples de quelques gestes possibles à la maison : éteindre les lumières, trier ses déchets, économiser l'eau...

2 On se prépare

Chaque groupe prépare un panneau d'exposition sur la thématique choisie et réfléchit aux points suivants :
- Où trouver l'information sur la thématique : dans des magazines ? sur Internet ? en bibliothèque ?
- La présentation de l'exposition : une affiche ? un dépliant ? un quiz ?
- L'occasion à laquelle l'exposition pourrait être organisée (fête de fin d'année, une journée mondiale...) et dans quel lieu cela pourrait se dérouler.
Qui fait quoi ?

3 On présente à la classe

Chaque groupe présente ses propositions à la classe. La classe écoute, échange et finalise l'exposition.

4 On publie

La classe publie sur l'espace de son choix : mur(s), blog....

POINT RÉCAP'

Lexique / Communication

DEVENIR ÉCO-CITOYEN

La solidarité
- l'association (f.)
- le bénévolat
- l'action humanitaire (f.)
- aider les autres
- s'engager
- être généreux
- être utile
- faire un service civique

Vie politique et citoyenneté
- le président de la République
- le Premier ministre
- le citoyen
- les élections municipales/européennes
- le vote
- Liberté, Égalité, Fraternité
- la loi
- les droits (m.) et les devoirs (m.)

L'environnement
- la planète
- l'écologie (f.)
- l'écologiste/l'écolo
- la faune et la flore
- la mer
- la réserve naturelle
- la forêt
- la protection de la nature
- le développement durable

Les animaux
- un chien
- un chat
- un dauphin
- un éléphant
- un lapin
- un oiseau
- un singe
- une tortue

Indiquer une chronologie
- d'abord
- puis/ensuite/après
- enfin/finalement

Exprimer son intérêt
- C'est intéressant.
- Je suis admiratif/admirative !
- C'est super, ça !
- Passionnant !
- C'est vraiment formidable.
- Ça m'intéresse de…
- Je m'intéresse à…
- Ça me plaît beaucoup de…

Encourager quelqu'un
- C'est une bonne idée, vas-y !
- Allez, pense aux autres !
- Tu pourrais…
- Tu devrais…
- N'hésite pas à…
- Fais un geste !
- Un peu de courage !

Exprimer son mécontentement
- Je ne suis pas content(e) du tout !
- C'est inadmissible.
- Il ne faut pas exagérer quand même !
- Trop, c'est trop !
- Ça ne va pas du tout comme ça.
- Quel est le problème ?
- Qu'est-ce qui ne va pas ?

Exprimer un souhait
- J'aimerais bien faire un cours.
- Je voudrais transmettre le goût de la nature
- Ça me plairait d'aller en forêt.
- J'ai envie de…
- J'espère…
- Je souhaiterais…

Activité RÉCAP'

Vous allez préparer un jeu de rôles à partir de la situation « devenir éco-citoyen ».

1 À partir de ce schéma, faites quatre groupes dans la classe. Chaque groupe choisit un point de lexique et un objectif communicatif et proposera une improvisation à la classe en utilisant le vocabulaire.

2 Chaque groupe choisit le thème de son jeu de rôles :
- une discussion entre amis qui aimeraient changer de vie pour se sentir plus utiles ;
- une réunion entre membres d'une association environnementale qui listent quelques gestes simples, responsables, efficaces pour protéger la nature ;
- des parents et leurs enfants qui échangent des idées sur les petits gestes qui améliorent la vie de tous les jours ;
- une conversation informelle entre étudiants qui aimeraient travailler dans une ONG (organisation non gouvernementale) après leurs études.

3 Décidez qui est qui et qui fait quoi. Jouez !

Grammaire

▶ L'imparfait et le passé composé (3)

Dans un récit au passé, on peut utiliser **l'imparfait** et **le passé composé**.

• On utilise **l'imparfait** pour décrire des situations, des états, des circonstances et **le passé composé** pour relater des événements compris dans cette durée.
EXEMPLE : J'*avais* 27 ans et j'*habitais* à Lille (situation) quand j'*ai perdu* mon travail (événement).

• **Le passé composé** permet d'indiquer un changement de situation. On peut préciser le changement avec les expressions suivantes : *un jour, soudain, tout à coup...*
EXEMPLE : *C'était l'été, il faisait beau et chaud, les gens se promenaient. Soudain, un orage a éclaté et tout le monde a couru* (changement de situation).

→ Précis, P. 196

▶ Depuis/pendant

Les prépositions *depuis* et *pendant* permettent d'indiquer une durée.

• Avec *depuis*, on indique une durée qui a son origine dans le passé et qui continue aujourd'hui. On utilise le présent.
EXEMPLE : *Je connais Lola depuis six mois.*

Attention : on remplace souvent *depuis* par *Ça fait ... que* (en début de phrase).
EXEMPLE : *Je connais Lola depuis six mois = Ça fait six mois que je connais Lola.*

• Avec *pendant*, on indique une durée terminée au moment où on parle. On utilise le passé composé.
EXEMPLE : *Il a travaillé à Rome pendant cinq ans.*

→ Précis, P. 195

▶ Les pronoms indirects (COI)

• Les **pronoms indirects (COI)** remplacent un nom qui désigne une personne (ou un groupe de personnes traitées comme une personne).
EXEMPLES : *Il pose des questions au candidat.*
→ *Il lui pose des questions.*
Elle a téléphoné à sa compagnie.
→ *Elle lui a téléphoné.*
Nous parlons aux enfants.
→ *Nous leur parlons.*

• On utilise les pronoms COI quand la construction du verbe est indirecte (verbe + *à* quelqu'un).

Les pronoms COI	
me/m'	nous
te/t'	vous
lui	leur

Attention : les pronoms *lui* et *leur* servent pour le féminin et le masculin.

→ Précis, P. 194

▶ Le conditionnel présent

La formation
Le conditionnel présent est formé comme le futur simple, mais avec les terminaisons de l'imparfait.

aimer	finir	prendre
j'aimerais	je finirais	je prendrais
tu aimerais	tu finirais	tu prendrais
il/elle aimerait	il/elle finirait	il/elle prendrait
nous aimerions	nous finirions	nous prendrions
vous aimeriez	vous finiriez	vous prendriez
ils/elles aimeraient	ils/elles finiraient	ils/elles prendraient

Le sens
Le conditionnel présent permet d'exprimer un souhait, un désir.
EXEMPLES : *Je voudrais bien devenir membre de cette association.*

On utilise également le conditionnel pour exprimer :
• la politesse : *Pourrais-tu m'aider ?*
• un conseil : *Tu devrais faire tes devoirs.*

→ Précis, P. 196

SE COMPRENDRE
ACTU CULTURE

Institutions et femmes d'exception

Les institutions

LES SYMBOLES

Devise
Liberté, Égalité, Fraternité
Héritage des Lumières
et de la Révolution française

Marianne
Symbole de la République française
depuis la Révolution française.
Un bonnet de ce type coiffait aussi les marins
et les galériens de la Méditerranée.

Le président de la République

- En France, depuis 1958 avec la Ve République, le président de la République est le pilier des institutions.
- Il est élu tous les cinq ans, au cours d'une élection au suffrage universel direct.
- Il préside le Conseil des ministres, promulgue les lois et il est le chef des armées. Il peut dissoudre l'Assemblée nationale.

Les présidents de la Ve République

1. Charles de Gaulle
2. Georges Pompidou
3. Valéry Giscard d'Estaing
4. François Mitterrand
5. Jacques Chirac
6. Nicolas Sarkozy
7. François Hollande (depuis le 15 mai 2012)

L'Institut de France

1795 Création de l'Institut de France
Objectif : faire rayonner les arts, les sciences et les lettres.

Il rassemble 5 académies :
- l'Académie française
- l'Académie des inscriptions et belles-lettres
- l'Académie des sciences
- l'Académie des beaux-arts
- l'Académie des sciences morales et politiques

1 Quiz. Vrai ou faux ?

1. Marianne est le symbole de l'Institut de France.
2. François Hollande est le premier président de la Ve République.
3. Il y a eu 7 Présidents sous la Ve République.
4. Marianne est un symbole qui date de la Révolution française.
5. Le président de la République est élu pour 5 ans.

Les réponses

1.F, 2.F, 3.V/F, 4.V, 5.V

UNITÉ 9 • Devenir éco-citoyen

Et aussi…

Femmes africaines d'exception

*Planter un arbre, c'est une prise de conscience.
Nous ne sommes rien sans notre environnement.*

Wangar M MAATHAI, 2004
Biologiste kényane Prix Nobel de la paix pour
« sa contribution en faveur du développement
durable, de la démocratie et de la paix »

■ *Jacqueline* MOUDEÏNA
Avocate tchadienne. Sa cause ?
Les droits de l'Homme.

• **14 juillet 2010** : reçoit à l'ambassade de France à Ndjamena la légion d'honneur en hommage à son combat.

• **14 novembre 2013** : reçoit les honneurs lors du Dîner Annuel de Human Rights Watch « Voix pour la justice » à Paris.

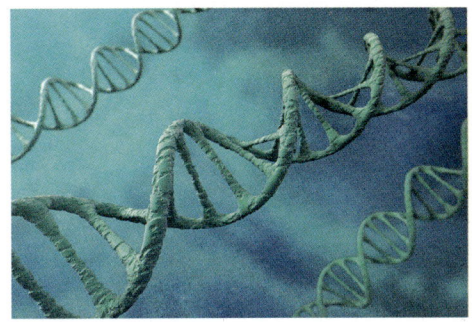

■ *Hawa* DRAMÉ
Généticienne et biochimiste d'origine guinéenne née à Suresnes en 1960. Fonde au Burkina Faso, le centre Fitima, premier centre d'Afrique de l'Ouest à accueillir les myopathes. La fondation a été reconnue comme ONG en juin 2006.

■ *Sarah* KALA LOBÉ
Éducatrice camerounaise.
Crée une « école nouvelle » à Douala au Cameroun à partir des méthodes pédagogiques de Maria Montessori. A inventé la « nouvelle école africaine ».

• **10 avril 2013** : lance un message au président de la République pour dénoncer les conditions de vie difficiles des personnes du 3e âge.

2 Lisez les informations et répondez aux questions.
1. De qui on parle ?
2. Quels sont les points communs de ces femmes ?
3. Y a-t-il des femmes d'exception dans votre pays ?

Drôle d'expression

« *Avoir du cœur au ventre* »

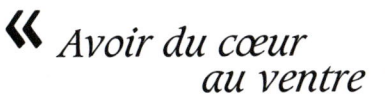

contexte Son engagement pour les droits de l'Homme prouve qu'elle a du cœur au ventre.

3 Et vous, vous avez du cœur au ventre ?
1. Dessinez l'expression.
2. D'après le contexte, l'expression *Avoir du cœur au ventre* signifie :
a. Faire preuve de courage.
b. Avoir mal au ventre.
3. Utilisez cette expression dans une nouvelle phrase.
4. Avez-vous une expression similaire dans votre langue ?

S'ÉVALUER
PRÉPARATION AU DELF A2

🔊 Les documents sonores sont téléchargeables sur le site www.didierfle.com/saison.

PARTIE 1 — Compréhension de l'oral

EXERCICE 1

Vous allez entendre 2 fois un document. Vous avez 30 secondes de pause entre les 2 écoutes puis 30 secondes pour vérifier vos réponses. Lisez les questions. Vous êtes en France. Vous entendez cette émission à la radio. Répondez aux questions. 🔊

1. Quel est le sujet de l'émission ?
……

2. Que fait Daniel ?
☐ il joue avec les malades
☐ il prête des livres
☐ il raconte des histoires

3. Pour quelle raison Daniel est-il entré dans l'association ?
……

4. Quelle est l'une des qualités nécessaires pour faire du bénévolat ?
☐ s'intéresser aux autres
☐ avoir du temps libre
☐ aimer les enfants

5. Qui faut-il contacter pour devenir bénévole ?
……

6. Comment peut-on découvrir l'action des bénévoles ?
☐ en travaillant avec une équipe
☐ en suivant une formation
☐ en assistant à une réunion

7. Qu'est-ce qui plaît le plus à Daniel dans son action de bénévole ?
……

PARTIE 2 — Compréhension des écrits

Lisez l'article.

Le meilleur déchet, c'est celui qui n'existe pas ! Aujourd'hui, il faut agir !

Nous pouvons tous participer à la réduction des déchets en devenant des éco-citoyens. Nous avons tous un rôle à jouer dans la protection de l'environnement. Vous verrez, rien de plus simple ! Petit à petit, tous ensemble, nous pouvons changer les choses. Pour cela, les mots ne suffisent pas ; il faut passer à l'action en apprenant les gestes écologiques qui sont nécessaires à la planète.

Alors, concrètement, que faut-il faire ?
• Acheter des produits durables plutôt que des produits à usage unique ;
• choisir des produits qui polluent moins ;
• préférer les produits sans emballage ;
• acheter seulement ce dont vous avez besoin pour éviter le gaspillage ;
• donner à ceux qui en ont besoin ou vendez vos objets sur Internet ;
• trier vos déchets.

Avec ces gestes simples, responsables, et économiques, vous allez pouvoir participer au développement durable de notre société.

Répondez aux questions.

1. Quel titre correspond à cet article ?
☐ Devenir éco-citoyen, des petites choses toutes simples !
☐ Pas facile de devenir un éco-citoyen !
☐ Former des éco-citoyens à l'école

2. D'après l'article, que faut-il réduire ?
……

3. Que faut-il faire pour faire changer les choses ?
☐ parler
☐ communiquer
☐ apprendre des gestes

4. Quel type de produits faut-il acheter pour préserver la planète ?
……

5. L'article recommande d'acheter toujours un peu plus pour ne pas manquer. Vrai ou faux ? Justifiez votre réponse en recopiant une partie du texte.
……

6. Que pouvez-vous faire avec les objets que vous ne voulez plus ?
☐ les jeter
☐ les vendre
☐ les détruire

UNITÉ 9 • Devenir éco-citoyen

PARTIE 3 — Production écrite

Exercice 1
**Vous habitez dans une ville francophone. Vous avez remarqué que vos voisins ne respectaient pas le tri des déchets. Vous écrivez au maire de la ville pour exprimer votre mécontentement et lui demander d'agir.
60 à 80 mots**

Exercice 2
**Vous venez de recevoir ce mail. Vous n'êtes pas libre samedi. Vous répondez à vos amis pour les remercier et pour vous excuser.
60 à 80 mots**

Objet	Réponse à demande de stage
pièce(s) jointe(s)	

Bonjour à tous,

Notre club de gym propose à tous et à toutes un cours de zumba au profit des Restos du cœur samedi prochain. Est-ce que vous voulez y participer ?
Seules conditions : mettre des baskets et payer 2 €. Tout l'argent sera versé à l'association.
Répondez-nous vite !

Sarah et John

PARTIE 4 — Production orale

EXERCICE 1 – Entretien
Répondez aux questions suivantes à l'oral.

- Que faites-vous pour aider les autres ?
- Quels gestes faites-vous pour la planète ?
- Avez-vous déjà participé à une action bénévole ?
- Quel animal domestique aimeriez-vous avoir ?
- À quel projet humanitaire aimeriez-vous participer ?

EXERCICE 2 – Monologue suivi
Choisissez un sujet. Vous vous exprimez sur le sujet.

Sujet 1
Que pensez-vous du recyclage des déchets ? Expliquez votre position.

Sujet 2
À votre avis, quelle(s) qualité(s) faut-il posséder pour faire du bénévolat ? Expliquez pourquoi.

EXERCICE 3 – Jeu de rôles
**Choisissez un sujet. Jouez la situation avec l'examinateur.
N'oubliez pas de saluer et d'utiliser les règles de politesse.**

Sujet 1
Vous voulez participer à des actions bénévoles organisées par une association qui protège les animaux. Vous rencontrez le responsable et vous l'interrogez sur les actions de l'association.

Sujet 2
Vous vivez en colocation avec plusieurs personnes. Vous faites attention à l'environnement et à l'écologie. Un de vos colocataires ne respecte pas du tout cela. Vous en discutez avec lui et essayez de le convaincre de faire plus attention.

Précis de phonétique

Les voyelles et les semi-voyelles

Les sons

	Langue en avant ←		Langue en avant ←	Langue en arrière →
	Lèvres tirées	**Lèvres arrondies**		
ouverture de la bouche ↓	[i] → dit / [j] → soleil		[y] → du / [ɥ] → puis	[u] → doux / [w] → loué
	[e] → dé		[ø] → deux	[o] → dos / [õ] → don
	[ɛ] → paix / [ɛ̃] → pain		[œ] → peur	[ɔ] → port
	[a] → la		[ã] → lent	

Les graphies

on entend	on écrit	exemples
[i]	i – î – ï – y	lit – île – haïr – cycle
[e]	é – er/ez/ed (à la fin du mot)	thé – dîner – nez – pied
[ɛ]	è – ê – e (+ consonne prononcée dans la même syllabe)	père – fête – sel
[a]	a – à – â – e (+ -mm)	la – là – pâtes – femme
[y]	u – û – eu (verbe *avoir*)	tu – dû – j'ai eu
[ø]	eu/oeu (à la fin d'une syllabe) • eu + [z]/[t]	feu – chanteuse – feutre
[œ]	eu/oeu (+ consonne prononcée dans la même syllabe)	chanteur – sœur
[u]	ou – où – oû – aoul – aoû	ou – où – goût – saoul – août
[o]	o (à la fin d'une syllabe) – o + [z] – au – eau – ô	photo – rose – autre – eau – hôtel
[ɔ]	o (+ consonne prononcée dans la même syllabe) • um (à la fin du mot)	mode – maximum
[ɛ̃]	in – im – un – ain – aim – ein – ien – yen – yn – ym	quinze – simple – lundi – pain – faim – plein – chien – moyen – synthèse – sympathique
[ã]	an – am – en – em – ean – aon – ient	danse – chambre – cent – temps – jean – paon – client
[õ]	on – om	non – nom
[j]	i (+ voyelle) – il – (i)ll – y	plier – soleil – travailler – payer
[ɥ]	u (+ voyelle)	tuer
[w]	ou (+ voyelle) • oi	louer – loin

Les consonnes

Les sons

Les cordes vocales ne vibrent pas.	Les cordes vocales vibrent.	 Un peu d'air passe par le nez.	Les cordes vocales ne vibrent pas.	Les cordes vocales vibrent.
[p] **p**ot	[b] **b**eau 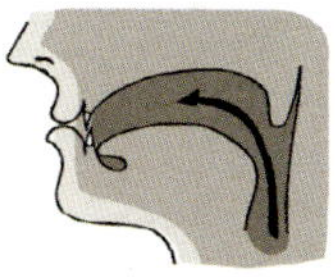	[m] **m**ot	[f] **f**in 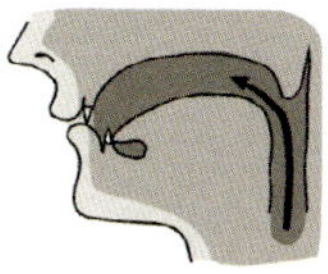	[v] **v**in
Les lèvres, fermées, sont en contact et s'ouvrent d'un seul coup.			Les dents du haut touchent la lèvre du bas.	
[t] **t**hé	[d] **d**é 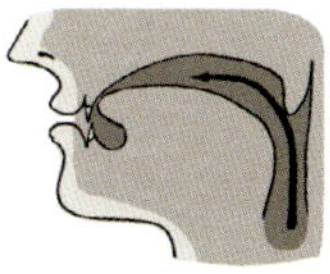	[n] **n**ez	[s] **s**ot 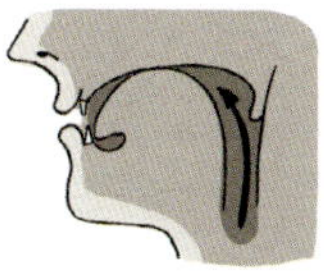	[z] **z**oo
La pointe de la langue, contre les dents du haut, se retire d'un seul coup.			La pointe de la langue contre les dents du haut.	
[k] **q**ui 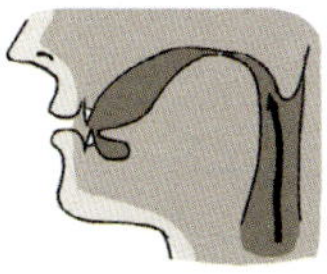	[g] **g**ui		[ʃ] **ch**oix 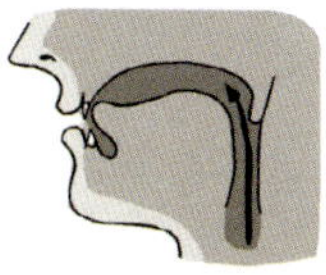	[ʒ] **j**oie
La langue est en contact avec les dents du bas. Le dos de la langue est relevé.			La langue est en haut et en avant.	

	[l] **l**oue		[ʀ] **r**oue
	La pointe de la langue vient se coller en haut et en avant.		La pointe de la langue est en bas et en avant, en contact avec les dents du bas. La langue ne bouge pas.

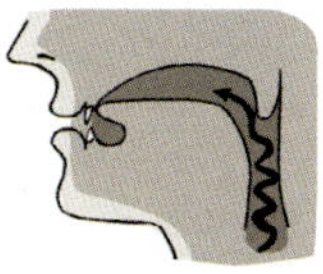

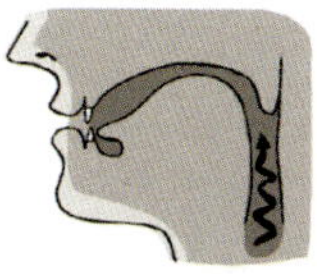

Les graphies

on entend	on écrit	exemples
[p]	p – pp – b (+ s)	père – appel – absolu
[b]	b – bb	ballon – abbé
[t]	t – tt – th	pâte – patte – thé
[d]	d – dd	donner – addition
[k]	c (+ a, o, u) – k – q – ch – x	cas – corps – kilo – quitter – chœur – axe
[g]	g (+ a, o, u) – gg – x	garder – guider – agglutiner – exercer
[f]	f – ff – ph	café – effort – physique
[v]	v – w	venir – wagon
[s]	s (en début de mot) – ss – sc – ç – c (+ e, i) – x – t (+ ion/ient)	sonner – passer – scène – façon – ceci – axe – action – patience
[z]	s (en milieu de mot) – z – x	causer – zone – exercer
[ʃ]	ch – sch	chat – schéma
[ʒ]	j – g (+ e, i)	jeune – gentil
[m]	m – mm	mère – commode
[n]	n – nn	nez – colonne
[l]	l – ll	lit – belle
[ʀ]	r – rr – rh	riz – terre – rhume

La liaison

Quand un mot se termine par une consonne muette et que le mot suivant commence par une voyelle, ces deux mots peuvent se retrouver « liés ».
• La liaison est obligatoire (devant une voyelle ou un « h » muet) :
– entre le déterminant et le nom : *les habitants*
– avant le verbe : *Vous êtes amis ?*
– dans les locutions figées : *de temps en temps*
– entre l'adjectif et le nom lorsque l'adjectif est placé avant le nom : *le premier homme*
• La liaison est généralement interdite après le nom, après le verbe (sauf après *être* et *avoir*), après *et*, entre l'adjectif et le nom lorsque l'adjectif est placé après le nom.
Attention ! Dans les liaisons :
– *s* et *x* se prononcent [z] : *les amis*
– *d* se prononce [t] : *un grand homme*
– *f* se prononce [v] : *neuf heures*
– [ɛ̃] se prononce [ɛn] : *le prochain anniversaire*

L'enchaînement vocalique

Quand deux voyelles dans un même mot ou dans un même groupe de mots, on les prononce dans le même souffle (sans coup de glotte) mais dans deux syllabes différentes : *le théâtre*.

L'enchaînement consonantique

Quand un mot se termine par une consonne prononcée et que le mot suivant commence par une voyelle, la consonne et la voyelle s'enchaînent et forment une syllabe orale : *un sac à dos*.

Le *e* muet

Quand un *e* sans accent à la fin d'une syllabe écrite :
– est placé à la fin d'un mot et suivi d'une voyelle, on ne le prononce pas ;
une équipe
– est précédé de deux consonnes prononcées et suivi d'une consonne prononcée, on doit le prononcer ;
votre fils
– est précédé d'une seule consonne prononcée et suivi d'une consonne prononcée, on peut le prononcer, ou non.
Bienvenue ou Bienvenue

Précis de grammaire

I. LA PHRASE

1. La phrase affirmative

Sujet	Verbe	Complément
Je	parle	français.

2. La phrase interrogative

a. *Quel... ?*

	SINGULIER	PLURIEL
Masculin	Quel	Quels
Féminin	Quelle	Quelles

b. *Est-ce que... ?*

	Est-ce que	sujet	verbe	complément	?
Qui Quand	est-ce que	tu	voudrais	inviter	
Où Pourquoi Comment	est-ce que	tu	voudrais	inviter tes amis	?
Combien	d'amis est-ce que	tu	voudrais	inviter	

c. L'ordre des mots dans une phrase interrogative

Langage standard (oral)	Tu veux <u>quoi</u> ?
Langage standard	<u>Qu'</u>est-ce que tu veux ?
Langue soutenue	<u>Que</u> veux-tu ?

3. La phrase négative

a. Affirmative

Sujet	ne	Verbe	pas plus jamais rien personne	Complément

b. Interrogative

Langage standard (oral)	Tu ne viens pas ce soir ?	Si, je viens.
Langage standard	Pourquoi est-ce que tu ne viens pas ?	Non, je ne viens pas.
Langue soutenue	Pourquoi ne viens-tu pas ?	

II. Les noms et les adjectifs

1. Les noms

Règle générale	MASCULIN		FÉMININ	
	Singulier	Pluriel	Singulier	Pluriel
+ *e* pour le féminin + *s* pour le pluriel	un ami	des ami**s**	une amie	des amie**s**
Pas de transformations				
- noms en *e* au masc. - noms avec *s* ou *x* au singulier	un secrétair**e** un pay**s**	des pay**s**	une secrétair**e** une croi**x**	 des croi**x**
Transformations M → F				
-eur → -euse -eur → -rice -er → -ère	un joueur un acteur un infirmier		une joueuse une actrice une infirmière	
Un sens différent	un poste		une poste	
Un mot différent	un père		une mère	

2. Les adjectifs

a. Nombre et genre

Règle générale	MASCULIN		FÉMININ	
	Singulier	Pluriel	Singulier	Pluriel
+ *e* pour le féminin + *s* pour le pluriel	grand	grands	grande	grandes
Pas de transformations				
-adjectifs en *e* -adjectifs en *x*	sympathique heureux	 heureux	sympathique	
Transformations M → F				
-ien → -ienne -eux → -euse -on → -onne -if → -ive	italien heureux bon vif		italienne heureuse bonne vive	
Adjectifs différents	vieux nouveau beau		vieille nouvelle belle	

b. La place des adjectifs

On place les adjectifs…	avant le nom	après le nom
en général		✓
de forme, de nationalité, d'origine, de couleur		toujours après ✓
petit, grand, bon, beau, jeune, vieux, joli, vrai, faux…	souvent avant ✓	

III. Les déterminants

1. L'article

	Singulier		Pluriel
	Masculin	Féminin	Masculin et féminin
Article défini	le	la	les
Les articles définis servent à parler de quelque chose d'unique, de général, de connu.			
Article indéfini*	un	une	des
Les articles indéfinis servent à parler d'une personne ou d'un objet qui n'est pas connu.			
Article contracté (à + article) (de + article)	au du	à la de la	aux
Les articles définis se contractent au masculin singulier et pluriel après *à* et *de*.			
Article partitif	du	de la	
Les articles partitifs parlent de quelque chose qui n'est pas quantifiable ou mesurable.			

*Attention à la forme négative : *pas ... de/d'*.

2. Les adjectifs démonstratifs

Ils servent à montrer un objet ou une personne connus.
Exemple : *Ce garçon est beau.* (= Je le connais ou je le vois.)

Singulier		Pluriel
Masculin	Féminin	
Ce garçon/Cet ami	**Cette** fille/**Cette** amie	**Ces** garçons/**Ces** filles/**Ces** amies

3. Les adjectifs possessifs

Ils servent à montrer l'appartenance.
Exemple : *C'est mon chien.* (= Il est à moi.)

Singulier		Pluriel
Masculin	Féminin	
mon	ma	mes
ton	ta	tes
son	sa	ses
notre	notre	nos
votre	votre	vos
leur	leur	leurs

IV. Les pronoms

1. Sujets, toniques, réfléchis…

Ils servent à remplacer une personne ou une chose.

	Pronoms sujets	Pronoms toniques	Pronoms réfléchis	Pronoms COD	Pronoms COI
	Je	Moi	me	me (m')	me (m')
	Tu	Toi	te (t')	te (t')	te (t')
	Il / elle / On	Lui / Elle	se	le / la	lui
	Nous	Nous	nous	nous	nous
	Vous	Vous	vous	vous	vous
	Ils / Elles	Eux / Elles	se	les	leur
Exemples	**Je lave mes dents.**	**Moi, je lave mes dents !**	**Je me lave les dents.**	**Je me les lave.**	**Je lui lave les dents.**

2. *En* et *y*

Ils servent à remplacer un lieu ou une quantité.

	EN	Y
	remplacer une quantité	remplacer un lieu
On l'utilise pour…		
Exemples	- Il vous reste un peu de pain ? - Non, désolée, je n'**en** ai plus. J'**en** aurai dans une heure.	- Tu vas à Paris ce week-end ? - Non, je n'**y** vais pas ce week-end mais j'**y** vais cet été.

3. Les pronoms relatifs

Ils servent à faire une relation entre deux phrases.

	QUI	QUE
	un sujet	un complément d'objet
Exemples	Tu connais cet homme **qui** parle à la télé ?	Oui, c'est le chanteur **que** j'ai entendu hier à la radio et **qu'**Audrey admire.

V. Les prépositions

1. Devant des noms de pays, villes

VILLE	PAYS		
	Masc.	Fém.	Pluriel
à Paris	**au** Mexique	**en** Suisse	**aux** États-Unis

2. Pour situer dans l'espace

à côté (de), sur, dans, derrière, devant, à gauche (de), entre, sous, à droite (de)

3. Pour indiquer ou mesurer le temps

		Exemples
en	pour les dates, trois saisons, les mois	en 1968, en été, en automne, en hiver, en janvier
au	pour les siècles, une saison, les mois	au XXIe siècle, au printemps, au mois de janvier
depuis	indique le point de départ d'une action qui dure encore	Il apprend le français **depuis** trois mois. (= Il continue à apprendre le français.)
pendant	indique la durée d'une action	Il a appris le français **pendant** trois mois.

4. Pour exprimer le but

	Afin de	Pour
Le but	Il apprend le français **afin de** travailler en France.	Il apprend le français **pour** travailler en France.

VI. La comparaison

	Avec un adjectif	Avec un nom
+	Il est **plus** grand **que** moi.	Il a **plus** de chance **que** moi.
−	Il est **moins** grand **que** moi.	Il a **moins** de chance **que** moi.
=	Il est **aussi** grand **que** moi.	Il a **autant** de chance **que** moi.

VII. Les adverbes

Ils permettent d'apporter une précision à un verbe, à un adjectif, à un adverbe en indiquant une nuance de temps, lieu, etc. Ils sont invariables et indiquent :

Le lieu	La fréquence	Le temps	La quantité
ici	toujours	maintenant	trop
là	souvent	aujourd'hui	très
loin	habituellement	bientôt	beaucoup
là-bas	quelquefois	hier	assez
partout	de temps en temps	avant-hier	peu
dedans	rarement	tout à coup	
dehors	jamais	demain	

VIII. Les temps

	On l'utilise pour exprimer	On le forme avec
Le présent	• le « maintenant » • une habitude, une répétition • une vérité générale • une action dans le futur très proche	1er groupe : radical du verbe + e,-es,-e,-ons,-ez,-ent 2e groupe : radical du verbe + -s,-s,-t,-ons,-ez,-ent 3e groupe* : radical (variable) + *-s, -s, -t (ou –d),-ons, -ez, -ent
L'impératif	• un ordre ou un conseil • une obligation • un interdit	• 3 personnes (tu, nous, vous) • pas de sujet • pas de s à aller + verbes en –er • un point d'exclamation Exemple : Regarde ! Regardons ! Ne regardez pas !
Le passé récent	• une action qui vient de se produire	venir de + infinitif
Le passé composé	• une action qui a lieu dans un moment précis du passé • une durée limitée • un changement de situation à un moment dans le passé	être/avoir au présent + le participe passé
L'imparfait	• une situation dans le passé • une description passée • une habitude dans le passé	Le radical du verbe à la 1re personne du pluriel présent + -ais, -ais, -ait, -ions, -iez, -aient
Le futur proche	• une action dans un avenir proche	aller au présent + infinitif
Le futur simple	• une action dans un avenir proche ou lointain	verbe à l'infinitif + -ai,-as,-a,- ons, -ez, -ont
Le conditionnel présent	• la politesse • un souhait, un désir • un conseil	verbe à l'infinitif + -ais, -ais, -ait, -ions, -iez, -aient

Remarques générales

a. Les formes irrégulières

• *Les verbes du 3e groupe sont « irréguliers ». Le radical et les terminaisons sont variables selon les verbes. → tableaux de conjugaisons
• Certains verbes sont « pronominaux » (= ils sont précédés d'un pronom de la même personne que le sujet). Exemple : se lever – Je me lève.
Au passé composé, on emploie l'auxiliaire être.
Exemple : Je me suis levé(e).

b. Les participes passés

• Le participe passé sert à former les temps composés.

1er groupe	2e groupe	3e groupe
Terminaison -é	Terminaison -i	Formes irrégulières
mangé, chanté, parlé	fini, réussi, agi	mis, vu, ouvert parti, peint

• Il est employé le plus souvent avec avoir, parfois avec être (naître, mourir, descendre, monter, sortir, entrer, tomber, arriver, partir, rester, retourner, rentrer, venir, aller).
• Il s'accorde en genre et nombre avec le sujet lorsqu'il est employé avec être. Exemple : Les filles sont rentrées. Marie est montée et elle s'est couchée.

Conjugaisons

ÊTRE

présent	impératif	passé composé	imparfait	futur
je suis		j'ai été	j'étais	je serai
tu es	sois	tu as été	tu étais	tu seras
il/elle/on est		il/elle/on a été	il/elle/on était	il/elle/on sera
nous sommes	soyons	nous avons été	nous étions	nous serons
vous êtes	soyez	vous avez été	vous étiez	vous serez
ils/elles sont		ils/elles ont été	ils/elles étaient	ils/elles seront

AVOIR

présent	impératif	passé composé	imparfait	futur
j'ai		j'ai eu	j'avais	j'aurai
tu as	aie	tu as eu	tu avais	tu auras
il/elle/on a		il/elle/on a eu	il/elle/on avait	il/elle/on aura
nous avons	ayons	nous avons eu	nous avions	nous aurons
vous avez	ayez	vous avez eu	vous aviez	vous aurez
ils/elles ont		ils/elles ont eu	ils/elles avaient	ils/elles auront

Verbes en -er

Verbes réguliers en -er : PARLER [aimer, regarder, écouter, habiter]

présent	impératif	passé composé	imparfait	futur
je parle		j'ai parlé	je parlais	je parlerai
tu parles	parle	tu as parlé	tu parlais	tu parleras
il/elle/on parle		il/elle/on a parlé	il/elle/on parlait	il/elle/on parlera
nous parlons	parlons	nous avons parlé	nous parlions	nous parlerons
vous parlez	parlez	vous avez parlé	vous parliez	vous parlerez
ils/elles parlent		ils/elles ont parlé	ils/elles parlaient	ils/elles parleront

Verbe irrégulier en -er : ALLER

présent	impératif	passé composé	imparfait	futur
je vais		je suis allé(e)	j'allais	j'irai
tu vas	va	tu es allé(e)	tu allais	tu iras
il/elle/on va		il/elle/on est allé(e)(s)	il/elle/on allait	il/elle/on ira
nous allons	allons	nous sommes allé(e)s	nous allions	nous irons
vous allez	allez	vous êtes allé(e)(s)	vous alliez	vous irez
ils/elles vont		ils/elles sont allé(e)s	ils/elles allaient	ils/elles iront

Verbes irréguliers en -er : ACHETER (e → è) [amener, emmener...]

présent	impératif	passé composé	imparfait	futur
j'achète		j'ai acheté	j'achetais	j'achèterai
tu achètes	achète	tu as acheté	tu achetais	tu achèteras
il/elle/on achète		il/elle/on a acheté	il/elle/on achetait	il/elle/on achètera
nous achetons	achetons	nous avons acheté	nous achetions	nous achèterons
vous achetez	achetez	vous avez acheté	vous achetiez	vous achèterez
ils/elles achètent		ils/elles ont acheté	ils/elles achetaient	ils/elles achèteront

Verbes irréguliers en -er : MANGER (g → ge) [bouger, changer, voyager]

présent	impératif	passé composé	imparfait	futur
je mange		j'ai mangé	je mangeais	je mangerai
tu manges	mange	tu as mangé	tu mangeais	tu mangeras
il/elle/on mange		il/elle/on a mangé	il/elle/on mangeait	il/elle/on mangera
nous mangeons	mangeons	nous avons mangé	nous mangions	nous mangerons
vous mangez	mangez	vous avez mangé	vous mangiez	vous mangerez
ils/elles mangent		ils/elles ont mangé	ils/elles mangeaient	ils/elles mangeront

Verbe irrégulier en -er : PAYER [essayer]

présent	impératif	passé composé	imparfait	futur
je paie/paye		j'ai payé	je payais	je paierai/payerai
tu paies/payes	paie / paye	tu as payé	tu payais	tu paieras/payeras
il/elle/on paie/paye		il/elle/on a payé	il/elle/on payait	il/elle/on paiera/payera
nous payons	payons	nous avons payé	nous payions	nous paierons/payerons
vous payez	payez	vous avez payé	vous payiez	vous paierez/payerez
ils/elles paient/payent		ils/elles ont payé	ils/elles payaient	ils/elles paieront/payeront

Verbes en -ir
Verbes réguliers en -ir : FINIR [choisir, réfléchir, remplir, réussir]

présent	impératif	passé composé	imparfait	futur
je finis		j'ai fini	je finissais	je finirai
tu finis	finis	tu as fini	tu finissais	tu finiras
il/elle/on finit		il/elle/on a fini	il/elle/on finissait	il/elle/on finira
nous finissons	finissons	nous avons fini	nous finissions	nous finirons
vous finissez	finissez	vous avez fini	vous finissiez	vous finirez
ils/elles finissent		ils/elles ont fini	ils/elles finissaient	ils/elles finiront

Autres verbes en -ir
SORTIR

présent	impératif	passé composé	imparfait	futur
je sors		je suis sorti(e)	je sortais	je sortirai
tu sors	sors	tu es sorti(e)	tu sortais	tu sortiras
il/elle/on sort		il/elle/on est sorti(e)(s)	il/elle/on sortait	il/elle/on sortira
nous sortons	sortons	nous sommes sorti(e)s	nous sortions	nous sortirons
vous sortez	sortez	vous êtes sorti(e)(s)	vous sortiez	vous sortirez
ils/elles sortent		ils/elles sont sorti(e)s	ils/elles sortaient	ils/elles sortiront

VENIR [devenir, revenir, tenir]

présent	impératif	passé composé	imparfait	futur
je viens		je suis venu(e)	je venais	je viendrai
tu viens	viens	tu es venu(e)	tu venais	tu viendras
il/elle/on vient		il/elle/on est venu(e)(s)	il/elle/on venait	il/elle/on viendra
nous venons	venons	nous sommes venu(e)s	nous venions	nous viendrons
vous venez	venez	vous êtes venu(e)(s)	vous veniez	vous viendrez
ils/elles viennent		ils/elles sont venu(e)s	ils/elles venaient	ils/elles viendront

Autres verbes en -oir

DEVOIR

présent	impératif	passé composé	imparfait	futur
je dois tu dois il/elle/on doit nous devons vous devez ils/elles doivent	*n'existe pas*	j'ai dû tu as dû il/elle/on a dû nous avons dû vous avez dû ils/elles ont dû	je devais tu devais il/elle/on devait nous devions vous deviez ils/elles devaient	je devrai tu devras il/elle/on devra nous devrons vous devrez ils/elles devront

POUVOIR

présent	impératif	passé composé	imparfait	futur
je peux tu peux il/elle/on peut nous pouvons vous pouvez ils/elles peuvent	*n'existe pas*	j'ai pu tu as pu il/elle/on a pu nous avons pu vous avez pu ils/elles ont pu	je pouvais tu pouvais il/elle/on pouvait nous pouvions vous pouviez ils/elles pouvaient	je pourrai tu pourras il/elle/on pourra nous pourrons vous pourrez ils/elles pourront

SAVOIR

présent	impératif	passé composé	imparfait	futur
je sais tu sais il/elle/on sait nous savons vous savez ils/elles savent	sache sachons sachez	j'ai su tu as su il/elle/on a su nous avons su vous avez su ils/elles ont su	je savais tu savais il/elle/on savait nous savions vous saviez ils/elles savaient	je saurai tu sauras il/elle/on saura nous saurons vous saurez ils/elles sauront

VOIR

présent	impératif	passé composé	imparfait	futur
je vois tu vois il/elle/on voit nous voyons vous voyez ils/elles voient	vois voyons voyez	j'ai vu tu as vu il/elle/on a vu nous avons vu vous avez vu ils/elles ont vu	je voyais tu voyais il/elle/on voyait nous voyions vous voyiez ils/elles voyaient	je verrai tu verras il/elle/on verra nous verrons vous verrez ils/elles verront

VOULOIR

présent	impératif	passé composé	imparfait	futur
je veux tu veux il/elle/on veut nous voulons vous voulez ils/elles veulent	*pas utilisé* *pas utilisé* veuillez	j'ai voulu tu as voulu il/elle/on a voulu nous avons voulu vous avez voulu ils/elles ont voulu	je voulais tu voulais il/elle/on voulait nous voulions vous vouliez ils/elles voulaient	je voudrai tu voudras il/elle/on voudra nous voudrons vous voudrez ils/elles voudront

Verbes en -oire
CROIRE

présent	impératif	passé composé	imparfait	futur
je crois		j'ai cru	je croyais	je croirai
tu crois	crois	tu as cru	tu croyais	tu croiras
il/elle/on croit		il/elle/on a cru	il/elle/on croyait	il/elle/on croira
nous croyons	croyons	nous avons cru	nous croyions	nous croirons
vous croyez	croyez	vous avez cru	vous croyiez	vous croirez
ils/elles croient		ils/elles ont cru	ils/elles croyaient	ils/elles croiront

Verbes en -endre
PRENDRE

présent	impératif	passé composé	imparfait	futur
je prends		j'ai pris	je prenais	je prendrai
tu prends	prends	tu as pris	tu prenais	tu prendras
il/elle/on prend		il/elle/on a pris	il/elle/on prenait	il/elle/on prendra
nous prenons	prenons	nous avons pris	nous prenions	nous prendrons
vous prenez	prenez	vous avez pris	vous preniez	vous prendrez
ils/elles prennent		ils/elles ont pris	ils/elles prenaient	ils/elles prendront

Verbes en -tre
CONNAÎTRE

présent	impératif	passé composé	imparfait	futur
je connais		j'ai connu	je connaissais	je connaîtrai
tu connais	connais	tu as connu	tu connaissais	tu connaîtras
il/elle/on connaît		il/elle/on a connu	il/elle/on connaissait	il/elle/on connaîtra
nous connaissons	connaissons	nous avons connu	nous connaissions	nous connaîtrons
vous connaissez	connaissez	vous avez connu	vous connaissiez	vous connaîtrez
ils/elles connaissent		ils/elles ont connu	ils/elles connaissaient	ils/elles connaîtront

Verbes en -re
FAIRE

présent	impératif	passé composé	imparfait	futur
je fais		j'ai fait	je faisais	je ferai
tu fais	fais	tu as fait	tu faisais	tu feras
il/elle/on fait		il/elle/on a fait	il/elle/on faisait	il/elle/on fera
nous faisons	faisons	nous avons fait	nous faisions	nous ferons
vous faites	faites	vous avez fait	vous faisiez	vous ferez
ils/elles font		ils/elles ont fait	ils/elles faisaient	ils/elles feront

Verbes pronominaux
S'APPELER

présent	impératif	passé composé	imparfait	futur
je m'appelle		je me suis appelé(e)	je m'appelais	je m'appellerai
tu t'appelles	appelle-toi	tu t'es appelé(e)	tu t'appelais	tu t'appelleras
il/elle/on s'appelle		il/elle/on s'est appelé(e)	il/elle/on s'appelait	il/elle/on s'appellera
nous nous appelons	appelons-nous	nous nous sommes appelé(e)s	nous nous appelions	nous nous appellerons
vous vous appelez	appelez-vous	vous vous êtes appelé(e)s	vous vous appeliez	vous vous appellerez
ils/elles s'appellent		ils/elles se sont appelé(e)s	ils/elles s'appelaient	ils/elles s'appelleront

Lexique plurilingue

français	anglais	espagnol	portugais	chinois	arabe
A					
à bientôt	see you soon	hasta pronto	ate breve	再见	أراك قريباً
accepter	to accept	aceptar	aceitar	接受，答应	قَبِلَ
accueillir	to welcome	recibir	receber	迎接，招待	اسْتَقْبَل
acheter	to buy	comprar	comprar	购买	اشترى
affiche, f.	noticeboard	cartel	cartaz	布告，海报	إعلان
âge, m.	age	edad	idade	年纪，年龄	عُمْر
agence de voyage, f.	travel agency	agencia de viajes	agencia de viagem	旅行社	وكالة سفر
agréable	pleasant	agradable	agradavel	愉快的，舒适的	لطيف
aimer	to like	gustar	amar	爱，喜欢	أحَبَّ
aller	to go	ir	ir	走，去	ذهب
allumer	to switch on	encender	ligar	点亮，打开	شغل
ami, m.	friend	amigo	amigo	朋友	صديق
an, m. - année, f.	year	año	ano	年，年龄	سنة
ancien	old	antiguo	antigo	古老的，从前的，前任的	قديم
anniversaire, m.	birthday	cumpleaños	aniversario	周年纪念日，生日	عيد ميلاد
annoncer	announce	anunciar	anunciar	宣布，通知	أعلن
appartement, m.	flat	piso	apartamento	公寓，宅第	شقة
après-midi, m. ou f.	afternoon	tarde	tarde	下午	ظهيرة
arbre, m.	tree	árbol	árvore	树	شجرة
architecture, f.	architecture	arquitectura	arquitectura	建筑，建筑学	فن معماري
argent, m.	money	dinero	dinheiro	钱	مال
arrêter	to stop	parar	parar	停止	تَوَقَّفَ
arriver	to arrive	llegar	chegar	抵达，来临	وصل
assez	enough	bastante	bastante	足够	على نحو كافٍ
associer	to combine	asociar	associar	使联合，使结合	جَمَعَ
attacher	to fasten	abrocharse	apertar	系上	رَبَطَ
attendre	to wait	esperar	aguardar	等，等候	انتظر
au bord (de)	on the edge	al lado (de)	a bordo (de)	在…的岸边	على حافة
au revoir	goodbye	adiós	adeus	再见	إلى اللقاء
aussi	too, also	también	tambem	也，一样	كذلك
autour	around	alrededor	à volta de	在周围，在四周	حَوْلَ
autre	other	otro	outro	不同的，别的	آخر
autrement	differently	de otra forma	de outro modo	别样，不一样	بطريقة أخرى
avancer	to move forward	avanzar	avançar	使前进，提前	تَقَدَّمَ
avec	with	con	com	和…一起，带有，具有	مع
avenue, f.	avenue	avenida	avenida	路，林荫道	شارع
avion, m.	plane	avión	avião	飞机	طائرة
avoir	to have	tener	ter	有，取得，应该，欺骗某人	مَلَك
avoir besoin (de)	to need	necesitar	precisar (de)	需要…	احتاج إلى
avoir envie (de)	to want	tener ganas (de)	ter vontade (de)	想要…	رغب في
avoir l'air	to look (like)	parecer	ter ar de	看上去	ظَهَرَ عليه
avoir peur (de)	to fear	tener miedo (de)	ter medo (de)	害怕…，畏惧…	خاف
avoir raison	to be right	tener razón	ter razão	有道理	على صواب
B					
bateau, m.	boat	barco	barco	船，艇	باخرة
beau	beautiful	bonito	belo	好的，美的	جميل
beaucoup	a lot	mucho	muito	很多，非常	كثيرا
bien	well	bien	bem	正确地，好，令人满意地，适宜地，很	جيدا
bijou, m.	jewel	joya	joia	珠宝，首饰	مجوهرات
billet, m.	ticket	billete	bilhete	火车票	تذكرة سفر
bise, f.	kiss	beso	beijo	吻，接吻	تقبيل
blanc	white	blanco	branco	白，白色的	أبيض
bleu	blue	azul	azul	蓝，蓝色的	أزرق
blond	blond	rubio	louro	金发的	أشقر
boire	to drink	beber	beber	喝，饮	شرب
boîte, f.	box	caja	caixa	盒，箱，匣	علبة
bon	good	bueno	bom	好的，恰当的	جيد
bonheur, m.	happiness	felicidad	felicidade	幸运，幸福，愉快	سعادة
boulanger, m.	baker	panadero	padeiro	面包师傅	خبّاز
boulevard, m.	boulevard	bulevar	avenida	大马路，林荫大道	شارع رئيسي
bouteille, f.	bottle	botella	garrafa	瓶，一瓶容量	قارورة
bras, m.	arm	brazo	braço	臂，胳膊	ذراع
briller	to shine / sparkle	brillar	brilhar	发光，发亮	لَمَعَ
bruit, m.	noise	ruido	ruido	声音，噪音，嘈杂声	ضجيج
brun	brown	moreno	castanho	褐色的，棕色的	أسمر
bureau (salle), m.	office	oficina, despacho	escritorio	办公室	مكتب
bureau (table), m.	desk	escritorio	secretaria	办公桌	مكتب

Lexique plurilingue

français	anglais	espagnol	portugais	chinois	arabe
C					
cadeau	present	regalo	prenda	礼物，礼品	هدية
canapé, m.	sofa	sofá	sofa	长沙发	كنبة
carte (bancaire), f.	card	tarjeta (de crédito)	cartão (bancario)	提款卡	بطاقة بنكية
carte postale, f.	postcard	tarjeta postal, postal	postal	明信片	بطاقة بريدية
cathédrale, f.	cathedral	catedral	catedral	大教堂	كاتدرائية
célibataire	single	soltero, a	solteiro	单身的，未婚的	أعزب
chaise, f.	chair	silla	cadeira	椅子	كرسي
chambre, f.	bedroom	dormitorio	quarto	卧房	غرفة
chanceuse	lucky	afortunada	sortudo	走运的女子	محظوظ
changer (de l'argent)	change	cambiar (dinero)	cambiar (dinheiro)	兑换（零钱，外币）	صَرَّف
chapeau, m.	hat	sombrero	chapeu	帽子	قبعة
chat, m.	cat	gato	gato	猫	قط
châtain	chestnut brown	castaño	cabelo castanho	栗色的，褐色的	كستنائي
château, m.	castle	castillo	castelo	城堡，宫殿	قصر
chemise, f.	shirt	camisa	camisa	男用衬衫	قميص
cher (mon cher ami)	dear	querido	caro	亲爱的	عزيز
cher (ça coûte cher)	expensive	caro	caro	昂贵的，高价的	غالي الثمن
chercher	to search for	buscar	procurar	寻找，谋求	بحث
chez	at somebody's place	en casa de	em casa	在…家里	عند
choisir	to choose	escoger	escolher	选择，挑选	اختار
chose, f.	thing	cosa	coisa	事物，东西	شيء
clair	clear	claro	claro	明亮的	واضح
coiffeur, m.	hairdresser	peluquero	cabeleireiro	理发师	حلاق
collègue, m. ou f.	colleague	colega, compañero	colega	同事	زميل
coller	to stick	pegar	colar	贴，贴近	ألصق
combien	how much / many	cuánto	quanto	多少	كم
commander	to order	ordenar, pedir	encomendar	指挥，订购	طلب
comme	as	como	como	由于，如同，好像	مثل
commencer	to begin	empezar	começar	开始，起头	بدأ
comment	how	cómo	Como	如何，怎么	كيف
commerce, m.	shop	comercio	comercio	商店，店铺	متجر
comparer	compare	comparar	comparar	比较，对照	قارن
compléter	to complete	completar	completar	补足，使完整	أكمل
comprendre	to understand	comprender	compreender	了解，明白	فهم
connaître	to know	conocer	conhecer	知道，懂得，认识	عرف
conseiller	to advise	aconsejar	aconselhar	建议，劝告	نصح
content	pleased	contento	contente	高兴的，满意的	فرح
continuer	to continue	continuar	continuar	继续	استمر
contraire	contrary	contrario	contrario	相反的	عكس
copain, m.	friend	amigo	companheiro	朋友，伙伴	صاحب
côte à côte	side by side	al lado	lado a lado	并肩的	جنباً إلى جنب
courage, m.	courage	valor	coragem	勇气，胆量	شجاعة
cours, m.	course	curso	curso	水流，行情，课程	درس
courses, f. pl.	shopping	compras	compras	购物	تسوق
court	short	corto	curto	短的	قصير
coûter	to cost	costar	custar	值多少钱，花费	كلف
couvrir	to cover	cubrir, tapar	cobrir	包，覆盖	غطى
croire	to think	creer	crer	认为，以为	اعتقد
cuisine (salle), f.	kitchen	cocina	cozinha	厨房	المطبخ
cuisiner	to cook	cocinar	cozinhar	烹饪，做饭	طبخ
curieux	curious	curioso	curioso	好奇的，古怪的	فضولي
D					
d'abord	first of all	en primer lugar	primeiro	首先，一开始	أولا
d'accord	allright	de acuerdo	de acordo	同意，赞成	موافق
d'ailleurs	by the way	además	alias	况且，此外	فضلا عن
déchets, m. pl.	waiste	desperdicios	residuos	废物，残渣	نفايات
découvrir	discover	descubrir	descobrir	暴露，发现	اكتشف
décrire	describe	describir	descrever	描述，描写	وصف
déjeuner	to have lunch	comer	almoçar	用早餐，午饭	غداء
demander	to ask	preguntar	pedir	请求，询问	طلب
déménager	to move	mudarse	mudar de casa	搬家	غير المسكن
départ, m.	departure	salida	partida	出发，动身，起飞	انطلاق
description, f.	description	descripción	descrição	描述，叙述	وصف
désolé	sorry	afligido, lo siento	desolado	感到抱歉的，痛心的	متأسف
dessert, m.	dessert	postre	sobremesa	甜点	تحلية
dessin, m.	drawing	dibujo	desenho	图画，素描	رسم
détester	to hate	detestar	detestar	讨厌，憎恨	بغض
devenir	to become	volverse	tornar-se	变成，成为	صار
deviner	to guess	adivinar	adivinhar	猜测	خمن
devoir	to must	deber	ter de	义务	وجب

français	anglais	espagnol	portugais	chinois	arabe
devoir, m.	homework	deberes	trabalhos de casa	功课，作业	واجب منزلي
dimanche, m.	Sunday	domingo	domingo	星期日	الأحد
dîner	to dine	cenar	jantar	吃晚饭，晚餐	عشاء
discuter	to discuss	discutir	discutir	讨论，争论	تَحَدَّثَ
divorce, m.	divorce	divorcio	divórcio	离婚，分离	طلاق
dommage	what a pity	pena	danos	损失，损害	ضرر
donner	to give	dar	dar	给予，交付	أعطى
dormir	to sleep	dormir	dormir	睡觉	نام
douche, f.	shower	ducha	duche	淋浴	مرش
drôle	funny	gracioso	engraçado	好笑的，有趣的	مُضْحِك

E

français	anglais	espagnol	portugais	chinois	arabe
école, f.	school	escuela	escola	学校	مدرسة
écouter	to listen	escuchar	ouvir	听，聆听	أصغى
égal	equal	igual	igual	相等的，平等	مساوٍ
embrasser	to kiss	besar	beijar	拥抱，亲吻	حضن
émouvant	moving	conmovedor	comovente	感动人的	مُؤَثِّر
emporter	to take	llevar(se)	levar	带走，拿走	أخذ
en face (de)	facing	en frente (de)	à frente (de)	在…的对面	قبالة
en retard	late	llegar tarde	atrasado	迟到，耽搁	بعد فوات الأوان
enchanté	delighted	encantado	encantado	非常高兴的	مسرور
encore	still, again, more	todavía, otra vez	ainda	仍，还，再	لا يزال، مزيدا
endroit, m.	place	lugar	direito	地点，场所	مكان
énervé	annoyed	enfadado	enervado	不安的，恼火的	مُتَوَتِّر
enfant, m.	child	niño, hijo	criança, filho	儿童，小孩，子女	ابن، طفل
enfin	at last	por último	afinal	终于，总之，最后	أخيرا
ensemble	together	juntos	conjunto	共同，一起	معا
ensuite	then	luego, después	depois	然后，接着	ثم
entendre	to hear	oír	ouvir	听见，明白	سَمِعَ
entreprise, f.	company	empresa	empresa	企业，公司	مؤسسة
environ	about	aproximadamente	cerca de	大约，差不多	حوالي
envoyer	to send	enviar	enviar	派送，邮寄	بَعَثَ
éteindre	to switch off	apagar	desligar	熄灭，关掉	أطفأ
être	to be	ser, estar	ser	是	كان، يكون
étudier	to study	estudiar	estudar	学习，研究	دَرَسَ
excellent	excellent	excelente	excelente	出色的，杰出的	ممتاز

F

français	anglais	espagnol	portugais	chinois	arabe
facile	easy	fácil	facil	简单的，容易的	سهل
faire	to do / make	hacer	fazer	做	قام بـ
faire attention (à)	to be careful of	prestar atención (a)	ter cuidado (a)	注意，留意，小心	انتبه إلى
fatigué	tired	cansado	cansado	疲劳的	مُرْهَق
fauteuil, m.	armchair	sillón	sofá	扶手椅	أريكة
faux	wrong	falso	falso	错误	خاطئ
femme, f.	woman	mujer	mulher	女人，妻子	امرأة
fenêtre, f.	window	ventana	janela	窗户	نافذة
fête, f.	party	fiesta	festa	节日，庆祝会	حفلة
fêter	to celebrate	celebrar	festejar	庆祝	احتفل
fichier, m.	file	fichero	ficheiro	文件	ملف
fille, f.	girl, daughter	chica, hija	rapariga, filha	女孩，少女，女儿	بنت، طفلة
fin, f.	end	fin	fim	结束，尾声	نهاية
finir	finish	acabar	acabar	结束，终止	أنهى
fleur, f.	flower	flor	flor	花	زهرة
fois, f.	times	vez, veces	vezes	次数	مَرَّة
fort	strong	fuerte	forte	堡垒，强壮的，强健的	قوي
frapper (à la porte)	to knock	llamar (a la puerta)	bater (a porta)	敲门	طَرَقَ
frère, m.	brother	hermano	irmão	兄弟，同胞	أخ

G

français	anglais	espagnol	portugais	chinois	arabe
gagner	to win	ganar	vencer	赚得，赢得	رَبِحَ
garder	to keep	cuidar, ocuparse	cuidar	照料，看管	حراسة الحيوان
gare, f.	station	estación	estação de comboio	火车站	محطة قطار
gâteau, m.	cake	pastel	bolo	蛋糕	حلوى
génial	great	genial	genial	天才的，有才华的，很棒的	رائع
gentil	kind	bueno	simpatico	体贴的，和蔼可亲的	خَيِّر
goût, m.	taste	gusto	sabor	味道，品味	ذَوْق
grand	tall	grande	grande	高大的，伟大的，壮丽的	كبير
gris	grey	gris	cinzento	灰色，灰色的	رمادي
grossir	to get fat	engordar	engordar	发胖，增大	غَلُظ

H

français	anglais	espagnol	portugais	chinois	arabe
habitant, m.	occupant	habitante	habitante	居民	ساكن
habiter	to live in	vivir	morar	居住	سكن

Lexique plurilingue

français	anglais	espagnol	portugais	chinois	arabe
haut	high	alto	alto	高，高耸的	عالي
hébergement, m.	accomodation	alojamiento	alojamento	留宿，收容	إيواء
heureux	happy	feliz	feliz	幸福的	سعيد
horreur, f.	horror	horror	horror	憎恨	فَزَعٌ

I

français	anglais	espagnol	portugais	chinois	arabe
ici	here	aquí	aqui	这里	هنا
île, f.	island	isla	ilha	岛屿	جزيرة
immeuble, m.	building	edificio	imovel	楼房	بناية
incroyable	incredible	increíble	incrivel	令人难以置信的	عجيب
indiquer	to point out	indicar	indicar	指出，表明	بَيَّنَ
interdit	forbidden	prohibido	proibido	禁止的	ممنوع
inviter	to invite	invitar	convidar	邀请	دعا

J

français	anglais	espagnol	portugais	chinois	arabe
jamais	never	jamás, nunca	nunca	曾经，从未	أبدا
jardin, m.	garden	jardín	jardim	花园，公园	حديقة
jaune	yellow	amarillo	amarelo	黄色，黄色的	أصفر
jeter	to throw	tirar	deitar fora	扔，掷	رمى
jeudi, m.	Thursday	jueves	quinta	星期四	الخميس
jeune	young	joven	jovem	年轻的，年轻人	صيام
joli	pretty	bonito	lindo	漂亮的，好看的	بَهِيّ
jouer	to play	jugar, actuar	jogar	玩游戏，扮演	تَظَاهَرَ
jour, m.	day	día	dia	天，日	يوم
journée, f.	day	jornada	dia	天，白昼	نهار
joyeux	joyful	jovial	alegre	高兴的，快乐的	سعيد
jupe, f.	skirt	falda	saia	裙子	تنورة
jusqu'à	until	hasta	ate	直到…	إلى أن
juste	just	sólo	apenas	仅，只	فقط

L

français	anglais	espagnol	portugais	chinois	arabe
lave-linge, m.	washing machine	lavadora	maquina de lavar roupa	洗衣机	غسالة الملابس
lecture, f.	reading	lectura	leitura	阅读	قراءة
libre	free	libre	livro	空闲的，自由的	حر
lieu, m.	place	lugar	lugar	地方，场所	مكان
lire	to read	leer	ler	阅读，看懂	قرأ
lit, m.	bed	cama	cama	床	سرير
livre, m.	book	libro	livro	书	كتاب
location, f.	rental	alquiler	aluguer	租赁，出租	كراء
loin	far	lejos	longe	遥远，久远	بعيد
loisirs, m. pl.	leisure activities	ocio, ocios	lazeres	消遣	تسلية
long	long	largo	longe	长的	طويل
lumière, f.	light	luz	luz	光线	نور
lundi, m.	Monday	lunes	segunda	星期一	الإثنين
lunettes, f. pl.	glasses	gafas	óculos	眼镜	نظارات

M

français	anglais	espagnol	portugais	chinois	arabe
madame	Mrs, madam	señora	senhora	女士，夫人，太太	سيدة
mademoiselle	miss	señorita	menina	小姐	آنسة
main, f.	hand	mano	mão	手	يد
maintenant	now	ahora	agora	现在，目前	الآن
maison, f.	house	casa	casa	房子，家	منزل
malade	ill	enfermo	doente	病人，生病的	مريض
manger	to eat	comer	comer	吃，吃饭	أكل
marcher	to walk	caminar, andar	andar a pe	行走	مشى
mardi, m.	Tuesday	martes	terça	星期二	الثلاثاء
marron	brown	marrón	castanho	栗子，栗色的	بُنّي
match, m.	match	partido	jogo	比赛，竞赛	مقابلة
mauvais	bad	malo	pessimo	坏的，有害的	سيء
médecin, f. ou m.	doctor	médico	medico	医生	طبيب
mélanger	to mix	mezclar	misturar	混合	أخلط
même	same	mismo	mesmo	相同的，甚至	نفس
mer, f.	sea	mar	mar	海	بحر
merci	thanks	gracias	obrigado	谢谢	شكرا
mercredi, m.	Wednesday	miércoles	quarta	星期三	الأربعاء
mère, f.	mother	madre	mãe	母亲	أم
merveilleux	wonderful	maravilloso	maravilhoso	出色的，绝妙的	باهر
message, m.	message	mensaje	mensagem	留言，信件，消息	رسالة
mettre	to put on	ponerse	vestir	穿着	ارتدى
meuble, m.	furniture	mueble	movel	家具	أثاث
mince	thin	delgado	magro	苗条的	نحيف
miroir, m.	mirror	espejo	espelho	镜子	مرآة
moins	less	menos	menos	更少，较少	أقل

français	anglais	espagnol	portugais	chinois	arabe
mois, m.	month	mes	mes	月份	شهر
moitié, f.	half	mitad	metade	一半	نصف
monsieur	mister	señor	senhor	先生	سيد
montagne, f.	mountain	montaña	montanha	山	جبل
montrer	to show	enseñar	mostrar	展示，指出，露出	أَظْهَرَ
multiplier	to multiply	multiplicar	multiplicar	增加，增多	ضاعف
mur, m.	wall	pared	parede	墙	جدار

N

nager	to swim	nadar	nadar	游泳	سَبَحَ
neige, f.	snow	nieve	neve	雪	ثلج
nez, m.	nose	nariz	nariz	鼻子	أنف
noir	black	negro	espelho	黑色，黑色的	أسود
nom, m.	name	apellido	nome	姓名	لقب
nouveau	new	nuevo	novo	新的	جديد
nul	useless	nulo, pésimo	péssimo	差劲的	بلا قيمة / رديء

O

œil, m. (yeux, m. pl.)	eye (-s)	ojo (ojos)	olho (olhos)	眼睛	عيون، عين
œuf, m.	egg	huevo	ovo	蛋，卵	بيض
offrir	to offer	regalar	oferecer	赠送，提供，出价	أهدى
oiseau, m.	bird	pájaro	passaro	鸟	عصفور
orange	orange	naranja	laranja	橘色，橘色的	برتقالي
ordinateur, m.	computer	ordenador	computador	电脑	حاسوب
oublier	to forget	olvidarse	esquecer	忘记，遗忘	نسي

P

pain, m.	bread	pan	pão	面包	خبز
pantalon, m.	trousers	pantalón	calças	长裤，裤子	سروال
papier, m.	paper	papel	papel	纸张	ورق
parc, m.	park	parque	parque	公园	حظيرة
pardon	excuse me	perdón	desculpas	对不起，原谅	معذرة
pareil	same	igual	igual	相同的，如此	مماثل
parents, m. pl.	parents	padres	pais	父母亲	والدين
parfait	perfect	perfecto	perfeito	完美的	ممتاز
parfum, m.	perfume	perfume	perfume	香水	عطر
parler	to talk	hablar	falar	讲话，说话	تَكلم
part, f.	piece	porción	fatia	块	أقسومة
passer (du temps)	to spend time	pasar (tiempo)	passar (tempo)	经过，度过（指时间）	تمضية الوقت
payer	to pay	pagar	pagar	支付，偿还	دَفَع
penser (à)	to think of / about	pensar (en)	pensar (em)	想到，考虑	تذكر
penser (de)	to think of / about	pensar (de)	achar (de)	认为，以为	أبدى رأيه في
perdre	to lose	perder	perder	失去，弄丢，糟蹋，迷失	فقد
père, m.	father	padre	pai	父亲	أب
personnage, m.	character	personaje	personagem	人物，角色	شخصية
personne, f.	person	persona	pessoa	人	شخص
personne	no one, nobody	nadie	ninguem	没有人	أحد
petit	small	pequeño	pequeno	小的	صغير
peu	a little	poco	pouco	少的，不多	قليل
physique, m.	physical	físico	fisico	外表，长相	هيئة الشخص
pièce, f.	room	habitación	peça	房间	قاعة
pied, m.	foot	pie	pe	脚	قَدَم
piscine, f.	swimming pool	piscina	piscina	游泳池	مسبح
placard, m.	cupboard	armario	armario	橱柜，壁橱	خزانة حائطية
place (lieu), f.	place	sitio	lugar	地方	موضع
place (... du village), f.	square	plaza	praça	广场	ساحة
plage, f.	beach	playa	praia	海滩	شاطىء
plaire	to like	gustar	agradar	使喜爱，讨好	أعْجَب
plaisanter	to joke	bromear	gozar	开玩笑	مَازَحَ
plaisir, m.	pleasure	placer	prazer	高兴，乐趣	لذة
plan, m.	map	plano	plano	地图，计划	مخطط
planche à voile, f.	windsurf	tabla de windsurf	prancha de vela	帆船	لوحة شراعية
plante, f.	plant	planta	planta	植物	نبتة
plein (de)	full	lleno (de)	cheio (de)	满，充满	ممتلىء بـ
plus	more	más	mais	更，更多	أكثر
plus tard	later	más tarde	mais tarde	待会，稍后	لاحقًا
plusieurs	several	varios	varios	好几个	عدة
poli	polite	educado	polido	有礼貌的	مُؤَدَّب
pont, m.	bridge	puente	ponte	桥，甲板	جسر
porte, f.	door	puerta	porta	门	باب
porter	to wear	llevar	vestir	穿，穿着	لبس
poser une question	to ask	hacer una pregunta	fazer uma pergunta	提出一个问题	طَرح سؤالا
posséder	to possess	poseer	possuir	拥有，占有	امتلك

deux cent cinq • 205

Lexique plurilingue

français	anglais	espagnol	portugais	chinois	arabe
possible	possible	posible	possível	可能的	ممكن
poste, f.	post office	correos	correios	邮局	مركز البريد
pouvoir	to can	poder	poder	能够，可以，权力	اِسْتَطَاعَ
préférer	to prefer	preferir	preferir	宁可，偏爱	فَضَّل
prendre	to take	coger, tomar	apanhar	搭乘，走上	أَخَذَ
prénom, m.	first name	nombre	nome	名字	اِسم
près (de)	close (to)	cerca (de)	junto (de)	靠近，临近	قَرُبَ
présenter	to introduce	presentar	apresentar	介绍，呈现，展出	قَدَّم
prix, m.	price	precio	preço	价格	ثَمَن
prochain	next	próximo	proximo	下一个的，即将来到的	قادم
professeur, m.	teacher	profesor	professor	教授，教师	أَستاذ
profession, f.	occupation	profesión	profissão	职业	مهنة
promettre	to promise	prometer	prometer	答应，允诺	وَعَدَ
proposer	to propose	proponer	propor	建议，提出	اقترح
puis	then	después, luego	depois	接着，然后	ثَمَّ
puisque	as, since	puesto que	porque	既然，因为	بما أن
pull, m.	pullover	jersey	camisola	毛衣，套衫	كنزة صوفية

Q

quand	when	cuando	quando	何时，当	متى
quelqu'un	someone	alguien	alguem	某人	شخص ما
quelque chose	something	algo	qualquer coisa	某事	شيء ما
quelques	some	algunos	alguns	一些	بضع
question, f.	question	pregunta	pergunta	问题	سؤال
quitter (son travail)	to leave (work)	dejar (su trabajo)	sair (do trabalho)	离（职）	غادر
quitter (la maison)	to leave (the home)	salir (de casa)	sair (da casa)	离（家）	انصرف

R

randonnée, f.	hiking	caminata	passeio	远足	تجوال
rapide	fast	rápido	rapido	快的，迅速的	سريع
rapidement	quickly	rápidamente	rapidamente	迅速地	بسرعة
rappeler	to call back	volver a llamar	voltar a ligar	回电	أعاد الاتصال
rarement	rarely	raramente	raramente	不常	نادرا
rayer	to cross	tachar	riscar	画线，擦伤	شَطَبَ
recevoir	to receive	recibir	receber	收到	استقبل
recommander	to recommend	recomendar	recomendar	推荐，介绍	أوصى
reconnaître	to recognise	reconocer	reconhecer	认出，辨认出	تعرف على
réfléchir	to think	reflexionar	reflectir	思考，考虑	فكر
refuser	to refuse	rechazar	recusar	拒绝	رَفَضَ
regarder	to look at	mirar	olhar	看，注视，涉及	نَظَرَ
regret, m.	regret	pesar	arrependimento	遗憾，悔恨	نَدَم
regretter	to regret	lamentar	arrepender-se	惋惜，悔恨，感到遗憾	نَدَم
remarquer	to notice	darse cuenta	observar	看到，指出	لاحظ
remplir	to fill	rellenar	encher	填写，充满	عَبَّأ
rencontrer	to meet	conocer, encontrar	encontrar	碰见，会见	التقى
rendez-vous, m.	appointment	cita	encontro	约会	موعد
rentrer	to be on the way home	volver	entrar	回家	دَخَلَ
repas, m.	meal	comida	refeição	餐，饮食	وجبة
répéter	to repeat	repetir	repetir	重复	كرَّر
répondre	to answer	responder	responder	回答，答复	أجاب
réserver	to book	reservar	reservar	保留，预定	حَجَز
responsable, m.	manager	responsable	responsavel	主管，负责人	مسئول
ressembler à	to be / look like	parecerse a	parecer-se com	相似，与…相象	يُشبه
rester	to remain	quedarse	ficar	留下，剩下，保持某种状态	بقي
retrouver	to find (again)	encontrar	encontrar	重新找到，再见面，恢复	استرجع
revenir	to come back	volver	voltar	再来，回到	عاد
rien	nothing	nada	nada	什么也没有，什么也不	لا شيء
rire, m.	laughter	risa	riso	笑，发笑	ضحك
rivière, f.	river	río	rio	河，河流	نَهْر
robe, f.	dress	vestido	vestido	洋装，连身裙	فستان
roman, m.	novel	novela	romance	小说	رواية
rose	pink	rosa	rosa	玫瑰，粉红色，粉红色的	وردة
rouge	red	rojo	vermelho	红色，红色的	أحمر
rouler	to drive	rodar	rolar	使滚动，行驶	سار
rue, f.	street	calle	rua	马路，街道	طريق

S

s'appeler	to be called	llamarse	chamar-se	名叫，称为	اسم
s'énerver	to get worked up	enfadarse	enervar-se	恼火，心烦意乱	قَلِق
s'excuser	to apologise	pedir disculpas	desculpar-se	表示歉意，请求原谅	اعتذر
s'habiller	to dress	vestirse	vestir-se	穿衣	ارتدى
s'il vous plaît	please	por favor	por favor	请，请您	من فضلكم
s'informer	to inquire	informarse	informar-se	打听，询问，了解	استفسر

français	anglais	espagnol	portugais	chinois	arabe
sac, m.	bag	bolsa / bolso	mala	包，袋	حقيبة
salle de bains, f.	bathroom	cuarto de baño	casa de banho	浴室	حمّام
salon, m.	living room	salón	salão	客厅，会客室	صالون
salut	hi	hola	ola	致敬，你好	مرحبا
samedi, m.	Saturday	sábado	sabado	星期六	السبت
s'amuser	to have fun	divertirse	divertir-se	游乐，玩耍	تسلّى
santé, f.	health	salud	saude	健康	صحّة
s'asseoir	to sit	sentarse	sentar-se	坐下	جَلَسَ
sauf	except	salvo	excepto	除…以外	ما عدا
se baigner	to have a swim	bañarse	tomar banho	洗澡，沐浴	استحم
se coucher	to go to bed	acostarse	tomar duche	就寝，睡觉	نام
se dépêcher	to hurry	darse prisa	despachar-se	赶紧，赶快	أسرع
se laver	to wash	lavarse	lavar-se	洗澡，沐浴	غَسَلَ
se lever	to get up	levantarse	levantar-se	起床，起身	نَهَضَ
se maquiller	to make up	maquillarse	maquilhar-se	化妆	تَزَيَّنَ
se marier	to get married	casarse	casar-se	结婚，成亲	تزوّج
se présenter	to introduce oneself	presentarse	apresentar-se	拜访，自我介绍，自我推荐	قدّم نفسه
se promener	to do for a walk	pasear	passear	散步，漫步	تجوّل
se ressembler	to look alike	parecerse	juntar-se	相像，相似	شابه
se tromper	to make a mistake	equivocarse	enganar-se	弄错，搞错	أخطأ
séjour, m.	stay	estancia	estadia	逗留，居住	إقامة
semaine, f.	week	semana	semana	星期，礼拜	أسبوع
sembler	to seem	parecer	parecer	似乎，好像	بدا
s'en aller	to leave	irse	ir embora	出去，离开，消失	انصرف
s'ennuyer	to be bored	aburrirse	aborrecer-se	感到无聊	سَئِمَ
sensation, f.	feeling	sensación	sensação	感觉，轰动	إحساس
sérieux	serious	serio	serio	认真的，正经的	جاد
seul	alone	solo	so	单独的，唯一的	وحيد
si	yes	sí	sim	是，是的	بلى
s'installer	to settle	instalarse	instalar-se	安家，定居	استقر
situer	to locate	situar	situar	位于，在…里	حدد موقعا
société, f.	company	sociedad	sociedade	公司，企业	شركة
sœur, f.	sister	hermana	irmã	姐妹	أخت
soir, m.	evening	noche	noite	晚上，夜晚	أمسية
soirée, f.	evening, party	velada	noite	晚间，晚会，派对	سهرة
soleil, m.	sun	sol	sol	太阳	شمس
sonner	to ring	llamar al timbre	tocar	按铃，鸣响	رنّ
souhaiter	to wish	desear	desejar	希望，祝愿	تمنى
souligner	underline	subrayar	sublinhar	强调，着重	وضع خطا تحت
souvenirs, m. pl.	memories	recuerdos	lembranças	回忆，记起	ذكريات
souvent	often	a menudo	frequentemente	经常地	غالبا
spécialité, f.	speciality	especialidad	especialidade	特色，特产，专长，拿手菜	تخصص
sport, m.	sport	deporte	desporto	运动，体育活动	رياضة
sportif	athletic	deportivo	desportivo	爱好运动的	رياضي
station, f.	station	estación	estação	车站，电台	محطة
studio, m.	studio flat	estudio	estudio	单间公寓，小套房	شقة صغيرة
stylo, m.	pen	bolígrafo	esferografica	钢笔，自来水笔	سيالة
sucre, m.	sugar	azúcar	açucar	糖	سكر
sud, m.	south	sur	sul	南，南方，南部	جنوب
surprise, f.	surprise	sorpresa	surpresa	惊讶，意想不到的事	مفاجأة
sympa	nice	majo	simpatico	友好的，讨人喜欢的	ظريف
sympathique	friendly	simpático	simpatico	给人好感的	ودود

T

français	anglais	espagnol	portugais	chinois	arabe
table, f.	table	mesa	mesa	桌子	طاولة
tableau (œuvre), m.	painting	cuadro	quadro	绘画，画作	لوحة فنية
tard	late	tarde	tarde	晚，迟	متأخرا
tasse, f.	cup	taza	taça	杯子	فنجان
téléphone portable, m.	mobile phone	teléfono móvil	telemovel	手机，移动电话	هاتف محمول
téléphoner à	to phone	llamar (por teléfono) a	telefonar a	打电话给…	هتف إلى
tellement	so much / many	tan, tanto	tanto	这么地，如此地	إلى حد بعيد
thé, m.	tea	té	cha	茶，茶叶	شاي
théâtre, m.	theatre	teatro	teatro	戏剧，剧院	مسرح
timide	shy	tímido	timido	害羞的，害怕的	خجول
toilettes, f. pl.	toilet	servicios	wc	洗手间，厕所	مرحاض
tomber	to fall	caerse	cair	跌到，倒下	سقط
tôt	early	pronto	cedo	早	باكرا
toujours	always	siempre	sempre	总是，永远，依然	دائما
touriste, m. ou f.	tourist	turista	turista	游客，观光客	سائح
touristique	tourist	turístico	turistico	旅游的，观光的	سياحي
tourner	to turn	girar	rodar	使旋转，翻转，转向	أدار
tout de suite	straight away	enseguida	logo	立刻，马上	في الحين
tout le monde	every one	todo el mundo	toda a gente	所有人，每个人	جميعا

Lexique plurilingue

français	anglais	espagnol	portugais	chinois	arabe
train, m.	train	tren	comboio	火车	قطار
tramway, m.	tram	tranvía	electrico	有轨电车	تراموايْ
tranquille	quiet	tranquilo	tranquilo	安心的，平静的	مُطمْئَنّ، هادِئ
travailler	to work	trabajar	trabalhar	工作，学习，用功	عَمِلَ
traverser	to cross	atravesar	atravessar	穿过，横渡	قَطَعَ
triste	sad	triste	triste	凄凉的，可悲的	حزين
trop	too much / many	demasiado	demasiado	太，过多地，非常，过分	فوق اللزوم
trop tard	too late	demasiado tarde	demasiado tarde	太晚，太迟	متأخر
trottoir, m.	pavement	acera	passeio	人行道	رصيف
trouver	to find	encontrar	encontrar	找到，发现，觉得	وجد
type, m.	type	tipo	tipo	类型，典型	نوع
U					
université, f.	university	universidad	universidade	大学	جامعة
V					
vacances, f. pl.	holidays	vacaciones	ferias	假期，休假	عطلة
vélo, m.	bike	bicicleta	bicicleta	自行车，单车	دراجة
vendredi, m.	Friday	viernes	sexta	星期五	الجمعة
venir	to come	venir	vir	来，来到	جاء
vent, m.	wind	viento	vente	风，趋势	ريح
ventre, m.	stomach	vientre	barriga	肚子，腹部	بطن
vérifier	to check	verificar	verificar	检查，核对	تحقق
verre, m.	glass	vaso	copo	玻璃，玻璃杯	كأس
vert	green	verde	verde	绿色，绿色的	أخضر
veste, f.	jacket	chaqueta	casaco	上装，外套	سترة
vêtement, m.	clothing	ropa	roupa	服装，衣着	ثياب
vieillir	to grow old	envejecer	envelhecer	年老，衰老，变旧	هرِم
vieux	old	viejo	velho	老的，衰老的，长者	عجوز
ville, f.	city	ciudad	cidade	城市，城区	مدينة
visage, m.	face	rostro	rosto	脸，面孔	وَجْه
visiter	to visit	visitar	visitar	访问，拜访，探望	زار
vite	fast	rápido	rapido	快，赶快，迅速	بسرعة
voisin, m.	neighbour	vecino	vizinho	隔壁，邻居	جار
voiture, f.	car	coche	automovel	汽车，轿车	سيارة
vol (en avion), m.	flight	vuelo (en avión)	voo (de avião)	飞行，班机	طيران
vouloir	to want	querer	querer	想要，期待	أراد
voyage, m.	journey	viaje	viagem	旅行，旅程	سفر
vrai	true	verdadero	verdade	错误	حقيقي
vraiment	really	realmente	realmente	的确，真实地	حقا
vue, f.	sight	vista	vista	视觉，视线，景色	منظر
W					
week-end, m.	weekend	fin de semana	fim-de-semana	周末	نهاية الأسبوع
Y					
yeux, m. pl.	eyes	ojos	olhos	眼睛	عيون

Transcriptions des audios

Unité 0

Activité 2 a, page 14
– Tiens, salut Sophie, ça va ?
– Ça va et toi ?
– Bien, merci.

– Ah, bonjour Philippe ! Vous allez bien ?
– Oui merci, et vous ?
– Très bien, merci.

– Mesdames, messieurs, bonsoir ! Vous allez bien ?
– Oui…

Activité 2 b, page 14
– Voilà, madame. Merci et bonne journée.
– Merci, à vous aussi.

– Pour vous monsieur, c'est la chambre 2. Voici la clé !
– Merci, bonne soirée.

– À demain, chérie, dors bien !
– Bonne nuit, papa.

– À demain Éric !
– Ouais, salut !

Activité 3, page 15
– Je vous écoute :
– B-N-O-U-O-R-J, E-U-I-M-O-S-R-N, T-L-U-A-S, T-L-O-E-H, R-T-A-R-E-T-U-S-N-A

Activité 1, page 16
1. *Bruits de casserole*
2. *Bruits de klaxon de voiture*
3. *Bruits de fontaine*
4. *Bruits de gare SNCF*

Activité 2, page 16
1. *Bruit d'une sonnette*
2. *Bruit d'un objet qui tombe dans l'eau*
3. *Bruit de quelqu'un qui frappe à la porte*
4. *Bruit d'une porte qui claque*
5. *Bruit d'un réveil*
6. *Bruit d'un klaxon*
7. *Bruit d'une personne qui grelotte*

Activité 3 a, page 17
– Bonjour, je m'appelle Dian Xi, je suis chinois.
– Moi, c'est Emma. Je suis danoise.
– Salut, moi, c'est Javier, je suis colombien.
– Je m'appelle Patrick, je suis anglais.
– Et moi, Tegan, je suis américaine.
– Je m'appelle Safaa, je suis turque.

Activité 3 b, page 17
1. Elle est américaine.
2. Il est vietnamien.
3. Erica est suédoise.
4. Claude est française.
5. Stanislas est brésilien.
6. Naoko est japonaise.

Activité 3 c, page 17
– Tu es étudiant ?
– Oui, je suis étudiante.
– Elle est américaine ?
– Non, elle est canadienne.
– Il est mexicain ?
– Non, il est espagnol.

Activité 2, page 18
1. Il est noir, jaune et rouge.
2. Il est bleu, blanc, rouge.
3. Il est rouge avec une étoile verte.
4. Il est vert, jaune et rouge.
5. Il est rouge avec une croix blanche.

Activité 3, page 19
1. Bonjour madame, je voudrais six tomates, quatre abricots et deux pommes, s'il vous plaît.
2. – Bonjour, une baguette, s'il vous plaît !
– Ce sera tout ?
– Oui, merci.
3. – Bonjour, monsieur. Un ticket pour le Louvre, c'est combien ?
– 12 euros.
– Très bien, j'en prends deux.

Activité 1, page 20
1. – Hum, comme c'est doux !
2. – C'est super !
3. – Hum, ça sent bon !

Activité 2, page 20
Le 14 juillet, c'est la fête nationale.
En mai, c'est le festival de Cannes.
En septembre-octobre, c'est la période des vendanges.

Activité 3, page 21
– Tu vois…
– Lui, c'est Paul, il est étudiant en France. Il a 20 ans. Il est américain. Et elle, c'est Mathilde. Elle est française. Elle habite à Paris. Elle a 18 ans, je crois. Peut-être 19. Et elle parle anglais.
– Et alors ?
– Ben, tu vois bien.

Unité 1

Activités 2, 3 et 4, page 24
Aujourd'hui, sur le plateau de notre émission « Carte de visite », nous recevons cinq personnalités francophones :
1. – Philippe Geluck. Vous êtes dessinateur. Vous habitez en Belgique, à Bruxelles, et vous êtes l'auteur de la bande dessinée *Le Chat*.
2. – Roger Federer, joueur de tennis numéro 5 mondial. Vous venez de Suisse. Vous avez aussi la nationalité sud-africaine ?
– Oui, oui, c'est bien ça.
3. – Amadou et Mariam. Vous êtes musiciens ?
– Oui, nous sommes aussi chanteurs.
– Très bien, vous êtes chanteurs et musiciens. Vous venez du Mali et vous venez de gagner une Victoire de la musique en 2013.
4. Julie Payette, vous êtes née à Montréal au Québec. Vous êtes astronaute et vous travaillez au Canada.

Activité 4 b, page 24
1. Anglaise   2. Libanais

Activité 8, page 25
– C'est qui ?
– Tu ne la connais pas ?
– Non !
– C'est une actrice anglaise. Elle est très célèbre.
– Comment s'appelle-t-elle ?
– Kristin Scott Thomas.
– Elle est américaine ?
– Non, elle n'est pas américaine, elle est anglaise !
– Et lui ?
– C'est Mika. C'est un chanteur.
– Mais il n'est pas francophone ?
– Si, il chante en français. Mais il n'est pas français.
– Ah oui ! Il est libanais, non ?
– Oui, c'est ça !

Activités 4, 5 et 6, page 27
Le douanier : – Excusez-moi, Mademoiselle. Votre passeport, s'il vous plaît. Quel est votre nom ?
La femme : – Natacha Dupuis.
Le douanier : – Vous habitez où ?
Jeune femme : – À Toulon.
Le douanier : – Vous avez quel âge ?
La femme : – 30 ans.
Douanier - Vous venez d'où ?
La femme : – De France.
Le douanier : – Qu'est-ce qu'il y a dans votre sac ?
La femme : – Un porte-monnaie, un casque, une brosse à cheveux, un appareil photo, quelques euros, un téléphone, euh…
Le douanier : – Vous avez une bouteille ?
La femme : – Ah oui, une bouteille pour des amis new-yorkais.
Le douanier : – Désolé, c'est interdit ! Et vous, monsieur, vous avez quoi dans votre sac ?
L'homme : – Moi, j'ai un ordinateur et deux livres.
Le douanier : – Ah ! Et votre bébé ?
L'homme : – Lui, il n'a pas de sac.

Activité 6 b, page 27
1. Un porte-monnaie 2. Un casque 3. Une brosse à cheveux 4. Un appareil photo
5. Un téléphone 6. Une bouteille 7. Un ordinateur

Activité 7, page 27
Et vous, vous avez quoi dans votre sac ?
Moi, j'ai un ordinateur.
Lui, il n'a pas de sac.

Activités 1, 2 et 3, page 28
Une actrice anglaise.   Il est libanais.

a. Français   b. Libanaise
c. Allemande   d. Américain

a. Il est anglais – Elle est anglaise.
b. Il est américain – Elle est américaine.

c. Il est libanais – Elle est libanaise.
d. Il est allemand – Elle est allemande.

Activités 1, 2 et 3, page 28
Un – une

a. Un b. Une journaliste c. Un astronaute

a. Un – une b. Un juge – une juge c. Un artiste – une artiste d. Un pianiste – une pianiste

Activité 1, page 30
Situation 1
– Maman, maman, maman !
– Quoi ?
– Je veux une pomme !
– C'est quoi le mot magique ?
– Je ne sais pas…
– Si, tu sais !
– Abracadabra, je veux une pomme !
Situation 2
– Monsieur, monsieur, pardon, oh cher monsieur, excusez-moi de vous déranger…
– Mais madame, madame, chère madame, bien entendu, que puis-je pour vous ?
– Monsieur, monsieur, monsieur… j'ai une question !
– Madame, avec plaisir, 1, 2, 3… 20, 40, 60 questions ! Je vous en prie.
– Quel jour sommes-nous ?
– Jeudi !
– Comment ?
– Je dis que nous sommes jeudi !
– Ah… je vous remercie !
– De rien.

Unité 2
Activités 3, 4 et 5, page 42
Bonsoir et bienvenue dans notre émission « Chacun chez soi ».
Le thème d'aujourd'hui : les Français et l'habitat. Les Français et les Françaises rêvent d'acheter une maison. Les deux tiers sont propriétaires d'un logement et les autres sont locataires. Ils habitent, le plus souvent, dans un appartement en centre-ville, dans un pavillon avec un petit jardin ou encore, dans une maison ancienne. Il y a aussi les Français chanceux, propriétaires d'une villa avec piscine au bord de la mer ou d'un chalet en bois à la montagne ; les Français romantiques qui habitent sur l'eau (dans une péniche, généralement) ou dans une cabane dans les arbres. Et puis, ceux qui rêvent de vivre dans des châteaux !
Et vous… ?

Activité 5 b, page 42
1. Le thème 2. Les Français 3. Les deux tiers 4. Les autres 5. Le plus souvent 6. Les châteaux

Activité 3, page 44
– Allô ?
– Bonjour monsieur, je vous appelle pour avoir des renseignements sur votre annonce.
– Bonjour madame.
– Est-ce qu'il est toujours à louer ?
– Oui.
– Très bien, le loyer est de combien ? 1 200 euros, c'est bien ça ?
– Oui, oui, c'est ça.
– Dans la cuisine, est-ce qu'il y a un lave-vaisselle ?
– Oui et aussi, un lave-linge et un four à micro-ondes.
– C'est super. Je peux le visiter ?
– Oui, attendez je regarde mon agenda. Vous pouvez me donner vos coordonnées ?
– Mon téléphone est le 07 53 89 10 51 et mon adresse mail, si vous voulez, gfrady@yahoo.fr
– Très bien, c'est noté, je vous rappelle dans la journée.
– Merci monsieur, à bientôt, au revoir.

Activités 6 et 7, page 45
JENNIFER : – Tu vas bien Maud ? Ça se passe bien avec tes nouveaux voisins ?
MAUD : – Oui, très bien. Il y a une femme très sympa. Elle s'appelle Chloé. Elle est grande et blonde. Elle ressemble à ma sœur Juliette mais Juliette a les cheveux longs.
JENNIFER : – Ah oui ? Elle est à quel étage ?
MAUD : – Elle habite au rez-de-chaussée. Elle a deux fils. Alex, c'est un ado, il est mince. Il a les cheveux blonds et bouclés. L'autre, Noé, c'est un gros bébé. Il pèse 10 kilos ! Il a aussi de beaux yeux bleus.
JENNIFER : – Et leur père, il est blond aussi ?
MAUD : – Mais non, il est châtain. Il s'appelle Marc. Il est drôle avec ses chemises à fleurs !

Activité 7 b, page 45
Des informations

Activités 1, 2 et 3, page 46
Le – les

a. Le b. Les voisins c. Les locataires d. Les propriétaires

a. Le logement. Les logements
b. Le studio. Les studios
c. Le salon. Les salons
d. Le placard. Les placards

Activités 1, 2 et 3, page 46
Les informations

a. Des appartements b. Les entrées c. Les immeubles d. Des hôtels

a. Je veux visiter des appartements.
b. Ce sont des immeubles modernes.
c. Ce sont des habitations originales.
d. Il y a des annonces sur ce site.

Activité 1, page 48
– Ce soir, avec les copains, c'est la fête !
– Ah bon ?
– Oui, on fête l'anniversaire de Chloé, la copine de Marc.
– C'est sa copine ?
– Ben oui, bien sûr !
– Et vous faites quoi ?
– Manger, danser, chanter… sympa, quoi !
– Et les voisins ?
– Oh, tant pis !
– Ce n'est pas bien de dire ça, tu sais !

Unité 3
Activités 3 et 4, page 60
LE JOURNALISTE : – Que font les Français quand ils ne travaillent pas ? C'est l'enquête de ce mois-ci sur radio Info. Quand on les écoute, le loisir préféré des Français est le sport.
HOMME 1 : – Je fais du VTT le samedi avec des amis.
HOMME 2 : – L'été, nous faisons de la randonnée en famille.
FEMME 3 : – Je fais du jogging le dimanche matin et je joue au tennis le mercredi soir.
FEMME 4 : – Je vais à la piscine avec ma meilleure amie une fois par semaine. Souvent, le jeudi midi.
LE JOURNALISTE : – En réalité, le premier sport pratiqué des Français, c'est la télévision. Ils la regardent environ 20 heures par semaine. La lecture vient en numéro 2 et la musique en numéro 3. Pour en savoir plus, retrouvez la cartographie des loisirs des Français sur notre site Internet.

Activité 4 b, page 60
1. Le sport 2. Du VTT 3. Des amis 4. De la randonnée 5. Du jogging 6. Des loisirs

Activités 4, 5 et 6, page 63
LE PRÉSENTATEUR : – Avis aux curieux : l'Opéra de Lausanne propose, ce week-end de découvrir l'intérieur de l'Opéra de 9 h 15 à 17 h, le samedi et, de 10 h à 15 h, le dimanche. N'oubliez pas, samedi soir, de venir assister à un spectacle magnifique de danseuses étoiles.
LA PRÉSENTATRICE : – C'est à quelle heure ?
LE PRÉSENTATEUR : – À 21 h. Je vous conseille d'arriver au moins un quart d'heure avant, vers 20 h 30-20 h 45. Cela dure une heure et quart.
LA PRÉSENTATRICE : – C'est plutôt pour les femmes tout cela, non ?
LE PRÉSENTATEUR : – Oui, peut-être.
LA PRÉSENTATRICE : – Et vous, alors, Victor, qu'est-ce que vous allez faire ce week-end ?
LE PRÉSENTATEUR : – Oh, comme d'habitude, je vais rester à la maison, bien tranquillement. Le matin, je vais faire mes étirements, dimanche, ma balade à vélo. Et puis, avec mon amie, nous allons peut-être regarder un film samedi soir. On va se cocooner ! Et vous, vous faites quoi ce week-end ?

Activité 6 d, page 63
1. Trente ans 2. Quelle heure 3. Quel âge

Transcriptions des audios

Activités 1, 2 et 3, page 64
[y] – [EU] – [E]

a. De – de b. De – des c. Deux amis – des amis d. Du VTT – du VTT

a. Je fais du tennis -J'ai un cours de tennis
b. Je fais du jogging - Je fais de la natation
c. Il a deux loisirs - Il a des loisirs
d. Il a deux amis - Elle a des amis

Activités 1, 2 et 3, page 64
a. À quelle heure ?
b. Quel âge avez-vous ?
c. Quel est votre sport préféré ?
d. Quelle est votre activité préférée ?

a. Un sac à main
b. Une brosse à dents
c. Une brosse à cheveux
d. Il a quinze ans
e. Elle a trente ans

a. Il est une heure – il est une heure et quart
b. Il est cinq heures – il est cinq heures et demie
c. Il est sept heures – il est sept heures et quart
d. Il est quatre heures – il est quatre heures et demi

Activité 1, page 66
Venez découvrir *Vis ma vie*, la nouvelle pièce d'Emmanuel Darley avec une mise en scène d'Yves Chenevoy. D'un côté, la capitale ; de l'autre, la campagne. Deux personnages se rencontrent et décident d'échanger leur vie. Tous les soirs, du 10 octobre au 25 novembre - Du mercredi au samedi à 19 h et dimanche à 15 h Au Vingtième Théâtre à Paris.

Activité 2 b, page 67
Peux-tu prêter ton petit tutu ?

Unité 4
Activité 4, page 78
Regarde cette fille, elle est jolie, non ?
Je voudrais ce gâteau, s'il vous plaît !

Activités 6 et 7, page 79
– Allô ?
– Bonjour, je vous appelle pour vous proposer de participer à une enquête pour le ministère de la Culture et de la Communication. Il s'agit d'une enquête sur les pratiques culturelles des Français. Vous voulez bien participer ? Ça va durer 5 à 10 minutes.
– Oui.
– Alors, quel âge avez-vous ?
– 28 ans.
– Est-ce que vous sortez une fois par semaine, deux fois par semaine ou plus ? Et quand ?
– Environ deux fois par semaine. Le jeudi soir et le samedi soir.
– Vous allez me dire si, par mois, vous sortez souvent, de temps en temps, rarement. Alors, au cinéma ?
– Souvent.
– À l'opéra ?
– Oh, rarement. Vous n'avez pas « Jamais » ?
– Non, mais je vais le noter si vous voulez. Au restaurant ?
– De temps en temps.
– Très bien. Alors, lorsque vous sortez le soir, vous êtes souvent seul ? En couple ? En famille ? Avec des amis ?
– Souvent en couple ou avec des amis mais parfois je sors aussi seul.
– D'accord. Au cours des 12 derniers mois, quelle sortie avez-vous préférée ?
– Je suis allé au concert de *Deportivo*, c'est un groupe de rock, c'était vraiment super !

Activité 6 d, page 79
1. On sort
2. La ville vous propose
3. Le château
4. On va au théâtre

Activité 6, page 81
– Salut Élodie, alors tu es allée voir l'expo sur les maîtres de la bande dessinée européenne à la bibliothèque nationale de France ?
– Oui ! C'était super bien !
– Alors Patrick, tu as visité le musée des marionnettes à Lyon ? C'était bien ?
– Ah oui ! C'était vraiment passionnant : j'ai appris plein de choses.
– Bonjour mamie, un petit mot pour te faire coucou et te dire qu'hier, je suis allé au musée de l'architecture avec mes amis. Il y avait beaucoup de monde mais c'était intéressant ! J'ai adoré cette sortie ! Bisous.
– Salut Amel, tu es allée au festival du court-métrage de Clermont-Ferrand ?
– Ah ! oui, oui, oui ! Quel événement ! L'année dernière, c'était un vrai succès ! J'aime beaucoup !

Activité 6 d, page 81
1. Tu es allée.
2. Tu as visité.
3. J'ai appris.
4. Je suis allée au musée.
5. Salut Amel !

Activités 2 et 3, page 82
a. Dos b. Beau c. Allons d. Chaton

a. On va au musée. b. Ils vont au musée.
c. On va au concert. d. Ils vont au concert.

Activités 2 et 3, page 82
a. Le théâtre b. Le patin à glace
c. Tu as visité d. On a appris

a. On va au théâtre.
b. On va aller au théâtre.
c. On va aller au théâtre et à l'opéra.

Activité 1, page 84
– Bonjour madame, je peux vous aider ?
– Oui, je vais à une soirée déguisée pour mardi gras et je ne sais pas quoi porter...
– Ah, je vois ! En cow-boy ? Vous pouvez porter un costume de cow-boy avec un pantalon, une chemise à carreaux, des bottes et un chapeau.
– Non, non pas cow-boy...
– Et un costume de princesse ? Voilà regardez : vous portez cette belle robe blanche avec des bijoux : un collier, une bague, et puis des belles chaussures pour aller avec.
– Princesse ? Ah non, je préfère quelque chose de plus... marrant !
– Vous voulez un costume drôle ? Pourquoi pas en personnage futuriste ? Regardez : si vous portez une jupe et un t-shirt couleur argent, avec une grosse ceinture, des lunettes de soleil carrées et une perruque violette !
– Ah, ah oui, pourquoi pas ! C'est d'accord, je prends votre costume futuriste !

Activité 2 c, page 85
Le ton de tonton monte.

Unité 5
Activités 3 et 4, page 96
LE JOURNALISTE : – Bonjour madame, je suis journaliste pour le journal *Le Bourguignon* et je voudrais vous poser quelques questions. J'aimerais savoir quels commerces et services on trouve dans votre village ?
LA FEMME 1 : – Alors, à La Charité-sur-Loire, il y a une boucherie, une belle église et treize librairies ! Et nous avons un festival chaque année, le festival du Mot.
LE JOURNALISTE : – Treize librairies et un festival ! C'est incroyable ! Et vous faites vos courses dans le village ?
LA FEMME 1 : – Non, jamais. Je préfère aller au supermarché, c'est plus rapide.
LE JOURNALISTE : – Et vous monsieur, vous habitez dans le même village ?
L'HOMME : – Oui, oui. Je suis retraité et j'aime bien lire mon journal au café de la place tous les matins. Moi, j'achète ma viande chez le boucher et j'aime acheter mes légumes au marché parce que c'est très vivant, il y a beaucoup de choix et puis c'est frais.
LE JOURNALISTE : – Et vous, madame ?
LA FEMME 2 : – Dans notre village, il n'y a plus de boulangerie. Alors, c'est vraiment terrible, je ne mange jamais de croissants frais... j'habite à deux minutes de l'école et de la place du village où on trouve un fleuriste, une banque et une petite épicerie.
LE JOURNALISTE : – Vous faites les courses à l'épicerie alors ?
LA FEMME 2 : – Non, non, je ne fais pas d'achats à l'épicerie. Je vais au supermar-

deux cent onze • 211

ché. J'ai une grande famille vous savez, alors le supermarché, c'est pratique ! À la petite épicerie, on ne trouve pas tous les produits.

Activité 4 b, page 96

1. Je voudrais vous poser quelques questions.
2. Et vous faites vos courses dans le village ?
3. Vous habitez dans le même village ?
4. Et vous madame ?

Activités 4, 5 et 6, page 99

A. – Bonjour monsieur, je voudrais des oranges s'il vous plaît.
– Vous en voulez combien ?
– Deux kilos. Et des kiwis, vous en avez ?
– Non, j'ai tout vendu !
– C'est combien pour les deux kilos d'oranges ?
– 5,80 euros.
– Voilà, tenez.
– Merci. Au revoir.
B. – C'est à qui le tour ?
– À moi ! Une baguette bien cuite et un pain complet s'il vous plaît !
– Et avec ceci ?
– J'aimerais aussi trois tartes au citron.
– J'en ai seulement deux, désolée.
– Pas de problème, je prends les deux. Ça fait combien ?
– 8,50 euros.
– Et voilà la monnaie exacte. Bonne journée !
C. – Madame, vous désirez ?
– Je voudrais six tranches de jambon. Très fines, s'il vous plaît.
– Voilà, et avec ça ?
– Il me faut du poulet... Vous avez des escalopes ?
– Non, désolé pas d'escalopes aujourd'hui, mais j'ai des poulets rôtis.
– Très bien. J'en voudrais un. Combien ça coûte ?
– 15 euros. Vous payez comment : en espèces ? Par chèque ?
– Par carte bancaire.
– Alors, six tranches de jambon et un poulet rôti. 19 euros, madame, s'il vous plaît.
– Voilà.

Activité 6 b, page 99

1. Des oranges.
2. Vous en voulez combien ?
3. Vous en avez ?
4. Non, j'ai tout vendu.
5. Voilà, tenez.
6. Un pain complet.
7. J'en ai seulement deux.
8. Je prends les deux.
9. J'en voudrais un.
10. Vous payez comment : en espèces ? Par chèque ?

Activités 1, 2 et 3, page 100

Il est boucher. Il est boucher ?

a. Il est fleuriste.
b. Elle est boulangère ?
c. Il fait ses courses ici.
d. Elle vend des fruits ?

a. Vous avez des oranges ?
b. Et avec ceci ?
c. Vous payez par chèque ?
d. Il vend des fleurs.
e. Il vend des fleurs ?
f. Pour cette recette, il faut du lait.
g. Pour cette recette, il faut du lait ?

Activités 1, 2 et 3, page 100

[a] - [ã]

a. Bas b. Lent c. Sans d. Ma

a. Il va à la banque.
b. Il va à la boulangerie.
c. Il mange un croissant - il en mange un.
d. Vous payez comment ?
e. Je paye par chèque.
f. Je paye en espèces.

Activité 2, page 102

1. LE SERVEUR : – Vous avez choisi ?
LA CLIENTE 1 : – Oui, je vais prendre une formule à 18 euros.
LE SERVEUR : – Et pour vous monsieur ?
LE CLIENT 2 : – Pour moi, la formule à 15 euros s'il vous plaît.
LE SERVEUR : – Qu'est-ce que vous prenez comme entrée ?
LA CLIENTE 1 : – Je voudrais une assiette de crudités.
LE CLIENT 2 : – Et moi, les escargots de Bourgogne.
LE SERVEUR : – Très bien. Et comme plat principal ?
LA CLIENTE 1 : – Quel est le plat du jour ?
LE SERVEUR : – Le lapin à la moutarde.
LA CLIENTE 1 : – Euh non, je voudrais les spaghettis bolognaises.
LE SERVEUR : – Pour vous aussi monsieur ?
LE CLIENT 2 : – Non non, j'aimerais un steak haché.
LE SERVEUR : – Et pour la cuisson ? Saignant ? À point ? Bien cuit ?
LE CLIENT 2 : – Saignant.
LE SERVEUR : – Et que désirez-vous boire ?
LE CLIENT 2 : – Quel vin me conseillez-vous ?
LE SERVEUR : – Je vous recommande le Beaujolais Village, un vin rouge assez léger.
LE CLIENT 2 : – Très bien, je prendrai une demi-bouteille de Beaujolais et de l'eau minérale.
LE SERVEUR : – Plate ou Gazeuse ?
LE CLIENT 2 : – Plate.
LE SERVEUR : – C'est noté ! Vous avez choisi votre dessert madame ?
LA CLIENTE 1 : – Oui, je voudrais une tarte aux pommes.
LE SERVEUR : – Je suis désolé madame, mais nous n'en avons plus.
LA CLIENTE 1 : – Alors, je vais prendre une coupe de glaces vanille-chocolat.
LE SERVEUR : – Très bien.
2. LE SERVEUR : – Ça vous a plu ?

LA CLIENTE 1 : – Oui, c'était délicieux.
LE SERVEUR : – Vous désirez des cafés ?
LA CLIENTE 1 : – Oui, deux cafés et l'addition s'il vous plaît.
LE SERVEUR : – Très bien.

Activité 2 c, page 103

Le sage change en s'assagissant.

Unité 6

Activités 2, 3 et 4, page 114

LA JOURNALISTE : – Aujourd'hui, Radio Bruxelles vous fait voyager au cœur de la ville. Écoutons quelques Bruxellois parler de leur ville.
– Bonjour, moi, c'est Sarah. J'habite à Bruxelles depuis toujours. C'est une ville agréable et c'est très international, surtout dans le quartier des institutions européennes. J'habite dans le centre-ville, à quelques minutes à pied de la Grand-Place, dans une petite rue.
– Je suis arrivée à Bruxelles il y a dix ans. J'habite dans un quartier très tranquille. Bruxelles, c'est une ville d'un million d'habitants mais, pour moi, c'est comme un village. Je ne sais pas comment expliquer... euh... il y a une belle ambiance. Les gens se promènent et discutent beaucoup. Le soir, c'est une ville très animée surtout à côté du célèbre Manneken Pis. Ah oui, je m'appelle Fatima.
– Moi, c'est Léon. Je suis né à Bruxelles. J'habite près du carrefour de l'Europe. J'adore ma ville. C'est chaleureux, dynamique et ce n'est pas très grand. La ville possède beaucoup de parcs, de musées et de monuments... on ne s'ennuie jamais !

Activité 4 c, page 114

1. C'est une ville 2. A quelques minutes
3. Une petite rue 4. Les gens discutent
5. C'est dynamique

Activités 6, 7 et 8, page 115

– Bonjour monsieur.
– Bonjour madame, je voudrais visiter le musée de la bande dessinée. Il ouvre à quelle heure ?
– À 10 heures mais attention, il ferme à 17 h. Vous voulez acheter un pass ? Avec ce pass, vous pouvez visiter les musées, les monuments et les jardins gratuitement.
– Ça coûte combien ?
– 72 euros pour trois jours. Vous habitez à Bruxelles ?
– Oui, depuis 4 mois.
– Alors, je vous conseille de prendre le pass annuel à 100 euros.
– Très bien, je le prends. Le musée est loin d'ici ?
– Non, pas très loin.
– Et on y va comment ?
– Vous pouvez y aller à pied, en bus ou en métro. Vous avez un smartphone ?

– Oui, bien sûr !
– Il y a cette nouvelle application *Visiter Bruxelles*. Elle est très pratique. Regardez sur l'écran et surtout, écoutez : « Pour aller au musée, sortez et prenez à droite, rue de la colline. Continuez tout droit pendant 10 minutes. Puis… » ;
– Oh oui, c'est super, merci beaucoup !

Activités 1, 2 et 3, page 116
LE GUIDE : – Il fait partie des théâtres très connus en France. Savez-vous que Napoléon y a été spectateur ?
LA TOURISTE : – Ah ?
LE TOURISTE : – C'est un très beau théâtre !
LE GUIDE : – Nous allons maintenant continuer sur les quais Célestins et traverser le pont Bonaparte qui passe au-dessus de la Saône, la rivière qui traverse Lyon.
LA TOURISTE : – Comme c'est joli !
LE TOURISTE : – … Et tranquille !
LE GUIDE : – Si vous le souhaitez, vous pouvez faire une promenade en bateau sur la rivière. C'est très agréable et pas très cher. Continuons avenue Adolphe Max. Nous arrivons maintenant dans le Vieux-Lyon.
LA TOURISTE : – C'est quoi ce bâtiment sur notre droite ?
LE GUIDE : – c'est le Palais Saint-Jean qui date du XIe-XIIe siècles. À présent, il y a une grande bibliothèque à l'intérieur. Nous allons tourner à droite pour aller vers la cathédrale.
LA TOURISTE : – Est-ce que nous pouvons entrer dans la cathédrale ?
LE GUIDE : – Oui, bien sûr, à la fin de la visite. Pour le moment, nous allons nous arrêter quelques minutes sur la place Saint-Jean. C'est une place très célèbre qui a donné son nom au quartier Saint-Jean, l'un des plus vieux quartiers de Lyon, situé à l'ouest de la ville et au bord de la Saône. Attention, retournez-vous et regardez en face de vous… la cathédrale !
LA TOURISTE : – Wouah ! elle est magnifique !
LE TOURISTE : – Quel est son nom ?
LE GUIDE : – La cathédrale Saint-Jean, bien sûr… Elle est aussi célèbre pour son horloge astronomique…
LA TOURISTE : – Oh ! Regardez le monsieur à côté de la cathédrale…
LE TOURISTE : – Oh oui, il est drôle ! Il ne bouge pas du tout : on dirait une statue !
LE GUIDE : – Allez, continuons vers la place Paul Duquaire. On prend rue Saint-Jean, puis première à droite, et première à gauche. Je vais vous raconter l'histoire du palais de Justice. Savez-vous qu'autrefois…

Activité 3 c, page 116
1. Nous arrivons
2. Nous avons
3. Nous allons prendre
4. Nous entrons
5. Vous savez

Activités 1, 2 et 3, page 118
[i] - [y]
a. Vie b. Su c. Du d. Lit
a. Une ville - une petite ville
b. Une rue - une petite rue
c. Une visite - une visite de musée
d. Un lieu public

Activités 1, 2 et 3, page 118
[s] - [z]
a. Seau-zoo b. Sel-sel c. Zapper-zapper
d. Saine-zen
a. Nous savons-nous avons
b. Vous savez-vous avez
c. En face-en phase
d. Au bord de la Saône-au bord de la zone

Activité 1, page 120
– Ben alors, t'es où ?
– Je suis perdu !
– Est-ce que tu vois le château ?
– Non, justement. Et toi, tu y es ?
– Oui, je suis arrivé il y a 5 minutes. Comment s'appelle ta rue ?
– Rue de la boucherie.
– Ah, tu n'es pas très loin. Attends, je vais t'expliquer…

Activité 2 c, page 121
1. Ulysse imite une minute Alice.
2. Nous savons que nous avons un zoo plein de sots.

Unité 7

Activités 2 et 3, page 136
LE FILS : – Papa, tu veux vendre ton vélo à la brocante de demain ? On peut le vendre d'occasion.
LE PERE : – Ah mon vieux vélo ! Il est en bon état ! Quand j'étais jeune, je faisais des kilomètres avec ce vélo : j'allais à l'école tous les jours de la semaine, le week-end, je sortais dans les villages voisins… non, non, je ne veux pas vendre mon vélo !
LE FILS : – Oh et cette vieille radio, elle marche encore ! C'est à toi, papi ?
LE GRAND-PERE : – Ah ma radio ! Avant, j'écoutais les infos, les émissions sportives toute la journée. Avant, on n'avait pas de télé tu sais !
LE FILS : – C'était en quelle année ?
LE GRAND-PERE : – C'était dans les années 1950. Elle est un peu abîmée mais elle n'est pas cassée cette radio ! On garde !
LE FILS : – Ok, ok… et tous ces disques ?
LE PERE : – Des disques ? Ah, mes vinyles ! Hou là, là ! Certains sont en mauvais état !
LE FILS : – Quelle poussière ! Et ça ?
LE PERE : – Oh ça ? C'est mon vieux tourne-disque ! J'ai acheté ça en 1973 ; je me souviens… Avec mes amis, on écoutait de la musique tous les week-ends.
LE GRAND-PERE : – Ah oui ! Et après vous sortiez dans les bals.
LE FILS : – Qu'est-ce que c'est ? Une machine à écrire ?
LE PERE : – Tous les soirs, tu écrivais ton courrier avec ta machine à écrire. C'était il y a longtemps !
LE GRAND-PERE : – Oui, on peut la garder, pour décorer le salon ?
LE FILS : – Bon, mais alors qu'est-ce qu'on va vendre demain ?

Activité 3 c, page 136
1. Tu veux vendre
2. Tous les jours
3. Toute la journée
4. Tu sais.
5. Tous ces disques
6. On écoutait
7. Tous les week-ends
8. Tous les soirs

Activités 5 et 6, page 139
MICKAËL : – Salut Joris, ça va ?
JORIS : – Ça va. Tu me vois ?
MICKAËL : – Oui, la vidéo est en marche ! Bon ! Tu sais que je vais bientôt déménager et je voudrais me débarrasser de certaines affaires sur le site « Le bon coin ».
JORIS : – Ah oui, c'est vrai.
MICKAËL : – Oui et je voudrais vendre le fauteuil qui est dans l'entrée par exemple. Je veux vendre le grand tableau que j'ai trouvé au marché aux puces aussi. J'essaie de mettre une annonce en ligne mais il y a un problème, j'y arrive pas. Tu peux m'aider ?
JORIS : – Bien sûr, je connais bien ce site, j'achète souvent des objets d'occasion !

Activité 6, page 139
JORIS : – Alors ouvre la page du site Internet et clique sur… « nouveau membre ».
MICKAËL : – Oui, voilà, il y a une fenêtre qui s'ouvre.
JORIS : – Ok… clique sur le lien que tu vois en haut à gauche « créer un compte « vendeur ».
MICKAËL : – Voilà, ça y est !
JORIS : – Bien. Normalement, il y a un formulaire qui s'affiche sur la page.
MICKAËL : – Oui, c'est bien ça.
JORIS : – Tape ton nom, ton prénom, tu choisis un mot de passe sécurisé et tu t'enregistres. Tu vas recevoir un mail que tu dois valider.
MICKAËL : – Euh… comment je fais pour valider ?
JORIS : – Tu signes les termes et conditions avec un clic de souris. Tu coches la case « j'accepte ».
MICKAËL : – Ah d'accord ! Je peux me connecter et déposer mon annonce maintenant. Merci beaucoup !
JORIS : – De rien ! N'hésite pas, À + ! »

Activité 6 c, page 139
1. Ouvre la page

2. Nouveau membre
3. Créer un compte « vendeur »
4. Il y a un formulaire
5. Un clic de souris
6. Ah, d'accord !
7. Merci beaucoup !
8. De rien !

Activités 1, 2 et 3, page 140

[y] - [u]

a. Tu b. Vu c. Doux d. Loue

a. Tous les jours – tu courais tous les jours
b. Une journée – tu as couru une journée
c. Tous les jours – avant, tu venais tous les jours
d. Une journée – l'an dernier, tu es venu une journée

Activités 1, 2 et 3, page 140

[ʀ] - [l]

a. lu b. rit c. loue d. rond

a. Il coud – il court – il courait – il a couru
b. Il court tous les jours
c. Il loue – Il ouvre – il ouvrait – il a ouvert
d. Il ouvre tous les jours

Activité 1, page 142 🔊 72

LE JOURNALISTE : – Bienvenue sur *1 minute pour en parler*. Aujourd'hui notre sujet est : Pour ou contre la récupération ? On a de nombreux appels. Fatou on vous écoute.
LA FEMME : – Oui bonjour, alors moi je suis tout à fait pour ! Il y a trop de gaspillage ! Les gens ont raison de recycler les vieux vêtements par exemple…
LE JOURNALISTE : – Julien nous a rejoints.
L'HOMME 1 : – Moi aussi, je suis pour le recyclage des objets mais je ne suis pas d'accord avec les *gratuivores*, c'est dangereux de manger des aliments trouvés dans les poubelles !
LE JOURNALISTE : – Cyril, vous êtes pour ou contre donner une seconde vie aux objets ?
L'HOMME 2 : – Tout à fait d'accord avec Julien ! Je suis contre la récupération des aliments dans les poubelles.

Activité 2 b, page 143

L'aurore à l'heure où les rêves s'envolent.

Unité 8

Activités 3, 4 et 5, page 154 🔊 74

LE JOURNALISTE : – Bonjour, bienvenue à notre présentation « partir à l'étranger ». Trois étudiants sont ici pour nous répondre à une question : comment partir à l'étranger quand on est étudiant ? Notre première intervenante…
MARINE : – Bonjour, moi c'est Marine, j'ai 18 ans, j'étais au lycée en classe de terminale l'année dernière. Je viens de passer mon bac, j'ai eu mention « bien » !
LE JOURNALISTE : – Félicitations ! Tu as validé toutes les matières ?
MARINE : -Mmmh, oui presque toutes, sauf les maths, l'histoire-géographie et la philo…
LE JOURNALISTE : – Et donc, l'année prochaine tu veux partir étudier à l'étranger c'est ça ?
MARINE : – Oui ! À la rentrée, je vais partir en Écosse pour étudier 1 an à l'université.
LE JOURNALISTE : – Et toi Moussa, tu pars bientôt ?
MOUSSA : – Oui, voilà je suis diplômé, je viens de passer mes examens de licence d'histoire de l'art. À la rentrée, je vais partir avec le programme Erasmus. Je vais faire un master 1re année.
LE JOURNALISTE : – Tu nous expliques un peu le programme Erasmus… ?
MOUSSA : – Ok. Alors… c'est un programme qui permet aux étudiants de la fac de passer une année d'étude à l'étranger. C'est surtout un programme pour les étudiants de master en fait. Moi, je pars en Espagne, mais on peut partir dans plein de pays : l'Allemagne, le Portugal, l'Irlande, la Belgique, etc.
LE JOURNALISTE : – Et enfin Aliénor.
ALIENOR : – Bonjour, je suis en 3e année d'école d'ingénieur et pour valider mon diplôme je dois faire un stage à l'étranger.
LE JOURNALISTE : – Et donc tu pars où ?
ALIENOR : – J'ai fait plusieurs demandes de stage : l'Inde, le Japon, l'Australie
LE JOURNALISTE : – Et… ?
ALIENOR : – Et je viens de recevoir une réponse positive pour un stage à Tokyo ! Je vais y rester 4 mois pour apprendre le métier d'ingénieur civil. Je suis très très contente, ça va être une bonne expérience.
LE JOURNALISTE : – Eh bien voilà, c'est la fin de cette émission dédiée au programme Erasmus. Merci à tous les trois et bonne route!

Activité 5 b, page 154

1. Intervenante 2. l'Allemagne 3. Je vais 4. Je viens

Activités 5 et 6, page 157 🔊 76

– Bonjour, docteur.
– Bonjour Mme Anaya, entrez et installez-vous.
– Je viens pour faire les vaccins nécessaires pour mon voyage au Gabon.
– Oui. Avant de les faire, je vais prendre votre carte vitale, vous l'avez ?
– Mince, je l'ai pas…. Je vous la donne plus tard ?
– Oui, la prochaine fois. Je vais vous examiner. Allongez-vous… vous-vous sentez bien ?
– Je suis un peu malade en ce moment, c'est sûrement un rhume… J'ai mal à la gorge.
– Est-ce que vous avez de la fièvre ?
– Un peu.
– Vous toussez beaucoup ?
– Oui, surtout le soir.
– Vous avez pris de l'aspirine pour soigner la fièvre ?
– Oui et j'ai un sirop contre la toux aussi.
– Bien, vous allez vite guérir. Vous avez des douleurs ?
– Mmmh, j'ai souvent mal à la tête le soir…. Et depuis quelques semaines, j'ai mal au dos.
– Et vous avez mal au ventre ?
– Non ça va.
– Vous n'êtes pas stressée en ce moment ?
– Mmmh un peu à cause du voyage peut-être.
– Bon, je vous donne des médicaments pour vous soigner.
– Je les prends quand ?
– Le soir avant de dormir.
– Asseyez-vous.
– Nous allons faire seulement un vaccin aujourd'hui, les autres, vous les ferez plus tard.
– Plus tard ? Mais je pars la semaine prochaine…
– Revenez me voir dans cinq jours pour l'autre vaccin. Vous ferez une prise de sang demain et vous m'apporterez les résultats jeudi prochain. Voilà l'ordonnance pour les médicaments, donnez-la à votre pharmacien, il vous donnera les médicaments.
– Merci docteur.

Activité 6 b, page 157

1. Faire les vaccins
2. La prochaine fois
3. Vous vous sentez bien ?
4. Pour soigner la fièvre ?
5. Depuis quelques semaines

Activités 1, 2 et 3, page 158

a. Intervenante b. Allemagne
c. Je viens – Je viens

a. Je vais faire un master – je vais faire un master
b. Je viens d'avoir mon diplôme – je viens d'avoir mon diplôme
c. C'est une bonne expérience - ce n'est pas une bonne expérience

a. Je vais partir – je vais partir
b. Je viens de partir – je viens de partir
c. Je pars en Allemagne – je pars en Allemagne
d. Je pars en Angleterre – je pars en Angleterre

Activités 1, 2 et 3, page 158

[E] - [ɛ̃]

a. C'est b. Pain c. Main d. Prochain

a. Je vais – je viens
b. Je vais voir le médecin
c. Je vais faire un examen
d. J'ai eu mention « très bien » !

Activité 2, page 160

JAURIS : – Salut !
SHADY, ELODIE, LAURENT : – Hey, salut Jauris, ça va ?/Salut Jauris !/Hé !

JAURIS : – Oui ça va bien, j'ai réfléchi à mes projets pour l'année prochaine : je prends une année sabbatique. Je pars en Amérique du Sud pendant un an. J'ai envie de visiter le continent américain.
ELODIE : – Mais comment tu vas faire pour vivre ?
JAURIS : – Je chercherai du travail, dans les cafés, les restaurants ou même caissier dans un supermarché, des petits jobs quoi ! Vous en pensez quoi ?
ELODIE : – Woua ! Moi je pense que tu as raison de partir avant de commencer un master.
JAURIS : – Et toi, Shady ? Tu en penses quoi ?
SHADY : – Pff, je sais pas, pour moi, il faut bien se préparer avant de partir à l'étranger…
JAURIS : – Et toi Laurent ? Tu trouves que c'est une bonne idée ?
LAURENT : – Mmh, je sais pas trop… D'un côté, c'est vraiment excitant, d'un autre côté, je pense que tu devrais d'abord finir tes études. Tu peux partir après le master ou alors comme étudiant Erasmus.
ELODIE : – Oui c'est vrai, je suis d'accord avec Laurent.
JAURIS : – Bon, je comprends votre point de vue mais je crois que ça va être une belle expérience ! Je vais partir !

Activité 2 c, page 161

Il fit faire vingt verres de vin fins.

Unité 9
Activités 2 et 3, page 172

MARCO : – Tiens, salut Tania, comment vas-tu ?
TANIA : – Très bien, je reviens juste de Bamako.
MARCO : – De Bamako ! Non, c'est vrai ?! Et tu faisais quoi là-bas ?
TANIA : – J'étais volontaire et j'aidais à la construction d'une école primaire dans un village.
MARCO : – Franchement, je suis admiratif ! J'aimerais partir aussi, mais c'est loin l'Afrique…
TANIA : – Tu sais, pour aider les autres, tu n'es pas obligé d'aller très loin.
MARCO : – Oui, oui je sais bien. Quand j'étais en première année de médecine, je passais un après-midi par semaine dans une maison de retraite près de chez moi. Je m'occupais de Marcel, un monsieur de 98 ans très gentil. On faisait des jeux, des activités, comme ils font dans les maisons de retraite. On a passé de bons moments tous les deux, on a beaucoup ri et il a retrouvé le sourire.
TANIA : – C'est super ça ! Et tu ne continues pas ?
MARCO : – Non, j'ai moins le temps de faire du bénévolat cette année. Mais je voudrais quand même apporter mon aide dans une association. Tu sais comment je peux faire pour m'informer ?
TANIA : – Tu te souviens de Louise ? Comme toi, avant, elle ne savait pas quoi faire, elle n'avait pas de projet. Un jour, elle est allée à la mairie et a pris les contacts de différentes associations. Maintenant, elle est bénévole pour l'Asti, une association qui aide les travailleurs immigrés et lutte contre le racisme.
MARCO : – Je serais curieux de faire la connaissance de Louise parce que son expérience a l'air très intéressante.
TANIA : – Vraiment ? Moi je crois que c'est plutôt Louise qui t'intéresse ! Bon, Marco, je dois partir. Salut et à bientôt !
MARCO : – Oui, à la prochaine !

Activités 4, 5 et 6, page 175

– Tu sais, lundi prochain, ce sera la journée mondiale de l'environnement et j'aimerais bien faire un cours spécial pour mes élèves. Et toi, tu vas faire quelque chose avec ta classe ?
– Oui, j'aimerais faire un quiz sur les animaux en voie de disparition comme les pandas, les ours blancs, les éléphants. Et toi ?
– Moi, je voudrais réaliser un potager scolaire avec les enfants.
– Un potager !
– Oui, je voudrais transmettre à mes élèves le goût des légumes frais, de la nature et du partage. Ils pourraient planter, arroser et ramasser des carottes et des tomates par exemple. Et on pourrait même les cuisiner et les déguster ensemble !
– Et on pourrait proposer quelles activités encore ?
– Et pourquoi pas organiser une sortie de classe ?
– Où ?
– Ça me plairait d'aller en forêt. Comme ça, nous pourrions collecter des branches pour fabriquer une maison pour les oiseaux.
– Une maison pour les oiseaux ? Et tu la mettrais où ?
– Et bien, il faudrait la placer dans un arbre de la cour de l'école. Comme ça, les enfants observeraient les oiseaux facilement et pourraient leur donner à manger aussi.
– Ce serait une bonne idée !
– On s'appelle bientôt pour reparler de nos projets ?
– Ok. À plus !

Jeu, page 176

1. Un élève 4. Les théâtres 8. Un jeu 9. Ton plan 17. Cent bains 21. La rame

Activité 2, page 178

LE JOURNALISTE : – Bonjour à tous, je vous remercie de participer à notre grande enquête sur *l'écologie au jour le jour* pour le magazine *Au Naturel*. Voici ma question : Quelle est votre réaction quand une personne jette un papier, une bouteille ou tout autre chose par terre ?
L'HOMME 1 : – Moi, je ne suis pas content du tout ! Alors, quand je vois un enfant jeter un papier dans la rue, je lui demande de le mettre à la poubelle, mais c'est assez difficile de demander ça à un adulte…
L'HOMME 2 : – Moi aussi, je trouve que c'est inadmissible. La terre n'est pas une poubelle !
LE JOURNALISTE : – Et vous madame, que dites-vous à une personne qui jette quelque chose dans la rue ?
LA FEMME 1 : – Moi, je lui indique la poubelle la plus proche avec un grand sourire. Il ne faut pas exagérer quand même…
LE JOURNALISTE : – Et vous mademoiselle, quelle est votre réaction ?
LA FEMME 2 : – D'abord, j'adore la nature alors il faut qu'on arrête de jeter des déchets par terre… Moi, c'est simple : je ne dis rien et je jette le papier ou la bouteille discrètement à la poubelle. Mes amis m'appellent « Mademoiselle Propre ». Mais trop, c'est trop ! Vous savez qu'un papier met 5 mois avant de disparaître dans la nature ? Un chewing-gum, 5 ans ; un sac plastique, 450 ans ; une bouteille en verre, 4 000 ans ; une …
LE JOURNALISTE : – … Oui, oui, nous avons bien compris. Merci, merci à tous pour votre participation messieurs-dames. Vous pourrez lire l'enquête dans sa totalité dans notre magazine samedi prochain !

Transcriptions des vidéos

Unité 3
Le père : – T'es sûre qu'on retire les roulettes ?
La petite fille : – Oui.
Le père : – Allez, on y va ! Hop ! c'est parti !
Vas-y, chérie, pédale, pédale !
Oh non... pédale, chérie, tu pédales.
Le vendeur : – Eh au fait, je vous conseille ça avec : vous en aurez besoin.
Le père : – Ben pourquoi ?
Le vendeur : – Vous verrez...
Voix off : À Noël, offrez du sport avec le vélo Wendy Pony de B'twin.

Unité 4
Chanson
Coupez le concombre, coupez en petits, petits dés / Coupez en tout petits dés / Coupez le concombre, coupez en petits, petits dés, en petits dés / Mais prenez bien garde, les couteaux sont bien aiguisés / Coupez le concombre, coupez en petits, petits dés

Unité 6
Voix off jeune fille : Ça m'irait bien, hein ?
... C'est magnifique !
Voix off femme : Selon Hergé, c'était une pièce de la tribu des Arumbayas.
Voix off jeune fille : Même en vélo, il va nous faire l'autoradio... Cet été, on va à New York et...
La femme : Octave a travaillé dans une veine plutôt florale, organique, en gardant une veine plutôt géométrique.

Unité 8
Voix off : L'esprit Erasmus, c'est partir à Amsterdam pendant trois mois dans le cadre de son BTS où à Vienne pour y découvrir une autre façon d'enseigner. C'est partir à Stockholm pour donner une nouvelle dimension à ses études. Ou encore à Porto, en tant qu'éducateur aux côtés de jeunes en difficulté. C'est voyager, découvrir, s'ouvrir, se former. L'esprit Erasmus : Julie, Moussa, Julien ou Emma vous en parleront, sur génération, tiret, Erasmus, point f r.